本书获
北京市首批重点建设马克思主义学院经费（北京科技大学）
资助

内外之间

清代的总管内务府大臣

强光美 著

社会科学文献出版社

SOCIAL SCIENCES ACADEMIC PRESS (CHINA)

目　录

绪　论

第一节　选题缘起

总管内务府衙门，简称内务府，是清代特有的内廷机构，它独立于外朝，分支机构庞大，官员数量众多，负责管理内廷和皇室的诸多事务，在有清一代的宫廷生活及政治生活中都发挥着重要作用。内务府的最高长官为总管内务府大臣，简称内务府大臣，满语称 booi amban（包衣昂班），负责综理内廷一切事务，由皇帝于满洲文武大臣或王公内特简，故担任此职者多为皇帝之亲信、八旗贵族与宗室，在清代内廷官僚系统中占有极其重要的地位。

本书拟对清代内务府大臣做一整体性研究，从内务府大臣的职官设置、人数、入仕途径、任前官职、多重职务、行走班次、身世背景、世家现象、去向等多方面勾勒出这一群体的基本特征，细致梳理其内廷、外廷职能，进而以专题形式考察其对太监和内廷财政的管理及其自身随着清王朝的衰落而日益腐败的过程。本书的研究至少具有以下几点学术意义。

首先，内务府大臣的群体研究是清代内务府研究的重要内容。众所周知，内务府大臣是内务府的最高长官，统摄内廷大小事宜，地位和作用极为突出，对这一群体的考察无疑是内务府研究的应有之义。通过对内务府大臣的人数、入仕途径、任前职务、行走班次、身世背景、去向等信息的分析，可以厘清清朝对于内务府衙门的顶端设计，揭示内务府这一清代特有的内廷机构的职官特点。通过对内务府大臣在处理各项事务时执掌权限的考察，能够全面把握内务府机构的各项活动，重新探讨内务府的机构职能和性质；通过梳理不同时局下内务府大臣的履职状况，可以具体了解内务府机构的运行情况，把握其在清代历史迁延演变中的轨迹。

其次，本书的研究有助于加强清代宫廷史、清代政治制度史的研究。内务府大臣主管内廷事务，举凡内廷官员、太监、宫女的管辖，以及宫内物资发放、皇家门禁的巡守、皇家园林的经营管理等，均在其职掌之列。考察内务府大臣的相关活动，对于推进清代宫廷的职官设置、制度规定、法律禁令、行政运转研究，均有助益。同时，内务府大臣也是清代官僚系统的有机组成部分，他们不仅处理内廷事务，往往还富有多重政治身份，除少数由府属郎中或内三院卿升补外，大部分为六部、理藩院尚书、侍郎以及都察院左都御史、八旗都统，甚至亲王、皇子等也兼摄，许多人还在军机处、总理衙门供职，这些职务都十分重要，关乎军国大政。厘清他们的官职状况，对不同身份的内务府大臣进行比较，细致考察他们如何处理所辖事务，能够对内务府大臣在清廷机构中的地位和影响给予更加准确的评价，丰富今人对于清代政治制度的认知。

最后，以专题形式，从对太监的管理、对内廷财政的管理之研究中，可以揭示内务府大臣在清代政治生活中的重要地位和无可替代的作用，显示这一职官设置的意义所在。此外，从晚清内务府大臣所遇到的各种新情况及其应对中，还可以透视晚清政局的演变特征，深化对中国近代史上一些重要议题的研讨。近代以降，中国社会面临数千年未有之变局，内务府大臣也不例外，他们面临着新的环境和挑战。特别是在应对内廷财政危机方面，内务府大臣与户部官员产生了极大的矛盾，酿成了一场旷日持久的财政纠纷，从内务府大臣在皇帝与户部之间的周旋，可以看到当时内廷与外朝、政权与皇权之间的博弈和纠葛，体现出"家国之分"理念在理论和实践中的对立。而晚清内务府大臣的日益腐败，则是当时整个清王朝吏治腐朽的一个缩影。在清末新政的背景之下，外界对内务府大臣的指责和改革建议，实则是对皇权的指责和对改革的希冀，同样在本质上反映的是皇权与政权的博弈、家与国的纠纷问题，考察这些可以透视清末国人的家国理念之转变。

需要说明的是，本书的总管内务府大臣专指北京总管内务府大臣，不包括盛京总管内务府大臣和东陵、西陵总管内务府大臣。

第二节　学术史回顾

目前有关内务府的论著已有不少，从内容上看，主要集中在对如下几个问题的探讨，即包衣与旗制、内务府机构及其沿革、府属机构及其经济活动、户口及人口，以及官僚体制、内务府官学等。[1] 而从总管内务府大臣群体角度进行的研究，则尚不多见。

民国时期，部分学者在自己的论著中涉及该问题，主要讨论内务府大臣的人员设置和职责。20 世纪 20 年代，萧一山编《清代通史》在介绍内务府时，曾简略提及总司其事的内务府大臣，"无定员，正二品（乾隆十四年定），于满洲文武大臣或王公内简任，所属有七司三院等"。但是由于作者认为内务府及内务府大臣"不外一家一族之便宜而设，于国家行政上，本无若何关系"，故没有细述。[2] 最早专题论述内务府大臣的是曹宗儒，他发表于 1936 年的《总管内务府考略》一文，不仅较为详细地介绍了内务府大臣的职责，还讨论了内务府大臣的人员额数，认为"大臣之设，既无定额，极似委员制"。有清一代，最多时九人，最少时二三人，通常维持在四至六人，"皆视其事务之多寡以定之"。并分析指出内务府大臣无定额的原因有二，一是互相牵制，二是有不得已之事，如内务府所属雍和宫、咸安宫官学等常以王贝子署理，以王贝子位于内务府大臣之下则不成体统，因此，这些王贝子必须先取得内

---

[1] 关于内务府的研究综述，可参见李典蓉《清代内务府研究综述》（祁美琴：《清代内务府》，辽宁民族出版社，2009，第 250~275 页），作者将此前的内务府研究归纳为包衣与旗制问题、内务府机构及其沿革问题、府属机构及其经济活动的问题、户口及人口问题几大块。笔者搜集了近年来有关内务府研究的最新学术成果，大体仍不脱以上框架，并在此基础上增补了官僚体制、官学问题的讨论。

[2] 萧一山编《清代通史》第 1 册，华东师范大学出版社，2005，第 424 页。

务府大臣资格，兼管之人不定，则内务府大臣亦无定额。①

　　20世纪40年代，郑天挺教授著有《清代包衣制度与宦官》一文，具体指出内务府大臣主要由满洲侍卫、府属郎中、内三院卿简补，或王公、内大臣、尚书、侍郎兼摄。由于内务府大臣职掌宽泛，内务府又是奢汰贪婪之薮，故清代诸帝往往以内务府大臣的职位私其所亲，"所谓贵幸之臣、椒房之戚，大都管理过内务府。如明珠、高恒、金简父子、和珅之子丰绅殷德，全是显著的例子"。②

　　此后一段时间，鲜有学者关注该问题。直到1977年，美国学者陶博（Preston M. Torbert）推出《康雍乾内务府考》一书。该书致力于考察内务府的机构设置和职能，其中有一段专门介绍内务府大臣的文字，主要阐述其人员额数和职掌，不过作者对此并未提出新的见解，而主要参考曹宗儒的观点，没有突破性进展。③

　　20世纪80年代以后，不少学者开始关注内务府，但有关内务府大臣的研究依然不多见。仅有为数不多的学者在论著中有所涉及，内容也多集中于介绍内务府大臣的职掌、来源及内务府世家现象。

　　有关内务府大臣的职掌权限，李鹏年等人编写的《清

---

①　曹宗儒：《总管内务府考略》，《文献论丛》第10期，1936年，后收入《中国近代档案学期刊辑录》下册，国家图书馆出版社，2010，第851~876页。

②　郑天挺：《清代包衣制度与宦官》，《清史探微》，北京大学出版社，1999，第55~75页。

③　Preston M. Torbert, *The Ch'ing Imperial Household Department：A Study of its Organization and Princinpal Functions, 1662 – 1796*, Published by Council on East Asian Studies Harvard University, 1977.

代中央国家机关概述》中，列举了内务府大臣的具体职责，包括办理宫内祭祀、朝贺礼仪，扈从后妃出入，总理皇子、公主家务，宫廷筵宴设席，监视内阁用宝，宫内及圆明园值班，考察、任免、引见本府官员，等等。① 李治亭主编的《清史》较为详细地阐述了内务府大臣的职掌及权限。作为专门管理皇帝及其一家日常生活的内务府的最高长官，内务府大臣实际就是皇帝家的大管家，他们负责宫廷宴飨、典礼、祭祀、库藏、财用、服舆、赏赐、造作、牧厩、供应、刑律等事项，下辖七司、三院、四处、二房、三旗纳银庄、官房租库、官学、织染局，以及江宁、苏州、杭州织造监督等。因此作者认为内务府大臣为清代官职中的"肥缺"，格外荣宠。"只有贵幸之臣，或皇亲国戚，才有机会出任总管大臣，而后才有更高的提升，进入国家的权力中心。"② 韦庆远则进一步说明内务府大臣的权限有一个扩大的过程，雍正嗣位后，大力扩大内务府的职权范围和提高其在国家财务中的地位，内务府大臣总理内廷也是在这一时期才成定局，并在乾隆时期进一步充实发展，而为其后各帝奉行不替。③

关于内务府大臣的来源，韦庆远在《明清史续析》中指出总管内务府大臣人选都是皇帝特别简任的，雍正、乾隆年间多以亲王兼任，如雍正时期的怡亲王允祥，乾隆时期的庄亲王允禄都曾长期兼摄此职，并由此决定了内务府

---

① 李鹏年等编《清代中央国家机关概述》，黑龙江人民出版社，1983，第 102 页。
② 李治亭主编《清史》上册，上海人民出版社，2003，第 469～470 页。
③ 韦庆远：《明清史续析》，广东人民出版社，2006，第 364 页。

是一个位高势崇、亲近帝扉的重要部门。①

　　还有学者开始关注内务府世家现象。王锺翰先生《内务府世家考》一文旁考博稽，得内务府世家二十余，五六十人，对世家的概况、源流、特点做了精辟的说明。其中，咸同以来堪称世家的内务府大臣有基溥、崇纶、明索、东贵与西贵、崇金、文董、巴克坦布、立杨、恒祺。②还有一些虽显赫一时但因各种原因而不足称世家的。如光绪初期的俊启、光绪中期的师曾，虽官至内务府大臣，终因后继无人而未得入世家。光绪初年的内务府大臣茂林与其兄奉宸苑卿庆林则因子孙之名俱佚而未能跻身世家之列。③ 刘小萌在此基础上，细致考察了内务府世家的形成过程，将其分为军功型、保姆型、婚姻型及科举型。除婚姻型不带有明显的时间性外，军功型、保姆型主要形成于清前期，而科举型在清中叶才开始崭露头角。随着旗人读书向学渐成风尚以及正途、偏途的畛域日趋明显，清中晚期以科举出身的世家越来越多，如光绪朝总管内务府大臣嵩申就出身科举世家完颜氏。④

　　祁美琴教授的《清代内务府》一书是近年来学界对内

---

① 韦庆远：《明清史续析》，第360页。
② 需要说明的是，前辈所列内务府世家，是指内务府中人出任高官要职者，包括内务府大臣，也包括其他官职如尚书、大学士、将军、督抚等，这些人都属于内务府世仆。而本书所述世家，不专指内务府中人，是针对内务府大臣一职而言的，即清代出现过两个及以上内务府大臣的满洲、蒙古、内务府旗人家族。
③ 《内务府世家考》，《王锺翰清史论集》第4册，中华书局，2004，第2031～2043页。
④ 刘小萌：《关于清代内务府世家》，《明清史论丛——孙文良教授诞辰七十周年纪念文集》，辽宁大学出版社，2004。

务府进行整体性研究的代表作，其中辟专节介绍了清代内务府大臣的概况，是目前对内务府大臣研究较为全面的文字。该书不仅介绍了内务府大臣的职掌、人数等基本情况，还进行了一些深入探索，如通过考证，指出内务府大臣的人数在清代前后期有明显变化，康雍时期一般不超过五人，乾隆以后多在五人以上且更替较为频繁。她还敏锐地指出，按清制，内务府大臣之间地位平等，没有高下之分，但实际上却是有列班位次的。此外，该书对内务府大臣的特权也进行了考述，如有事可以随时入奏，不拘早晚，逢喜庆节日、宫中庆典、谢恩诸事，还可以进宫道贺，并考察了内务府包衣官员的出身及背景，将其分为三类，一是与皇帝有亲戚关系的家族成员，二是通过科举考试为官，三是从内务府低级官吏起家。① 台湾学者黄丽君的新著《化家为国：清代中期内务府的官僚体制》，对清代总管内务府大臣的出身背景与选任趋势进行了较为系统的考察，尤其关注到 19 世纪前后内务府堂官的人事结构发生了明显转变，指出此一时期内务府大臣的选任逐渐显示出讲究官员资格的趋势，拥有功名以及远支宗室的人数增加，皇子、亲王等皇室直系出任者不复为主流，皇帝擢任堂官也越来越讲究资历与行政经验。② 祁著和黄著虽然没有专门就内务府大臣相关问题一一展开详细论述，但是这些颇具开创性的研究成果对本书的写作有很大的启发性。

综而观之，学术界对内务府大臣已有一定关注，对其

---

① 祁美琴：《清代内务府》，第 225 ~ 228 页。
② 黄丽君：《化家为国：清代中期内务府的官僚体制》，台北：台大出版中心，2020，第 63 ~ 114 页。

人数、职掌、来源、世家等情况有所介绍，还指出内务府大臣享有特殊荣宠及某些特权。然而，从总体来说，这一研究目前还处于起步阶段，部分著作虽有涉及，但多是一笔带过，介绍也比较零散，一般只关注内务府大臣的一个或几个方面，很不全面，缺乏系统性的研究，不足以展示其全貌，这不得不说是清代政治史研究的一大缺憾。具体来说，不足之处有以下几个方面。

第一，学术界目前尚无对内务府大臣的专门的、整体的研究，多为附带论及，故着墨无多，如蜻蜓点水，缺乏全面、细致、深入的阐述，没有揭示出内务府大臣的群体特征。从时间上来看，既往的研究缺乏前后期的对比，时代感弱，没有揭示出内务府大臣的时代特征。此外，既往的研究由于篇幅和主题的限制，没有充分挖掘内务府大臣研究中所包含的重大议题，如晚清皇权的衰落、内廷与外朝的纠纷以及家与国的理念问题等。

第二，既有的研究，由于史料上的缺乏等多方面原因，对内务府大臣的人数、出身、来源、身世背景以及职掌等情况的论述还不够深入。如对历朝内务府大臣的人数统计多有错误之处；对内务府大臣的出身、来源没有分类阐述；对内务府世家的搜罗尚有缺漏；对其职责的介绍，也只停留在简单罗列的层面上。因此，很多问题还有进一步讨论的必要。

第三，比较性的研究缺乏。内务府大臣一职从初设到裁撤，完整地经历了清代前、中、后期，并一直延续至溥仪"小朝廷"，故而，其身上烙下了深深的时代印记。各个时期有不同特征，后期的内务府大臣较之前期已发生了不少变化，而学界对此关注甚少，没有不同时期的对比研究。此外，作为内廷官员，内务府大臣与外朝官员的不同之处也鲜有学者考究。

第四，材料运用上，既往的研究多利用实录、会典、上谕档、内务府奏销档、满文老档等传统政书和档案，没有更深入地挖掘史料，造成研究不够深入，缺漏和错误之处也普遍存在，许多重大议题没有挖掘出来，殊为缺憾。

第三节　写作思路与资料来源

一　本书创新之处

本书拟在充分爬梳、利用清代内务府档案史料的基础上，对清代总管内务府大臣进行整体性探讨。综而言之，本书创新之处主要有以下几点。

第一，本书首次对内务府大臣进行专门的整体性研究，从人数、出身、任前官职、多重职务、行走班次、特权、身世背景、世家现象以及去向、职掌等多角度对内务府大臣的群体特征进行勾勒和总结，展示清代内务府大臣的全貌和特征，揭示其与皇帝的特殊关系，以及在清廷中的地位和作用。

第二，既往的研究对内务府大臣人数、职掌、来源等的情况介绍有不全面、不深入的地方，本书对此有更加详细、深入的阐述，并对以往研究中的错误、疏漏之处做相应的校正和补充。对有清一代内务府大臣的人数、出身、任前官职、多重职务、身世背景以及去向等进行精确统计，分析其群体特征和时代特征，进而引发相关思考。从而说明，内务府大臣作为清代特有的满洲特色鲜明的内务府机构的最高长官，既有特殊性，同时又是清代官僚体系的组成部分，亦具有清代官僚的一般性特征。

第三，既往的研究对内务府大臣的职掌多处于简单罗列的层面，没有深入阐述。本书细致梳理了内务府大臣的具体职掌，分析其权限范围，指出内务府大臣不仅统辖内廷大小诸务，其职能还延伸至外朝，从而重新定位内务府大臣在清代政治生活中的地位，改变传统的认为内务府大臣专为皇帝一家一族服务，只是皇帝私人管家，对国家行政无重要作用的偏狭认识。同时，本书也指出，内务府大臣虽具备某些外廷职能，但也只是其内廷职能的延展，并不能改变其内廷职官的性质。

第四，本书以专题的形式，分别从内务府大臣对太监的管理、内务府大臣对清代内廷财政的管理两方面进行深入考察，显示内务府大臣这一职官设置的必要性和成功之处，说明内务府大臣无可替代的作用和在清代政治生活中的重要地位。同时，还将内务府大臣与晚清时局紧密联系在一起，抓住晚清"变"的时代特征，考察内务府大臣在晚清大变局下的处境，如由晚清内廷财政危机和内务府大臣的腐败引发的时人对内务府以及内廷管理体制的改革建议等，挖掘其包含的重大议题，包括封建国家财政制度的划分，中央集权体制下内廷与外朝、皇权与政权的博弈及势力消长，清末改革的艰难历程，等等。既可以丰富对内务府大臣的认知，也可以对近代中国政局的重大问题有所回应。

二 研究思路

本书正文共分为五章，每章下设若干小节。其中，第一、二章为总论，第三至五章为专题讨论，具体安排如下。

第一章回溯清代内务府及内务府大臣创设的历史过程，并从设置沿革、人数、出身、任前职务、行走班次、特权、身世背景、世家现象以及去向等方面系统归纳和整体把握内务府大臣的特征及其演变，勾勒出清代内务府大臣的群体形象。

第二章考察内务府大臣的职掌，在系统梳理其基本职掌的基础上，重点考察内务府大臣的权力延伸，亦即其外廷职掌，打破其"内廷职官"的固有形象。此外，该章还讨论了内务府大臣之间的职能分工问题，以及由其职掌引发的内外廷权力之争问题，进一步凸显这一群体在清代宫廷生活以及政治生活中的重要作用。

接下来分别从内务府大臣对清宫太监的管理、对内廷财政危机的应对以及腐败问题等方面展开专题讨论。第三章细致梳理内务府大臣对太监管理的诸方面，包括对太监的选用、日常管理以及对其违禁犯罪的处理等，阐发其管理成功的原因及缺失。第四章考述内务府大臣在内廷财政管理中的所作所为，重点论述其对晚清内务府财政危机的应对，以及由此引发的与户部官员及朝臣围绕财政问题的各种讨论与权力博弈，分析事件背后的政治内涵。第五章围绕内务府大臣与晚清吏治的话题，分析内务府大臣及其治下内务府的腐败现象及其原因，着重阐论由此引发的清末官制改革和皇室经费问题大讨论。以上几个专题，从不同角度探析了内务府大臣与清代政局的联系，凸显这一职官群体在清代政治舞台中不可替代的重要地位。

总之，本书的研究，一方面旨在勾勒出内务府大臣的群体形象，包括其群体特征、内外职掌等，另一方面通过专题讨论，探讨内务府大臣在清代政治生活中的特殊作用和地位，以期获得对清代总管内务府大臣这一职官群体的全面、系统、深入的认识。

三　资料来源

史料是学术研究的基础，要对清代内务府大臣做一系统性的研究，有赖于对清代内务府相关档案及其他文献资料的深入发掘和充分利用。只有通过不同类型资料的比对与运用，才能形成对内务府大臣全面、客观的认识。兹就与本书研究最关紧要者简述如下。

第一，档案类。本书的特色之一即是大量使用一手档案，尤其是使用了一些未刊档案，这些档案主要来自中国第一历史档案馆。近年来，随着新史料的发掘、整理以及国家清史编纂工程的发展，学术界又整理出版了一大批新的大部头的档案史料，为本书研究提供了便利。主要有以下几种。

《清内务府档案文献汇编》，① 该书收录了国家图书馆藏《雍正十一年总管内务府事务等题奏》、《同治年间内务府与户部交涉款项成案》、《内务府掌仪司呈堂稿》及《内

---

① 国家图书馆编《清内务府档案文献汇编》，全国图书馆文献缩微复制中心，2004。

务府公函底稿》等四部档案，以及多部清册、名册，是研究内务府财政的宝贵史料。其中，《同治年间内务府与户部交涉款项成案》为本书讨论晚清内务府大臣与户部的财政纠纷，进而探析内府与外库的财政关系提供了重要线索。

《大连图书馆藏清代内务府档案》（全 22 册），① 该书整理了大连图书馆所藏内务府档案两千余件，时间从顺治朝到光绪朝，大部分为总管内务府题本，还有相当数量的各库月折以及少量的奏本、题本底稿、官员呈文、银物清册等。全书采用分类整理法，前 7 册为满文档案，后 15 册为满汉合璧档案。满文、满汉合璧档案中又分别包含职司铨选、经本、奖惩抚恤诉讼、皇庄、宫廷用度、营建、宫苑、进贡等八个方面内容。条理清晰，查阅方便。从这些材料中，可归纳、总结出内务府大臣的诸多职掌，是研究清代内务府大臣不可或缺的重要史料。

《清宫内务府奏销档》（300 册）与《清宫内务府奏案》（300 册），② 系统完整地收录了中国第一历史档案馆藏有清一代（主体为雍正至宣统年间）总管内务府及其所属各机构在长期活动中所形成的大量档案，涉及政治、经济、军事、文化等各方面，内容庞杂。通过对档案的细致爬梳，可以看到内务府大臣所办各类事项，主要包括宫廷礼仪祭祀、皇室婚丧嫁娶、宫廷日常管理与物品供应、财

---

① 大连图书馆编《大连图书馆藏清代内务府档案》，国家图书馆出版社，2010。

② 中国第一历史档案馆、故宫博物院编《清宫内务府奏销档》（300 册），故宫出版社，2014；中国第一历史档案馆编《清宫内务府奏案》（300 册），故宫出版社，2015。

务经费、各类工程、各库物品盘查造册、巡幸行围各项事宜、缉拿审讯太监、职官人事、八旗教育与户籍、旗地与房产、外事往来等，职权十分广泛。这些档案为本书全面梳理内务府大臣的职掌提供了扎实的史料支撑。另外，由于档案大多为原始影印，许多奏折附有经办大臣名单，为本书整理各年份内务府大臣名单也提供了史料遵循。

《清宫恭王府档案总汇》，① 由中国第一历史档案馆与文化部恭王府管理中心合编，包括《奕䜣秘档》10 册，《和珅秘档》10 册，《永璘秘档》1 册，为研究和珅、永璘、奕䜣其人及其时代提供了素材。其中，和珅、奕䜣为清朝重臣，又均曾兼任内务府大臣，秘档中留下了相当数量的总管内务府大臣奏折，特别是《奕䜣秘档》中，有三分之一的奏折是其以内务府大臣身份所上，对本书的研究具有极为重要的史料价值。《永璘秘档》亦收录了乾嘉时期大量的内务府大臣奏折，是研究清代内务府大臣管理王府事务的珍贵资料。

中国第一历史档案馆与承德市文物局共同推出的《清宫热河档案》（18 册），② 从中国第一历史档案馆所藏清宫原档中，搜罗、辑录了有关清宫热河事宜的秘档 3616 件，

---

① 中国第一历史档案馆、文化部恭王府管理中心编《清宫恭王府档案总汇·奕䜣秘档》，国家图书馆出版社，2008；中国第一历史档案馆、文化部恭王府管理中心《清宫恭王府档案总汇·和珅秘档》，国家图书馆出版社，2009；中国第一历史档案馆、文化部恭王府管理中心编《清宫恭王府档案总汇·永璘秘档》，国家图书馆出版社，2009。

② 中国第一历史档案馆、承德市文物局编《清宫热河档案》，中国档案出版社，2003。

时间始自康熙四十四年（1705），止于宣统三年（1911），涉及内阁、军机处、内务府、六部、热河都统衙门等十几个机构，内容包括清代各朝皇帝围绕热河事宜颁发的谕旨诏令，记载皇帝在热河政务活动的起居注册，中央各部院大臣及热河都统等地方官员的奏折、奏本、清单，各衙门之间的往来文移，以及热河的陈设清册、账簿，等等。这一清宫热河档案的出版，对清代宫廷史研究、内务府等机构研究，以及避暑山庄及周围寺庙、木兰围场、古北口外行宫等的研究，都具有重要的史料价值。就本书而言，可依此考察内务府大臣在皇帝出行时的职责和重要作用，以及其对避暑山庄、热河都统等在财务、工程等各方面的管理。

此外，《清代中南海档案》（30 册）[①] 中的修建管理卷 4 册（第 27 册至第 30 册），有相当数量的内务府大臣奏折及内务府府属机构文件，可供研究晚清内务府大臣与皇家园囿的修建、管理。

第二，官书、政典类。研究清代的职官群体和政治制度，各种官修典籍无疑是必备的参考资料，本书利用较多的主要为《清实录》《钦定总管内务府现行则例》《钦定宫中现行则例》等。其中，《清实录》及《宣统政纪》作为大型官修史料汇编，比较完整地记载了有清一代内务府大臣的职任变迁、人员变动及其参与的重大朝政，是本书所利用的一项系统性材料。《钦定总管内务府现行则例》，则是一个关于内务府机构典章制度的、具法典性质的官方文字记录，据

---

① 中国第一历史档案馆编《清代中南海档案》，西苑出版社，2004。

此可以比较细致地梳理出内务府大臣的各项职掌、职能分工及其时代演变等，是本书的一项重要参考资料。

第三，清人的文集、日记、笔记等。要想比较全面、客观地了解清代内务府大臣，除了官方档案和正史记载外，还需要辅之以时人的记载，了解其社会性评价。在清人的文集、日记、笔记中，时常能够看到有关内务府大臣的轶事和时评，比如崇彝的《道咸以来朝野杂记》、福格的《听雨丛谈》、胡思敬的《国闻备乘》、李岳瑞的《春冰室野乘》、吴振棫的《养吉斋丛录》、徐珂的《清稗类钞》等。这些记载虽然不似官方史料那样权威，但能够让我们看到内务府大臣的另一面，使其人物形象更加丰满立体，因此对于本书的写作也有着重要的参考价值。

第四，报刊类。报刊资料对于研究晚清历史十分重要。有关内务府大臣及内务府的消息在晚清的各大报刊上常有报道，本书第五章对内务府大臣腐败问题的讨论，即运用了大量的报刊资料，主要有《大同报》《东方杂志》《东浙杂志》《广益丛报》《华商联合会报》《申报》《四川官报》等。

第五，其他资料。除了整理、出版的图书档案史料以外，随着科学技术的发展，各种网络电子资源也相继得到开发，如大陆的"国家清史工程数字图书馆"，台湾的"明清与民国档案跨资料库检索平台"等，为研究者提供了更加丰富多样的史料来源。

第一章　清代总管内务府大臣群体
特征及其演变

　　人物群体研究，首要的任务即梳理清楚该群体的基本特征。作为清代特有内廷机构内务府的最高长官，内务府大臣的设置沿革、人数、出身、任前职务、行走班次、特权、身世背景、世家现象以及去向都值得系统研究和整体把握。笔者在充分利用《清实录》《清代传记丛刊》《清代人物传稿》《大连图书馆藏清代内务府档案》《清代内阁大库散佚满文档案选编》等文献资料，以及中国第一历史档案馆藏内务府档案，结合台湾"明清与民国档案跨资料库检索平台"等数据库档案的基础上，完成了《清代内务府大臣名单》《清代内务府大臣基本情况》两个表格的制作（详见附录部分），这为本书进一步分析内务府大臣的群体特点打下了坚实的基础。而从内务府大臣的群体特征及其演变中，可以窥见清代职官制度演变的基本情况以及其中的满洲特色。此外，内务府大臣的群体特征又与时代背景密切相关，折射出丰富的历史内涵和时代意蕴。

第一节 内务府的创立及内务府大臣初介

一 内务府的创立

清代政治制度多承袭明制，二者有不少相似之处，但在中央官制的设置上亦有不同的地方，其中内务府就为清代特有之内廷机构。内务府，全称为总管内务府衙门，由满族早期社会组织包衣牛录发展演变而来，主要职责在于管理皇室事务，其职权十分广泛，涉及政治、经济、军事、文化、礼教、刑名、工程等各个方面。

早在入关之前，清统治者就鉴于明朝阉寺之祸，决心裁抑中官，肃清内政，进而创立了内务府这一颇具满洲特色的机构，以皇室包衣主管宫廷事务。[1] 但彼时的内务府处于草创阶段，组织和职能均较为简单，无论是机构形式还是人员组成、管理模式、职能范围，都与后来成型的内务府有较大的差距。

满洲定鼎中原后，仍沿用内务府组织而裁汰宦官，清除宦官衙门。不过，以顺治帝为首的清统治者很快就发现"宫禁役使，此辈势难尽革"。[2] 于是顺治十年（1653），十三

---

[1] 关于内务府设立的时间问题，长期以来，学界的主流观点认为，内务府设立于清入关之后、世祖开国之初，如王庆云、萧一山等人都持此观点。不过，清人昭梿、吴振棫等在其著述中均提出早在入关之前，就已有内务府了，但没有指出创立的具体时间。祁美琴在《清代内务府》一书中，经过考证，最终判定内务府的设立时间应该最晚在崇德元年。

[2] 《清世祖实录》卷76，顺治十年六月癸亥，中华书局，1986年影印本。本书所引《清实录》，均依中华书局影印本，下不另注。

衙门①应运而生，形成了"满洲近臣与寺人兼用"的局面。十三衙门名色，首为乾清宫执事官，次为司礼监、御用监、内官监（顺治十七年改为宣徽院）、司设监、尚膳监、尚衣监、尚宝监（顺治十三年改为尚宝司）、御马监、惜薪司、钟鼓司（顺治十三年改为礼仪监，十七年改为礼仪院）、直殿局、兵杖局。十三衙门设司分事的组织形式，为后来的内务府所吸收、采纳，影响深远。

十三衙门在设立之初，即遭到不少王公大臣的反对。顺治十年七月，都察院左都御史屠赖等上奏称，自设立衙门以来，宦官夹在皇帝与臣子之间，使臣子不能觐见皇帝，长此以往，恐怕君臣之间会渐至疏远。而且在他们看来，前朝之所以设立宦官衙门，是因为没有内大臣、侍卫等官，现在皇上左右有内大臣、侍卫随从，内务又有"包衣大人章京"管理，则没有专设宦官衙门的必要了，太监虽然可以用，但也应是仅供使令而已。顺治帝却不以为然，他解释自己近来未能接近大臣，只是因为身体违和，不是因为宦官，也不会沿为成例。十三衙门的设立不会造成宦官专擅的局面，"衙门虽设，悉属满洲近臣掌管，事权不在寺人，且所定职掌，一切政事毫无干预，与历代迥不相同"，他坚持置衙门。②

不过，顺治帝对历朝阉寺之祸有着较为清醒的认识，故而当时虽设衙门录用宦官，但严格规定其官品不过四品，不许擅出皇城，不准交结外官，等等。顺治十二年，

① 顺治十一年，尚方司（后改为尚方院）并入十三衙门，实为十四衙门。
② 《清世祖实录》卷77，顺治十年七月丁酉。

更是在十三衙门内立铁牌，警示宦官不得有越分之举，"以后但有犯法干政、窃权纳贿、嘱托内外衙门、交结满汉官员、越分擅奏外事、上言官吏贤否者，即行凌迟处死，定不姑贷。特立铁牌，世世遵守"。①

尽管对宦官做了种种限制，但顺治十五年还是发生了内监吴良辅交通内外官员作弊纳贿案。吴良辅一案引起了顺治帝的反思，他在顺治十八年的"罪己诏"中将设立十三衙门、任用宦官列为自己的罪责之一："祖宗创业，未尝任用中官，且明朝亡国亦因委用宦寺，朕明知其弊，不以为戒，设立内十三衙门，委用任使，与明无异，以致营私作弊，更逾往时，是朕之罪一也。"②

顺治帝驾崩后不久，以鳌拜为首的统治集团迅速将吴良辅等人处死，并以康熙帝的名义发布上谕，昭告天下，裁撤十三衙门，恢复太祖、太宗不用内官的旧制。③

从顺治十年六月始设，至十八年二月裁撤，十三衙门在历史舞台上仅活跃了七年多的时间，但是，这昙花一现的十三衙门，正是历代宦官组织向内务府机构转变的过渡性产物。十三衙门既革，内廷事务仍归内务府管理。此后，内务府经历了一个长足的发展阶段，在融合原有包衣牛录和十三衙门组织的基础之上，不断扩充、发展和完善，最终于康熙中叶趋于成熟，形成一个下辖七司三院等众多部门、人员纷繁的庞大机构。并且，这个机构并没有随着清王朝的覆灭而消亡，而是一直延至1924年溥仪被驱

---

① 《清世祖实录》卷92，顺治十二年六月辛巳。
② 《清世祖实录》卷144，顺治十八年正月丁巳。
③ 《清圣祖实录》卷1，顺治十八年二月乙未。

逐出紫禁城为止，足见其在清代宫廷生活中的重要地位。

二 内务府大臣初介

总管内务府大臣为内务府的最高长官，简称内务府大臣、总管大臣，又称内务府总管，满语称 booi amban（包衣昂班），无定员，由皇帝从满洲文武大臣或王公内特简，"俱系亲信大臣"。①

内务府大臣主要负责掌管宫禁事务，清人梁章钜在《称谓录》中，将其与周代的宫正、宫伯以及元代的尚供总管府、云需总管府总管相类比，认为他们职责相当。周制，宫正、宫伯都是宫官之长，宫正掌王宫之戒令，宫伯掌王宫之士庶子，"此在今时为内务府大臣之职，其所以秩止于上士、中士、下士者，则以冢宰统临于上，而诸官为专司故，不疑其秩之轻也"。而元代的尚供总管府掌守护东凉亭行宫及游猎供需之事，云需总管府掌守护蔡罕诺尔行宫及行营供办之事，"则亦当今之内务府大臣矣"。②

自顺治十八年重置以后，内务府大臣的品级在清初经历了两次上调，最终递升为正二品。起初，内务府大臣秩级为正三品。③ 雍正十三年（1735），光禄寺少卿德尔弼奏请将内务府总管照侍郎品级改为从二品，经吏部核议，得

---

① 《清德宗实录》卷70，光绪四年三月甲戌。
② 梁章钜：《称谓录》卷19，福建人民出版社，2003，第340～341页。
③ 目前学界一些著作中，内务府大臣初秩从二品，乾隆十四年改为正二品的认识是有误的，忽视了雍正十三年的第一次官品上调。如李治亭主编《清史》上册，第470页；郑天挺主编《清史》上编，天津人民出版社，2010，第157页；等等。

到皇帝允准。乾隆十四年（1749）吏部又奏准，总管内务府大臣品级系照侍郎改定，今侍郎拟改正二品，则总管内务府大臣亦由从二品改为正二品。①

内务府大臣的名号，前后也有变化。清初，内务府不脱包衣牛录之组织，其长官的称号也沿袭了包衣牛录组织的满洲特色，称为"包衣大人"，系从满语 booi da 音译而来，如上述顺治十年御史屠赖等在奏折中有我朝"内务有包衣大人章京管理"之言，这里的"包衣大人章京"当指内务府大臣。不过，这时的包衣大与八旗包衣大混称，说明内务府组织尚不成熟。顺治十八年恢复内务府以后，内务府组织渐趋完善，"内务府总管"名号开始普遍使用。如康熙三年（1664）三月，上谕"升郎中图巴、明珠、巴哈为内务府总管"，康熙五年五月，"以郎中海喇逊为内务府总管"。② 而"内务府大臣"之名则晚至雍正初年才出现。雍正元年（1723）五月乙酉，雍正帝在上谕中说，二阿哥分家之事，"现今交与内务府大臣办理"。③ 此后至乾隆初年，"内务府总管"和"内务府大臣"之名混用。很多时候也会直接使用 booi amban 的音译，即"包衣昂班"。比如雍正四年二月，内务府大臣允禄等人在上报盘查缎库事奏折中，自称"理包衣昂班事和硕庄亲王臣允禄、包衣昂班李延禧、包衣昂班年希尧"。④ 乾隆十年以后，"总管

---

① 《钦定总管内务府现行则例》第 2 册，香港：蝠池书院出版有限公司，2004，第 3 页。
② 《清圣祖实录》卷 11、19，康熙三年三月辛卯、康熙五年五月丁未。
③ 《清世宗实录》卷 7，雍正元年五月乙酉。
④ 总管内务府：《奏为遵旨盘查缎库事折》（雍正四年二月二十八日），《清宫内务府奏销档》第 2 册，第 2 页。

内务府大臣"之名逐渐取代"内务府总管"名号，成为官方文书书写的正名。不过，"内务府总管"名号并未废弃，而是一直流传下来。

内务府大臣的办公处所称为内务府堂，位于紫禁城西华门内右翼门之西。内务府大臣之下，设坐办堂郎中1人，负责查照一切事件及稽核七司等处题本、堂稿、黄蓝册、兼管都催及文职铨选等事，遇内务府大臣出外，其在京一切事务皆由堂郎中代办。因此，堂郎中的地位仅次于内务府大臣。此外，又设堂主事2人、委署主事2人协同办事，又有笔帖式64人，披甲、听差人、书吏、折本匠、刷印匠、苏拉等100多人。

内务府大臣统领的内务府衙门，机构十分复杂。其主要部门有七司三院，所谓七司，指广储司、都虞司、掌仪司、会计司、营造司、庆丰司、慎刑司，其中，广储司、营造司、庆丰司每年均派内务府大臣一人值年。三院分别为上驷院（阿敦衙门，负责牧养御用马匹）、武备院（制造、收贮军械、装备等）、奉宸苑（管理园囿、河道），均设总管大臣，由皇帝特简，又置上驷院卿、武备院卿、奉宸苑卿各二员。此外，又有三织造处、织染局、打牲乌拉处、内三旗参领及包衣营、御茶膳房、御药房、雍和宫、中正殿、升平署、官三仓、牺牲所、御鸟枪处、御船处、三大殿、各处行宫、文渊阁、武英殿修书处、养心殿造办处、咸安宫官学、景山官学、回子学、敬事房等众多附属机构。

第二节　从无定额到有常数：内务府大臣
人数之演变

内务府大臣系奉旨特任，无定额，依事之多寡而简。例如，康熙五十一年（1712）十月，因"内务府事件，积滞甚多，所关甚要，着原任大学士马齐署理总管事"。① 乾隆十三年（1748），时任内务府大臣、协办大学士傅恒奉命经理大金川军务，其所负责的内务府事务无人打理，乾隆帝命德保、那木扎勒暂行署理内务府总管事。次年三月，傅恒回京，上谕"从前大学士傅恒赴金川经理，总管内务府大臣乏人，令讷木扎勒、德保署理。今大学士虽已回京，而总管内务府大臣并无定额，伊二人着仍在该衙门行走"。② 可见，清廷对于内务府大臣人数并无明确的规定，可以根据需要做出灵活的调整。

乾隆十五年，因总管内务府大臣办事乏人，管理圆明园事务大臣倭赫在总管内务府大臣上"额外行走"。乾隆三十年，内务府大臣四格、德保全部出差，他们所负责的内务府事务需要另外派人接管，皇帝即令和尔精额暂时办理总管内务府大臣事务。乾隆六十年九月，因内务府大臣伊龄阿患病，内务府大臣较少，盛住奉命补授内务府大臣，在工程处学习行走。③ 这些事例都表明，内务府大臣

---

① 《清圣祖实录》卷251，康熙五十一年十月辛亥。
② 《清高宗实录》卷336，乾隆十四年三月庚申。
③ 《清高宗实录》卷377，乾隆十五年十一月乙卯；卷740，乾隆三十年七月己卯；卷1486，乾隆六十年九月己未。

员额并不固定，由当时需办事件的多寡决定。

此外，还有因筹办皇帝大婚、皇太后大丧等宫内重大事务而临时加派内务府大臣的情况。如康熙五十六年，孝惠章皇太后仙逝，为办理太后丧事，康熙帝命十二阿哥允祹临时充任内务府大臣，次年三月，"谕领侍卫内大臣等，适因皇太后大事，令十二阿哥署理内务府总管事务。今大事将毕，十二阿哥着停止署理内务府总管事务"。① 光绪十五年（1889），为办理皇帝大婚典礼，礼部右侍郎续昌兼任内务府大臣，并作为副使，与正使李鸿藻一起到皇后府邸行大征礼。②

总管内务府大臣的任职也没有年限规定。据笔者所考，自康熙朝内务府机构渐趋成熟，至清朝覆亡的约二百五十年间，曾出任总管内务府大臣者共计 190 余人（重复任职者不计），其任职没有固定年限，少则一两年，甚至几个月，多则几十年。在内务府大臣任上时间最长、资历最深者，当数和硕庄亲王允禄，他自康熙六十一年上任后，一直坚守在内务府大臣岗位上，直至乾隆三十二年去世，执掌内务府近半个世纪之久。另，乾隆朝内务府大臣德保，在乾隆年间两任内务府大臣（乾隆十三年至十五年，乾隆十八年至五十四年），前后长达四十多年。此外，康熙朝内务府大臣海拉逊（康熙五年至三十七年）、乾隆朝内务府大臣三和（乾隆六年至三十八年），均在任长达三十多年，任职时间之久在内务府大臣中也是较为突出

---

① 《清圣祖实录》卷 278，康熙五十七年三月壬子。
② 《清德宗实录》卷 265，光绪十五年正月辛未。

的。时间短者，如道光朝内务府大臣彭年，于道光十五年
（1835）十二月授职，次年九月即离世，任职不到一年。
再如同治末年内务府大臣贵宝，同治十三年（1874）六月
任职，十二月即革，总共任职不过六个月。临时充任内务
府大臣者，任职时间自然也非常短，如阿哥允祹，康熙五
十六年十一月署理内务府总管事务，次年三月即免，在任
不过五个月而已。

内务府大臣虽然无定额，且每一位大臣的任职无年限
规定，时间长短不一，人员经常性地发生变动，但从各朝
实际情况来看，其整体人数则呈现出一定的稳定性。除康
熙年间因内务府初具规模人员不定外，自雍正朝以后，内
务府大臣的员额渐趋稳定。一般而言，如若不是特殊情
况，同时期任职的人数维持在六人左右，少则四五人，多
则七八人，依事之多寡而定。只有少数时期人数少于四
人，如光绪二十七年（1901）只有三人在职，这在清代十
分少见。多数情况下，当内务府大臣人数较少时，皇帝会
及时简任人员补充。以咸丰五年为例，由于在咸丰四年十
月，时任总管内务府大臣的柏葰因前在镶白旗蒙古都统任
内拣选承袭佐领有误，被罢职，降授都察院左都御史。而
在同年十二月，内务府大臣基溥因值班疏忽致使不知姓名
人犯混入宫禁，亦被罢职。这两人都是在年底革职的，所
以到咸丰五年，只剩其余四人在职。不过到咸丰六年，又
补了瑞麟、文彩二人，仍为六人之数。晚清内务府大臣人
数多时，一年之内先后任职者达九人（甚至十人），如同
治四年、同治十三年和光绪十年即是如此。同治四年，先
后任内务府大臣的有奕䜣、宝鋆、绵森、文祥、明善、存

诚、瑞常、崇纶、春佑等九人，不过，是年三月，恭亲王
奕䜣被革，随后的四月，宝鋆和文祥以军机处事务繁重为
由，同时请辞获准，实际同时在职者只有六人。同治十三
年，先是六月诚明去世，以堂郎中贵宝补缺；七月，桂清
调任盛京工部待郎，兵部尚书英桂、户部左侍郎荣禄同时
出任总管内务府大臣；十二月，明善去世，而贵宝、文锡
又因犯事被劾革职。经过一番变动，最后在职者为四人。
光绪十年亦然，虽然有九人先后任职，但同时在职的也维
持在六人左右。

正因为如此，当时以及后世之人多以为内务府大臣定
制为六缺，清末民初学人崇彝就持此种看法。崇彝，巴鲁
特氏，蒙古正蓝旗，道光年间大学士、总管内务府大臣柏
葰之孙，曾于吏部任司官，熟谙吏制，对清末官场轶事也
了如指掌，加上其祖父曾为内务府大臣，故其对内务府大
臣的传闻也颇为关注。他在《道咸以来朝野杂记》一书中
记载，总管内务府大臣定制为六缺，且最初用宗室二人，
满蒙大臣二人，内务府二人。① 清人张培仁的《静娱亭笔
记》也有相关记载："总管内务府大臣六缺，向以大学士、
尚书、侍郎派充，间有科甲出身者。"② 他们的判定大体符
合清代中后期内务府大臣的人员安排。实际上，皇帝在简
派内务府大臣时，也往往遵循六人的惯例。例如，嘉庆二
十五年（1820）七月，道光帝甫即位，即发布上谕："内
务府大臣向系六人，现在共有七人，那彦宝时有出差事

① 崇彝：《道咸以来朝野杂记》，北京古籍出版社，1982，第3页。
② 张培仁：《静娱亭笔记》卷6，《续修四库全书》第1182册，上海古
籍出版社，2012，第15页。

务，着无庸兼内务府大臣。"① 可见，内务府大臣定制六员
之论并非空穴来风，"六人"已经成为约定俗成的数目，
只是在制度规定上，内务府大臣的人数并没有得到十分明
确的认定，而是有着灵活的调整。

内务府大臣人数之所以较为稳定，原因主要有如下两
方面。第一，随着内务府机构的渐趋完备，内务府事务相
对较为固定，除了遇有皇帝大婚、太后大丧或其他重大事
务需要临时加派人手外，一般六个左右的内务府大臣足以
应付内务府的大小事务。因此，"六人"之数是在长期实
践中形成的较为合理的人员安排。第二，绝大多数情况
下，内务府大臣一经开缺或离任，皇帝立刻就会拣选他
人补缺。因此，清代内务府大臣的人数总体呈现出较为
稳定的状态，有开缺者，亦会有填缺者；有罢职者，亦
会有补授者。人虽不同但职任在，从而保证了内务府系
统的正常运行。

第三节 正途取代异途：内务府大臣出身之变化

清代内务府大臣由于官职本身的特殊性，其出身与其
他官员相比，也更具满洲特色。内务府由满族早期的包衣
组织发展演变而来，主司皇室事务，由于其机构和职能的
特殊性，有清一代，内务府的最高长官总管内务府大臣一
律任用旗人，② 其中，又以满洲人为主。内务府是为天子

---

① 《清宣宗实录》卷1，嘉庆二十五年七月壬午。
② 这种状况一直维持到清王朝结束，直到故宫"小朝廷"时期，才出
现第一位，也是唯一一位汉人内务府大臣郑孝胥。

管理内廷的，涉及许多家务事，因此总管内务府大臣又被称为皇帝的"大管家"，选用满洲人自在情理之中。又因为清朝统治者视满蒙为一家，蒙古旗人任内务府大臣也不足为奇。而从数量上观之，内务府汉姓充任大臣者也不在少数，特别是到晚清，大约占到总数的三分之一。内务府汉姓之所以能够跻身大臣之列，与他们作为皇帝家奴的特殊身份有直接关系。内务府汉姓为上三旗包衣、皇帝世仆，他们不同于八旗汉军，更与普通汉人有天壤之别，虽然作为奴才，其地位较低，但是由于家奴的特殊身份，他们较之外人更易受到皇帝的重用，常常被倚为心腹近臣，许多人因此"外任肥差，权势较大"。① 在内，则充斥于内务府大小部门。因此，内务府汉姓包衣被任命为内务府大臣的情况也十分常见。

考诸清朝文官任用制度，其最显著的特点之一，即是"首重出身，以出身分别仕籍"。② 清代官员的出身大致分为进士、举人、贡生、荫生、监生、生员、官学生、吏等八种，无出身者，满洲、蒙古、汉军称为"闲散"，汉人则称"俊秀"。在各种出身中，又有正途和异途之说。"定制由科甲及恩、拔、副、岁、优贡生、荫生出身者为正途，余为异途。"③ 所谓异途，指由议叙、捐纳、杂流、官学生、俊秀等出身入仕的途径。

查清代内务府大臣出身，嘉庆朝可视为一个分水岭，此前内务府大臣以异途出身为主，此后，科甲正途逐渐取

---

① 《王锺翰学术论著自选集》，中央民族大学出版社，1999，第131页。
② 艾永明：《清朝文官制度》，商务印书馆，2003，第108页。
③ 赵尔巽等：《清史稿》卷110《选举五》，中华书局，1976，第3205页。

代异途，成为内务府大臣的主要入仕途径。

嘉庆以前的内务府大臣多自侍卫起家。在可考的 43 位内务府大臣中，除 6 位皇子、亲王不计外，其余 37 位中，以侍卫起家的即有 19 位，占到总数的一半以上。其中，康熙朝可考的 15 人中，侍卫与护军起家的多达 10 人（见表 1－1）。可见，担任侍卫是清前中期内务府大臣入仕的最主要途径。

表 1－1 康熙朝内务府大臣出身

单位：人

出身	人数	人员
侍卫与护军	10	明珠、巴哈、米思翰、费扬古、鄂尔多、马斯喀、尚之杰、马齐、赫奕、马武
皇子	3	允禵、允祹、允禄
笔帖式	1	佛伦
举人	1	伊都立

资料来源：本书附录二《清代内务府大臣基本情况》，下同。

其次则为笔帖式。清代，笔帖式是除侍卫之外，满人的另一条重要的入仕途径。清人有云："满员以笔帖式为正途，其由科甲出身者甚少。"[1] 例如，康熙朝内务府大臣佛伦，雍正朝内务府大臣年希尧、讷亲，乾隆朝内务府大臣金简、巴宁阿、缊布等人，均由笔帖式起家。金简在奏折中有"奴才内务府世仆，本非科第……自顾庸愚"[2] 之

---

[1] 何刚德：《春明梦录》卷上，上海古籍书店，1983，第 30 页。

[2] 金简：《奏因失察黄寿龄私携永乐大典回家，自请交部议处等事》（乾隆三十九年七月初二日），录副奏折，档号：03－1149－019。本书所引档案均出自中国第一历史档案馆，下不另注。

言。此外，还有一些内务府大臣之前是荫生、拜唐阿及闲散人员。如康熙朝内务府大臣马齐最初就是荫生，乾隆朝内务府大臣丰昇额之前是拜唐阿，而乾隆十三年（1748）任职的那木扎勒则是闲散人员。

科举是清人入仕的最佳途径，进士出身最为朝廷重视，也是士子日后升官发达的重要凭借。但是纵观清前期内务府大臣，却极少有科举出身的，考取进士和举人者更是少之又少。就目前所知，仅雍正朝内务府大臣法海和乾隆朝内务府大臣德保是进士出身，康熙六十年（1721）任职的伊都立和乾隆二十六年的英廉为举人出身。此外，绝大多数人并未经过科考。

清初内务府大臣之所以出现由侍卫起家者多，由科举入仕者少的现象，与清初满人的科举政策有着密切的联系。清虽承袭明制，尊儒重道，保留了中原王朝的科举制度，但在很长一段时期内，科举都是针对汉族知识分子的，并不对八旗子弟开放。为了维持满人特性，保持"国语骑射"的传统，清初统治者一再强调和鼓励八旗子弟学习骑射，甚至一度禁止他们参加科举考试。因此，入关之初的满洲子弟教育，是以骑射为主而崇尚武艺的，所谓"八旗以骑射为本，右武左文"是也。同时，满人在入仕上也享有多种特权，入仕渠道多且较为容易，尤其出身门阀官宦之家者更是如此。《清史稿·选举志》云：

> 满人入官，以门阀进者，多自侍卫、拜唐阿始。故事，内、外满大臣子弟，五年一次挑取侍卫、拜唐阿，以是闲散人员、勋旧世族，一经拣选，入侍宿

卫，外膺简擢，不数年辄致显职者，比比也。[①]

也就是说，清初大部分八旗子弟可以走侍卫这条路，他们凭借自己优越的出身，一路升迁，不用去背那些诗赋经文，比汉人士子轻松得多。而王公、贝子、勋戚、世臣还可以充任御前侍卫，随侍皇帝左右，升迁更为容易，且多为高官，"御殿则在帝左右，从扈则给事起居，满洲将相多由此出"。[②]故而清初出现了许多侍卫世家，如富察氏一门，仅康雍乾三朝就出了米思翰、傅恒、马斯喀、马齐、马武、福隆安、福康安、福长安等八位权臣名将，显赫至极，并且，他们都曾出任总管内务府大臣一职。这也足以说明，清初内务府大臣多自侍卫起家。

尽管统治者一再反对满人应试科举，但科举制的推广却是不可阻挡的历史潮流。自顺治八年（1651）始，八旗科举时有举行，并在康熙六年取得长足发展，满汉士子一体应试。科举在旗人中的推广和普及，为八旗子弟的升迁开辟了新的道路，并在日后成为他们入仕的主要途径。而内务府大臣又皆自旗人中拣选，满人普遍开始应试科举，使得嘉庆朝以后内务府大臣的出身也随之发生了巨大转变，科甲出身者越来越多，而侍卫起家者则迅速减少。而且，这一时期由侍卫起家的绝大部分是宗室，如嘉庆朝的禧恩、晋昌以及道光朝的敬徵、奕纪、裕诚等。这是因为科举对宗室的开放要远远迟于普通旗人，当时统治者认

---

① 赵尔巽等：《清史稿》卷110《选举五》，第3217页。
② 福格：《听雨丛谈》，汪北平点校，中华书局，2007，第25页。

为，"宗室当娴习骑射，以存满洲旧俗，恐其专攻文艺，沾染汉人习气，转致弓马生疏"。① 直到嘉庆四年（1799），宗室不得应科举的禁令才被打破，他们获得与生监一起参加乡试和会试的机会。同时，宗室子弟的任职范围也随之扩大，由以往只在宗人府供职，转而可以就职于各部院衙门。

第一个既是宗室又是进士的内务府大臣晚至道光二十年（1840）才出现，即内务府大臣恩桂。恩桂，满洲镶蓝旗，道光二年进士，选庶吉士，道光二十年正月任内务府大臣，官至翰林院掌院学士，可谓内务府大臣中的宗室翰林第一人。

内务府大臣中科甲出身者占绝对多数的局面是在道光朝形成的，这与道光帝独特的遴选内务府大臣的理念有着莫大的关联。道光帝以节俭著称，他不仅以身作则，与后妃等节衣缩食，还时常训谕内务府，要求节省开支。为防止内务府滋生贪污靡费之弊，道光帝十分重视内务府大臣的出身，选择科甲出身持官清廉者任之。因此，道光一朝，内务府大臣"大都翰林科甲出身，盖取其陶淑于诗书，无猥鄙贪浊之习"。② 道光帝即位后拣选的第一位内务府大臣就是进士出身的穆彰阿③。此后他又先后任命过29位内务府大臣，在出身可考的28人中，进士竟有15人之

---

① 《清仁宗实录》卷39，嘉庆四年二月乙巳。
② 郭沛霖：《成庙慎选内务府大臣》，《日知堂笔记》卷上，中华书局，2007，第135页。
③ 穆彰阿（1782～1856），郭佳氏，满洲镶蓝旗，嘉庆十年进士，选翰林院庶吉士。历任刑部侍郎、都察院左都御史、理藩院尚书、漕运总督、军机大臣、翰林院掌院学士、文华殿大学士等。

多，此外尚有举人2人，科甲出身者比例在60%以上。道光末期，更是一度形成内务府六堂皆翰林的格局，成为一时佳话。清人张培仁在《静娱亭笔记》中惊叹道光乙巳年（道光二十五年）内务府大臣皆出身翰林之空前现象，他说："潘文恭公曰，总管内务府大臣六缺，向以大学士、尚书、侍郎派充，间有科甲出身者。道光乙巳，小山冢宰恩桂、孔修大司马文庆、元修少宰福济、静涛少农柏葰、松岑少农花沙纳皆翰林出身，向所未有也。"① 其中，恩桂是道光二年二甲六十六名进士，文庆也是道光二年进士，福济为道光十三年四十七名进士，殿试二甲第二十八名，柏葰为道光六年进士，花沙纳为道光十二年二甲十二名进士。

咸丰朝以后，这种局面一直在延续。在出身可考的40位内务府大臣之中，进士18人，举人6人，贡生1人，荫生3人，监生9人，生员1人，官学生2人。其中，属正途者28人，占总人数的70%，足以说明晚清内务府大臣由正途出身者远远超过其他途径入仕者。并且，科举出身的人也超过总人数的一半，表明科举已经成为内务府大臣发家的主要途径。

清代内务府大臣出身的前后转变，说明在长期的融合、发展中，满汉畛域已经逐渐淡化，满人深受汉族文化的熏陶，越来越多地走上了读圣贤书的道路。到清后期，科举已经成为大多数旗人进入仕途的最主要方式，这同清前期的情况截然不同。

---

① 张培仁：《静娱亭笔记》卷6，《续修四库全书》第1182册，第15页。

第四節　內務府大臣的任前官職及其多重職務

一　內務府大臣的任前官職

總管內務府大臣由皇帝特簡，一般為王公貴戚或者皇帝的親信大臣。有清一代，內務府大臣的任前官職在不同時期也有不同特徵。

康雍時期，由內務府府屬郎中及其他內務府下屬官員升任者為主。目前，可以考證清楚其任前官職的康熙朝內務府大臣約計30人，除貝勒允禩、貝子允䄉、阿哥允祿不計外，27人中，內務府郎中升任者為8人，上駟院大臣1人，員外郎1人，約占總數的37%左右。而雍正朝可考任前官職的19位內務府大臣中，內務府郎中升任者7人，上駟院總管1人，占總數的42%以上。可見，康雍時期，內務府大臣的來源以內務府屬員升任為主。

侍衛擢升內務府大臣為清初特殊現象。乾隆初年以前，出現不少以侍衛擢升內務府大臣的情況，如康熙朝內務府大臣米思翰、噶祿、費揚古，雍正朝內務府大臣來保、傅鼐，以及乾隆初內務府大臣三和都是以一等侍衛升任的。乾隆初，阿里袞以二等侍衛晉升內務府大臣，名臣傅恒也是自御前侍衛升任內務府大臣的。這種以侍衛任內務府大臣的情況僅限於清前期，乾隆初年以後，無此情況發生。

自乾隆初以後，以部院堂官充任內務府大臣者逐漸增多，以內務府人員升任者逐漸減少。乾隆朝可考的28位內務府大臣中，除和親王弘晝、阿哥永璿、怡親王永琅及額駙丰绅殷德4人不计外，24人中，各部尚书、侍郎充任者9人，超过总数的1/3。嘉庆朝27人中，部院堂官13人，占到总数的一半以上。道光朝30人中，部院堂官19人，占总人数的63%以上。咸同时期除恭亲王奕䜣不计的24人中，部院堂官14人，占58%以上。而与此同时，以内务府属员升任者比重逐渐降低。乾隆朝24人中只有7人，不到1/3；嘉庆朝27人中有11人，约占40%；道光朝30人中，共9人，亦不到1/3；咸同年间总共不过5人，约占21%。

自同治末年以后，形势又有所改变。同治十三年（1874），贵宝和文锡相继以内务府堂郎中的身份升补总管大臣，一年之中有两位内务府属员升任的情况在当时实不多见。光绪以后的29位内务府大臣中，以内务府三院卿补授者更是多达11人，且从光绪二十二年（1896）至二十八年，连续五任内务府大臣皆由内务府属员升任。可见，清末内务府大臣由以部院大臣兼摄为主逐渐转向以本府属官升补为主。

二　内务府大臣的多重职务

内务府大臣在任职期间往往具备多重身份，兼有诸多其他职务。一般内务府大臣同时又有部务和旗务在身，"总管内务府大臣等，多系部院堂官，兼辖旗务"。[①] 部务主要是同时任署六部、理藩院尚书、侍郎、都察院左都御史以及内阁学士等，而旗务，则主要指充任八旗都统、内大臣。此外，还有很多人在军机处和总理衙门供职。

---

① 《清仁宗实录》卷128，嘉庆九年四月癸亥。

例如，乾隆朝内务府大臣赵宏恩，本是工部右侍郎，乾隆九年（1744）六月，奉命兼总管内务府大臣。次年十一月，奉上谕"赵宏恩既有部务，而又兼理旗务，着不必在总管内务府大臣上行走"。① 可见，赵宏恩当时身兼多职，在任内务府大臣的同时，既有部务在身，又要处理旗务。嘉庆朝内务府大臣英和，在任职内务府期间，担任过的职务包括正红旗满洲副都统、经筵讲官、翰林院掌院学士、户部侍郎、殿试读卷官、正白旗汉军副都统、护军统领、续纂四库全书馆总裁、吏部侍郎、实录馆副总裁、会典馆总裁、军机大臣上行走、步军统领、工部尚书、吏部尚书等。

内务府大臣多由各部院堂官兼任，这些人在任职之前，本来就有许多要职在身，这是内务府大臣往往一身多任的主要原因所在。而能够被委任为内务府大臣者，与皇帝的亲密关系非同一般，这也为他们日后在政治上的升迁铺平了道路。故而，即便是由内务府属员升任者，在得到总管大臣的职位后，也大都会很快跻身各部院卿贰之列，进入国家权力中心。

以乾隆朝内务府大臣伊龄阿为例。伊龄阿，佟佳氏，自内务府笔帖式起家，授堂主事、内务府郎中，乾隆三十四年起，先后外放九江关监督、淮安关监督、两淮盐政、粤海关监督、长芦盐政、管理天津钞关税务、江宁织造、管理龙江关税务等，并补武备院卿缺，几乎把内务府所有的优缺要差都任过一遍，深受宠幸，乾隆帝称赞其"才具素优"。伊龄阿自乾隆四十九年闰三月授为总管内务府大

① 《清高宗实录》卷253，乾隆十年十一月丙戌。

臣以后，凭着乾隆帝的宠眷，很快又外放浙江巡抚，跻身封疆大吏之列。不过，由于其在审理黄梅贪污一案中的不良表现，乾隆帝看出他不胜封疆之任，但是"念伊系内务府人员，历任关差，于榷税事务尚为熟悉"，召其来京，在总管内务府大臣上行走，兼任崇文门监督。伊龄阿虽被撤去巡抚之任，但其仕途并未受影响，在他上京后的第二个月，就蒙恩格外授以兵部右侍郎，"既忝内廷之职，复联卿贰之班"。① 乾隆五十四年，转兵部左侍郎。此后，他又历任刑、工二部，完成了由内府属官向部院堂官的转变。

第五节　内务府大臣的行走班次及特权

一　内务府大臣的行走班次

清代内务府大臣都是由皇帝特别简任的，他们之间地位平等，没有正副之分，遇事公商共议。但是，内务府大臣任前官职不一，在以后的仕途发展中又各有其他不同职务，造成了他们官阶的差距，而内务府奏折及文书一般又以全体内务府大臣名义发出，这就形成了内务府大臣内部署名顺序问题，即列衔班次问题。故而皇帝规定，内务府大臣虽然没有地位差别，但在列衔时，以官阶大小排定次序，"至该大臣等列衔班次，则仍视其阶级，固不可任意

---

① 伊龄阿：《奏为蒙恩格外授以兵部侍郎谢恩事》（乾隆五十一年十一月初三日），朱批奏折，档号：04 - 01 - 12 - 0220 - 008。

僭越，亦不得故为卑逊，致乖体制"。^① 同时，列名居首的内务府大臣佩带内务府印钥，掌内务府堂印，称为佩钥大臣。例如，道光十八年（1838）上谕："前因奕纪在内务府大臣上行走，资格尚浅，禧恩事务较熟，年分亦深，是以令禧恩佩带印钥。现在奕纪行走有年，公务熟悉，且礼部尚书班次在兵部之前，所有总管内务府大臣印钥，着派奕纪佩带。"^②

为了防止内务府大臣之间因行走班次发生分歧和争论，每遇补放新任内务府大臣时都由皇帝钦定其行走班次。嘉庆十三年（1808）六月，嘉庆帝钦定内务府大臣的行走列衔次序，英和在前并佩带总管内务府印钥，其后分别为广兴、阿明阿、和世泰、苏楞额、常福，并规定："嗣后遇有新总管放内务府大臣，着奏请钦定次序。"^③

嘉庆十五年，内务府大臣常福补授工部右侍郎。常福本为内务府包衣，嘉庆九年以武备院卿升任总管内务府大臣，在内务府大臣中列名居末，现在官阶较前有所提升，按例应该重排列衔班次。论官阶，他应该排在刑部侍郎穆克登额之后、内阁学士和世泰之前。但是常福几番推让，表示一定要得到皇上的旨意才肯调换班次，故而，其他几位内务府大臣联名上奏。嘉庆帝以为，常福列名和世泰之前本来是"无庸置议"的事情，但是内务府人臣们却为此

① 《嘉庆道光两朝上谕档》第 15 册，嘉庆十五年六月二十一日谕旨，广西师范大学出版社，2000，第 286 页。
② 《嘉庆道光两朝上谕档》第 43 册，道光十八年四月十二日谕旨，第 107 页。
③ 《钦定总管内务府现行则例》第 2 册，第 16 页。

大费周章，必然是因为常福不敢在和世泰之前，因为和世泰乃礼部尚书恭阿拉之子、嘉庆帝现任皇后（孝和睿皇后）钮祜禄氏的兄弟，常福此举，"其居心更不可问矣"。他进而指斥内务府人员习气不好，"内务府人员习气，每于一切无关紧要之虚文，故为推让，遇有应办事件，转不实心讲求，和衷办理，实为恶习。该大臣等着传旨申饬，嗣后若再有似此不遵照定例，欲以退让取和者，必将该大臣等革退，以示惩儆"。[①]

二　内务府大臣的特权

内务府大臣在清代中央机关中占有重要地位，身份显赫，往往得到皇帝的优待和垂青，并享有诸多特权。内务府大臣的特权体现在以下几个方面。

奏事不拘时刻，急奏可径交内奏事处呈递。内务府大臣奏事可以不拘时刻，遇事随时奏闻。享有同等特权的只有御前大臣和军机大臣，因为他们同属于内廷行走之人。其余人等，除遇到刻不容缓之事需要立即上奏外，都要统一于每日早间具奏，过时即不准呈递。此外，乾隆三十九年（1774）以前，内务府大臣的奏折若是随时具奏之件，可以径直交给内奏事处呈递。而其余各部院堂官奏折，则必须由外奏事处转交内奏事处呈递，不得径交内奏事处。直到乾隆三十九年太监高云从交结外官案发，内务府大臣的奏折才与其他官员一样，由奏事官转交。

---

① 《嘉庆道光两朝上谕档》第15册，嘉庆十五年六月二十一日谕旨，第286页。

皇帝召见时赐坐。据担任过云南巡抚，四川、云贵总督的吴振棫记载，清代皇帝的御榻前设有毡垫，初为军机大臣所设，因为军机大臣时常要跪见承旨，时间较长，皇帝体恤，遂设毡垫于榻前，让他们跪在毡垫上承旨，故而这种毡垫也被称为"军机垫子"。其他品级较高、为皇帝宠幸的大臣在被召见时，有的也可以享受此优待，包括大学士、尚书、御前大臣、内务府大臣以及督抚等。"若大学士、尚书、御前大臣、内务府大臣入见，上辄俯指赐坐，叩首谢，然后就跪垫上。若侍郎，虽同见，不得跪垫，故不叩首谢也。督抚入见，亦俯指赐坐，叩首谢，就跪垫上，距御榻仅尺许。古人造膝陈言，义固如此。"① 清代侍郎与内务府大臣同品，均为正二品，尚且不能跪垫，可见，能够得到皇帝赐坐跪垫是无上的荣耀。内务府大臣与大学士、尚书、督抚等同受优待，足见其在皇帝心目中的地位。

逢重要节庆日，内务府大臣可以获准呈递如意。清制，每逢重大节日，如元旦和皇帝、太后万寿庆辰等，诸王大臣等呈递如意，并得到回赏玉如意一柄。初有等差，后来许多本来无权呈递的官员也纷纷逾制呈递，漫无限制，严重影响了国家礼制。嘉庆二十五年，仁宗皇帝明确规定，只准部分王公大臣呈递，如亲王、郡王、贝勒，在内廷供职的贝子、公，大学士、尚书、领侍卫内大臣、都统在内廷行走者，御前侍卫一品者，年班来京文武大臣一品者，其余皆不准呈递。而内务府大臣则与军机大臣、南

---

① 吴振棫：《养吉斋丛录》卷22，浙江古籍出版社，1985，第291页。

书房翰林一样，不论品级，俱准呈递。道光十五年，皇太后六十大寿，内廷行走亲郡王、御前大臣、军机大臣、内务府大臣获准呈递如意。①

任职不受回避亲族之条的限制。清代官员铨选、任职都有回避之条，但内务府大臣除外，内务府大臣往往父子、兄弟同堂为官。例如，光绪朝内务府大臣崇光，于光绪十三年（1887）由奉宸苑卿升任内务府大臣，光绪二十二年五月，他的儿子世续亦由武备院卿升任内务府大臣，父子二人同堂办事。为了避嫌，崇光奏请开去其内务府大臣缺。他说，虽然内务府人员不需回避，"惟查总管内务府大臣综理内廷要务，任重事繁，凡应办事务均须公商共议。奴才与奴才之子同堂办事，虽无回避之条，究有未便，合无仰恳天恩，开去奴才总管内务府大臣差使"。② 但是皇帝并没有因此免去他的内务府大臣职务，父子同堂为官长达四年之久。

第六节　内务府大臣的身世背景及世家现象

一　内务府大臣的身世背景

内务府大臣职务特殊，负责总理皇室家务以及内廷诸事，与皇帝联系紧密，故而，皇帝在挑选内务府大臣人选时也有所考虑。从身世背景来看，清代总管内务府大臣大

---

① 《清宣宗实录》卷272，道光十五年十月丁巳。
② 崇光：《奏为与子同堂办事请旨开去内务府差事事》（光绪二十二年五月二十五日），录副奏折，档号：03－5341－116。

体可分为五类，其一为功勋旧臣之后，其二为皇帝心腹近
臣，其三为内务府世仆，其四为姻亲，其五为皇室、宗室
之人。

功勋旧臣之后出任内务府大臣的情况主要集中在清前
期。爱新觉罗创业之际，不少人随之东征西战，后又从龙
入关，这些人战功卓著，对爱新觉罗家族忠贞不渝，其后
人自然也为清初几代皇帝所倚重，不少人因之被任命为内
务府大臣。如顺治朝内务府大臣索尼，康熙朝内务府大臣
明珠、米思翰等人都属于此种情况。

皇帝心腹重臣出任内务府大臣的就更多了。嘉庆朝内
务府大臣阿明阿、布彦达赉即是如此。他们起初都是嘉亲
王藩邸随侍之人，嘉庆帝甫一亲政，即将二人用为内务府
大臣，深为倚重。不幸的是，是年七月，即发生了内务府
大臣呈递清字折时将孝圣宪皇后尊号缮写错误一事，由于
此事关系匪轻，内务府大臣难辞其咎。特别是经手的布彦
达赉、阿明阿、缊布三人，罪责尤重，嘉庆帝将他们革职
处理。虽然同被革职，但是从最后的处理来看，嘉庆帝对
三人的处罚却有天壤之别。缊布被责最深，惩处力度最
大，其总管内务府大臣、工部侍郎、正蓝旗满洲副都统职
务全部被削，降为四品顶戴，拔去花翎，交军机大臣严加
议处。而对布彦达赉、阿明阿的处置，嘉庆帝则手下留
情，"惟念布彦达赉管项繁多，一时未能兼顾，阿明阿初
管事务，向来不识清文，朕所素知，二人情有可原，着革
去总管内务府大臣，仍交军机大臣议处具奏"。阿明阿在
内务府大臣之职被革的同时，又被赏给头等侍卫，且未拔
去花翎，处罚力度明显较轻。为了防止旁人议论，嘉庆帝

解释道："阿明阿因内务府奏折错误，已降旨革去内务府大臣，但念伊向来不识清文，管理内务府未久，诸事本未谙练，着加恩赏给头等侍卫，仍戴花翎，随同永来学习管理圆明园事务。朕非因阿明阿系藩邸随侍之人，同罪异罚也。"①

布彦达赉在嘉庆朝深受宠信，不仅官至户部尚书，还与嘉庆帝结为姻亲。他的女儿于嘉庆元年册封为皇子旻宁嫡福晋，道光年间追谥为孝穆成皇后。布彦达赉于嘉庆六年（1801）去世之时，皇帝悲痛万分，几次想亲往祭奠，经军机大臣再三劝阻才作罢，委派二阿哥前往代为祭奠。他在上谕中对布彦达赉生前的各项工作褒扬有加，"御前大臣、户部尚书布彦达赉，持躬敬慎，奉职恪勤。安静而能有为，精明而不多事。在内廷行走，小心匪懈，堪为表率。委任部旗及步军统领各事务，俱能经理得宜，年齿方强，正资倚畀"。晋赠其太子太保衔，谥恭勤。

后期如同治朝内务府大臣文锡，相传为慈禧心腹，深得太后宠幸，倚势作威，胡作非为，屡被言官弹劾罢官，而又屡被重新起用。他的儿子增崇，被慈禧当作义子养于宫中，后来也官至内务府大臣。②

内务府大臣中有不少人是内务府世仆出身。如咸丰朝内务府大臣文丰，隶属内务府正黄旗汉姓包衣，典型的内务府世仆。咸丰十年（1860），英法联军侵入北京，文丰奉命守护圆明园。后英法联军闯入园中，文丰投湖殉难，显示了内务府世仆忠贞不渝的一面。他的弟弟文廉，也于

---

① 《清仁宗实录》卷49，嘉庆四年七月辛巳。
② 胡思敬：《国闻备乘》卷2，中华书局，2007，第83页。

光绪年间补授内务府大臣。

光绪朝内务府大臣嵩申，内务府满洲镶黄旗人，出身于清代赫赫有名的内务府文学世家完颜氏家族。其祖为完颜阿什坦，进士出身，顺治初即受到重用，对清初文化多有贡献，父亲崇实以及伯父崇厚都是清初名臣。嵩申本人也是进士出身，光绪九年（1883）至十七年离世前在任，掌内务府堂印多年。其间，他还历任要职，先后充随扈大臣、前引大臣、左翼监督、理藩院尚书、工部尚书、刑部尚书等，死后赠太子太保衔。

也有一部分人凭借与皇家的姻亲关系而进入内务府权力中心，高居内务府大臣之职，其中的典型即为乾隆朝内务府大臣高斌。高斌，内务府汉军镶黄旗人，雍正年间供职于内务府，出任过苏州织造以及布政使之职。其女初被选为皇四子弘历府上使女，雍正十二年（1734）超拔为宝亲王侧福晋，乾隆即位后，即封为贵妃，同时高氏一门由内务府包衣抬旗入满洲镶黄旗。高斌父凭女贵，很快就被授予要职，官居吏部尚书，乾隆十年起兼内务府大臣，直至离世。他的儿子、孙子也凭借外戚身份，久居内务府大臣之位。此外，嘉庆孝淑睿皇后喜塔腊氏的两个胞弟盛住、孟住也凭借姻亲关系先后出任过内务府大臣。

此外，尚有一类内务府大臣身份特殊，他们本是皇室中人，以亲王、皇子身份署理内务府大臣事务。亲王兼摄内务府事务的有乾隆朝庄亲王允禄、和亲王弘昼、怡亲王永琅以及同治朝恭亲王奕䜣。而皇子署内务府大臣事务者，有康熙的皇八子贝勒允禩、皇十二子固山贝子允祹、皇十六子阿哥允禄以及乾隆朝六阿哥永瑢等。可见，亲王、皇子任内务府大臣的情况主要出现在康雍乾三朝。乾隆以后，只有恭亲王一人属于此种情况。

乾隆以后，有不少宗室之人开始出任内务府大臣。如嘉庆朝的内务府大臣景熠、禧恩、晋昌都是宗室中人，此后属宗室者，道光朝有敬徵、耆英、奕纪、恩桂、灵桂，咸丰朝有恩华、文彩、肃顺，同治朝有存诚、春佑，光绪朝有福锟等人。

亲王、皇子由于身份尊崇，任内务府大臣时，往往在诸内务府大臣中居于主导地位，一般均佩带印钥，如庄亲王允禄、恭亲王奕䜣都是佩钥大臣。而其他内务府大臣则对其俯首称臣、唯命是从，甚至在他们办事有误的情况下也多方维护，不敢据实上奏。

乾隆年间，六阿哥永瑢充任内务府大臣。因其为皇子，其他内务府大臣对他十分照顾。按照当时的规定，阿哥虽然派管内务府事务，但不准经手有关收呈诸事，"恐相沿日久，跟随阿哥人众或有潜行借端需索之事，究与阿哥声名有损，不可不防其渐"。乾隆四十年（1775），商人义和泰呈请展限交银，时为内务府大臣的六阿哥违规收呈。当天，乾隆帝召见内务府大臣金简，询问义和泰的呈请系何人接收办理，金简佯装不知。过了几天，皇帝询问另一位大臣迈拉逊，迈拉逊据实奏称乃六阿哥所收，交衙门公办。又过了数日，皇帝询问英廉，答曰，忘记了。乾隆帝对他们莫衷一是的回答和试图欺蒙隐瞒的行为大为不满，下旨斥责："衙门中同办一事，岂有不知呈所从来及遗忘何人收呈之理！不过迈拉逊据实复奏，而英廉、金简不免含糊隐讳耳。盖英廉、金简在内廷年久，心灵晓事，明知阿哥不应收呈，恐言之与阿哥有碍，故不肯明言，殊属非是。"①

乾隆四十九年，乾隆帝再一次针对内务府大臣为迎合六阿哥而有意为之护短之事，发布上谕："方今纲纪肃清，诸皇子皆敬慎小心，奉公守法，诸臣亦断无有畏惮迎合者。而因有皇子在内，形色之间，犹不免稍存瞻顾，此甚非也。即朕有错误处，不容大臣及御史等明言乎?"②

二 内务府大臣的世家现象

有清一代，许多内务府大臣出身世家，有的甚至几世均为内务府大臣。其中，出任内务府大臣人数最多、世代最久、时间最长的家族当推富察氏。富察氏先祖米思翰自康熙六年即被授为总管内务府大臣，其子孙五代均把持内务府总管之位，历经康、雍、乾、嘉四朝120多年，时间之长令人瞠目。此外，还有三代内务府大臣的，祖孙、父子、叔侄、兄弟均出任此职的现象也比比皆是。

清人崇彝在《道咸以来朝野杂记》一书中，历举道咸以后内务府世家十余家，30多人。王锺翰继之，参考《听雨丛谈》《雪桥诗话》《清史列传》《清史稿》等书，作《内务府世家考》一文，得内务府世家22家。③笔者拟在前人研究的基础之上，通过各种新史籍以及数据库的结合考证，历数有清一代的内务府大臣世家，以兹补阙。

---

① 《清高宗实录》卷982，乾隆四十年五月庚戌。
② 《清高宗实录》卷1220，乾隆四十九年十二月丁亥。
③ 具体参见崇彝《道咸以来朝野杂记》;《内务府世家考》，《王锺翰清史论集》第4册，第2031~2043页。

富察氏

富察氏是清代名门望族，世代簪缨，其族人不仅在外朝建树颇丰，声名显赫，在内廷事务中也十分活跃。富察米思翰，满洲镶黄旗人，曾祖旺吉努率阖族投诚努尔哈赤，随其东征西战，功勋卓著。父亲哈什屯为顺治朝内大臣，晋一等男。康熙三年（1664），米思翰以长子身份袭爵，并于康熙六年四月由一等侍卫升任内务府总管，成为富察氏的第一任内务府大臣。米思翰任职之初，正值康熙帝年幼尚未亲政，四大辅臣索尼、苏克萨哈、遏必隆、鳌拜摄政之时。据载，有一次，辅臣中有人想要借用尚方器具，遭到米思翰的严词拒绝，他认为这是违制之举，坚决不予。有人劝他，若是忤逆辅臣的意思，恐怕会有身家危险，但是米思翰不为所动，正色道："惟名与器不可以假人。"① 康熙帝即位后，对其大加赏识，很快擢为礼部右侍郎，翌年又升户部尚书、议政大臣。乾隆十三年追封为一等公，入祀贤良祠。

米思翰的三个儿子马斯喀、马齐、马武都是康雍时期的重臣。其中，马斯喀于康熙三十年至康熙四十三年出任内务府大臣，马齐官至武英殿大学士，并于康熙五十一年任内务府总管，马武亦于康熙末年至雍正初年任此职务。

他的孙子则是乾隆朝名臣傅恒，米思翰第四子李荣保之子，高宗孝贤纯皇后富察氏的胞弟，执掌内务府前后达

---

① 《米敏果公事略》，《清朝先正事略》卷4，收入《清代传记丛刊》第192册，台北：明文书局，1986，第170页。

28 年之久，累官至保和殿大学士。

傅恒的儿子福隆安、福长安、福康安兄弟三人，更是乾隆帝的宠臣，他们相继出任内务府大臣。其中，福隆安娶高宗和嘉公主为妻，封和硕额驸，授御前侍卫，后擢至工部尚书，于乾隆三十四年领内务府，乾隆四十九年卒于任，晋一等忠勇公，太子太保。其弟福康安，乾隆四十九年以兵部尚书兼任内务府大臣，是高宗的得力战将，先后用兵金川、镇压甘肃回民起义、入藏驱逐廓尔喀、平台湾林爽文起义、定湘黔苗民起义，戎马一生，官至两广总督、武英殿大学士，封一等嘉勇忠锐公。乾隆六十年封贝子，嘉庆元年（1796）病逝，高宗追赠郡王，所得殊荣为乾隆朝宠臣之最。福长安，福隆安、福康安胞弟，自乾隆四十五年正月起连任内务府大臣，后因阿附和珅，在和珅获罪以后，即被入狱、夺爵、籍没。

至嘉庆朝，富察氏又出了第五代内务府大臣，米思翰的玄孙、福隆安与和嘉公主之子丰绅济伦。至此，这一家族已经连续五世，先后出了九位内务府大臣，自康熙六年米思翰即任，至嘉庆八年丰绅济伦被革，把持内务府达120 年之久。

栋鄂氏

费扬古，栋鄂氏，满洲正白旗人，父亲为内大臣三等伯鄂硕，姐姐即顺治宠妃董鄂妃孝献皇后。费扬古十四岁袭爵，后任内大臣、御前侍卫、领侍卫内大臣、火器营总管、议政大臣等，康熙二十年正月以一等侍卫升内务府总管。史载费扬古相貌魁伟异常，曾多次出征，先后被任命为安北将军、右卫将军、归化城将军、抚远大将军,战功赫赫,康熙三十六年封一等公,四十年卒,入祀贤良祠。

侄子鄂尔多,初授侍卫,累官至侍郎,康熙二十五年以户部左侍郎充内务府总管,次年迁兵部尚书,历兵、户、吏三部,三十年卒,谥敏恪。

乌雅氏

乌雅氏,原为满洲包衣姓氏。因雍正帝胤禛生母德妃出身乌雅家族,雍正即位后,阖族抬入满洲正黄旗下。

乌雅多弼,康熙年间都察院左都御史,康熙三十年闰七月任内务府总管。

子海望,初授护军校,雍正元年,用内务府主事,升员外郎、郎中,充崇文门监督。雍正八年,擢为内务府总管大臣,兼管户部三库,赐二品顶戴。此后,海望长期居此职,至乾隆二十九年卒,在任长达26年之久。在此期间,他还担任过内大臣、户部尚书、议政大臣、军机大臣等,为雍乾年间重臣。

海望的孙子永来,也于嘉庆四年由上驷院卿擢升总管内务府大臣,是为乌雅氏第三位内务府大臣。

尚 氏

尚之杰、尚之舜兄弟。尚氏,内务府正白旗包衣。尚氏是以军功起家的内务府世家典型。其先人本为明辽东军官,天命年间,尚氏先祖尚大德入为满洲正白旗包衣,后从龙入关。尚大德第四子尚兴,自拨什库达起家,升任内务府正白旗第五参领第四旗鼓佐领。尚之杰乃尚兴长子,以武功起家，曾随扬威大将军和硕简亲王出征吴三桂，功勋卓著。康熙四十七年任内务府总管。

弟尚之舜，雍正年间亦任内务府总管，行走内廷多年，雍正九年以老病休致。

钮祜禄氏

钮祜禄氏乃清代显族。该家族自雍正末年至嘉庆初年，两代即出了四位内务府大臣，分别是讷亲、阿里衮兄弟，以及阿里衮的两个儿子丰昇额、布彦达赉。

钮祜禄讷亲，出身名门世家。其曾祖父为清初开国元勋额亦都，祖父为康熙四大辅臣之一遏必隆，父亲为领侍卫内大臣、二等果毅公音德，姑母则是康熙帝的孝昭仁皇后。出身如此显赫，讷亲的仕途也一帆风顺。雍正五年，袭二等果毅公爵，授散秩大臣，历任乾清门行走、御前大臣、銮仪使、办理军机处行走等。雍正十三年，接管内务府。乾隆二年，任兵部尚书，三年九月，命协办户部事务。上谕："户部事务繁多，讷亲仍着协办。伊既兼办两部之事，不必管理内务府。"①

阿里衮，讷亲之弟，音德第四子。乾隆二年，即以二等侍卫授总管内务府大臣。阿里衮一生多任要职，官至户部尚书、协办大学士，赠太子太保衔。乾隆三十四年卒于军中，入祀贤良祠，四十二年追封一等果毅继勇公。

阿里衮的两个儿子丰昇额、布彦达赉也为乾嘉名臣。丰昇额先以拜唐阿授蓝翎侍卫，乾隆三十四年袭爵，任领

---

① 《清高宗实录》卷76，乾隆三年九月癸亥。

侍卫内大臣。次年，署兵部尚书，充御前大臣、镶蓝旗蒙古都统，七月，授总管内务府大臣。布彦达赉亦自蓝翎侍卫起家，在乾清门行走，累迁至武备院卿。他是嘉庆帝的近臣，嘉庆即位后，即用至内务府大臣。后担任御前大臣、户部尚书，嘉庆六年卒，赠太子太保。布彦达赉的女儿为二阿哥旻宁福晋，旻宁即位后，于道光元年（1821）册谥其为孝穆成皇后，礼成，追封布彦达赉为三等公。

喜塔腊氏

喜塔腊和尔精额，乾隆年间内务府大臣。其女许配皇子永琰，册封福晋，嘉庆元年册立为皇后，是为嘉庆第一任皇后孝淑睿皇后，道光帝生母。同年，和尔精额被追封为承恩公。

其子盛住于乾隆六十年九月补授内务府大臣，封一等承恩公。

另一子孟住，也于嘉庆八年八月命为内务府大臣，旋因奉移孝淑皇后梓宫不出力，为嘉庆帝指责并革退："朕以孟住系孝淑皇后外家，于孝淑皇后梓宫奉移时，孟住阖家自应感荷深恩，出于至诚，踊跃从事……乃伊漫不感悟，并未乞请，殊属无用糊涂之至，难胜内务府大臣之任。"①

索绰络氏

索绰络氏一门，德保、英和、奎照祖孙三代内务府大臣皆进士出身，且跻身翰林。

---

① 《清仁宗实录》卷121，嘉庆八年九月辛亥。

索绰络德保，乾隆二年进士，翰林院庶吉士，官至礼部尚书，翰林院掌院学士。乾隆十三年，因傅恒奉命出差，经理大金川军务，内务府大臣人数较少，德保得以跻身内务府大臣之列。他在此任上一干就是四十多年，直至乾隆五十四年逝世，是有清一代在任时间最久的内务府大臣。

其子英和，乾隆五十八年进士，选庶吉士，历任工部尚书、户部尚书、翰林院掌院学士，加赠太子少保衔。嘉庆六年正月，英和以礼部右侍郎兼内务府大臣，一直到道光年间，在任二十多年。

英和子奎照，嘉庆十九年进士，选庶吉士，历任镶黄旗汉军都统、镶黄旗蒙古都统、军机大臣、礼部尚书等。道光十六年（1836）至十八年任内务府大臣。

高佳氏

高佳氏，本为高氏，内务府汉姓包衣，世居辽阳，因出了乾隆宠妃慧贤皇贵妃，高氏一门由内务府镶黄旗抬入满洲镶黄旗，改书高佳氏。高佳氏自乾隆朝以来，先后有四人出任内务府大臣。

高斌，慧贤皇贵妃之父，雍正元年授内务府主事，历任苏州织造、广东和浙江等处布政使、江南河道总督、直隶总督、吏部尚书、军机处行走等，官拜文渊阁大学士，并于乾隆十年至乾隆二十年出任内务府大臣。

高斌子高恒，初在户部主事，后监督山海关、淮安关、张家口等关税务，出任长芦和两淮盐政、苏州织造、上驷院卿等，都是内务府的优差。乾隆三十年起，任内务府大臣。三十三年，因在盐政任上贪污中饱，事发，被夺官，坐诛。

高佳氏第三代在嘉庆朝出了两位内务府大臣，分别是广兴和高杞。广兴，高斌侄孙，大学士高晋第十二子，初以监生捐盛京刑部主事，补官礼部，历任礼部郎中、江南和京畿等道监察御史、刑科给事中、都察院都御使、内阁学士、兵部右侍郎等职，并于嘉庆中两任内务府大臣。嘉庆十三年，因任性作威、暴戾恣睢、贪索受贿等弊为朝臣弹劾而被削官、抄家，嘉庆十四年正月处绞。

高杞，高斌孙，内任内阁中书、军机章京、内务府郎中、各部侍郎，外放知府、布政使，湖北、湖南、浙江等地巡抚。嘉庆十八年任刑部左侍郎，兼总管内务府大臣，封头等轻车都尉。

高佳氏一门三代四位内务府大臣，两位被诛，为清代仅有。

金佳氏

金佳氏本姓金，高丽姓氏，先祖新达理，原为鸭绿江畔义州人，后投诚皇太极，授通事，隶内务府正黄旗第四参领第二朝鲜佐领下。其孙常明，雍正二年由上驷院总管擢内务府大臣，掌奉宸苑印，乾隆七年病逝。常明一生勤敏，在内廷效力多年，深得高宗倚恃，病重时，高宗特派大皇子探视，并加恩封赠太子太保。

常明子塔克图，因父亲之功，受到高宗的垂青，于乾隆二十九年加恩补授总管内务府大臣。

新达理另一孙三保的儿子金简，自内务府笔帖式起家，历任内务府主事、员外郎、郎中、奉宸苑卿、总管内务府大臣，官至吏部尚书，充四库馆总裁。金简的妹妹为高宗嘉贵妃，生了三位皇子。嘉庆初，金氏蒙恩由内务府包衣旗抬入满洲正黄旗，改金佳氏。

金简的儿子缊布，亦由内务府笔帖式起家，乾隆六十年至嘉庆十三年任内务府大臣。

汪　氏

四格，乾隆十六年由内务府郎中升内务府总管，至乾隆四十一年卒，前后在位 25 年。

巴宁阿，四格之子，自笔帖式起家，内任主事、郎中、上驷院卿，外放山海关监督及长芦、两淮盐政。高宗以其在热河监修寺庙工程时勤奋出力，加恩于乾隆五十六年二月擢内务府大臣，并赐花翎、黄马褂。后因河东安远庙大殿前琉璃瓦脱落为高宗发觉，责其监工不力、偷减浮冒而被褫职。

佶山、阿灵阿父子

佶山，内务府镶黄旗包衣，外放粤海关监督、两淮盐政，内任武备院卿。嘉庆十一年，由内务府正白旗护军统领任内务府大臣。

子阿灵阿，举人出身，道光十八年至咸丰年间任内务府大臣。

章佳氏

那彦成，章佳氏，满洲正白旗人，大学士阿桂孙。乾隆五十四年进士，选翰林院庶吉士，授编修，入直南书房。迁内阁学士，在军机大臣上行走。嘉庆四年任工部尚书，兼内务府大臣。时张汉潮领导的白莲教教众在山西起义，嘉庆帝特派那彦成前往督兵剿办。次年，因剿匪不力，革退军机、南书房行走。嘉庆帝认为"伊如此犹豫无能，亦断难兼理各处事务"，又革去其所有差事，包括内务府大臣之职，唯念及阿桂子孙"竟无身任大员者"，才没有将其治罪，仍准戴花翎。①

那彦宝，阿桂孙，那彦成堂兄弟，自侍卫起家，官至成都将军，兼署四川总督，嘉庆中期亦任内务府大臣。

汪佳氏

常福，内务府包衣，乾隆三十六年监生，自内务府笔帖式起家，嘉庆年间几任内务府大臣。

子阿尔邦阿，道光年间内务府大臣，曾任苏州织造、粤海关监督、长芦盐政等，道光十五年赠太子少保。

费莫氏

费莫文蔚，满洲正蓝旗人，嘉庆二十五年进士，选庶吉士，授翰林院检讨。道光二十年六月，以工部左侍郎任内务府大臣。

文煜，文蔚弟，道光年间由官学生授国使馆收掌官，相继调任太常寺、光禄寺、刑部等衙门，后长期在外为官。先后出任直隶霸昌道、四川按察使及江宁、苏州、直

---

① 《清仁宗实录》卷66，嘉庆五年闰四月戊辰。

隶布政使，兼长芦盐政，迁直隶总督，山东巡抚、福州将军、闽浙总督。光绪初回京，领内大臣、镶白旗汉军都统、都察院左都御史、刑部尚书等职。光绪九年七月任内务府大臣，次年卒，赠太子少保。

志和，文蔚子、文煜侄，咸丰二年进士，选庶吉士，累官至内阁学士、侍郎。光绪五年八月以吏部左侍郎任内务府大臣。其间，相继迁户部、理藩院、兵部尚书，光绪九年五月卒。

叶赫那拉氏

瑞麟，咸丰年间内务府大臣，满洲正蓝旗人，初由文生员充太常寺学习读祝官，后充御前读祝。道光二十七年祭祀太庙时，因读祝声音洪亮，为道光帝嘉许，赐五品顶戴，赏戴花翎。曾担任太常寺少卿、内阁学士、礼部右侍郎、护军统领、军机大臣、随扈大臣、西安将军、礼部尚书、巡防大臣等。因与慈禧太后同族，同治以后宠信优渥，官至两广总督，晋文华殿大学士。同治十三年（1874）卒，赠太保，入祀贤良祠。

子怀塔布，初由荫生授刑部主事，晋员外郎。同治十三年丁父忧，后为太常寺少卿，累迁工部尚书。光绪二十年充内务府大臣，二十六年因病出缺，旋卒，赠太子少保。

董　氏

董氏，内务府世仆，隶内务府正黄旗。先祖董得贵从龙入关，在山海关一役中立下战功，获骑都尉世职。入关后，晋二等阿达哈哈番（轻车都尉）。子董殿邦袭爵，康熙五十五年由内务府慎刑司郎中升任总管大臣。咸丰朝以后，董氏家族连续出了两位内务府大臣，即文丰、文廉兄弟。

董文丰，出身内务府世家，初为笔帖式，后内任主事、员外郎、造办处郎中、骁骑参领、坐办堂郎中、武备院卿，外放杭州织造、粤海关监督、苏州织造、浒墅关监督等，咸丰四年赏总管内务府大臣衔，七年实授。咸丰十年，英法联军来犯，时文丰在圆明园照料一切，英法联军闯入园中，文丰投福海殉难。赐太子少保衔。同治元年，清廷追念忠节诸臣，称颂前任内务府大臣文丰"从容赴难，不愧完人"，加恩予谥忠毅。

弟文廉，光绪年间亦累官至内务府大臣。

索绰络·宝鋆父子

宝鋆，索绰络氏，满洲镶白旗人。道光十七年拔贡，十八年进士，授礼部主事，后任詹事府右春坊右中允、左春坊左中允，翰林院侍讲学士，内阁学士等。宝鋆少时读书勤奋，又是进士出身，在朝中主管文教，多次充乡试、举人复试、殿试阅卷、读卷大臣。咸丰十年，宝鋆以户部右侍郎任内务府大臣。适值英法联军入侵北京，咸丰帝意欲出逃，宝鋆多次谏阻不成。咸丰帝逃幸热河，宝鋆留守京师，主管京城防务。咸丰帝降旨提库帑 20 万两修葺行宫，宝鋆严词拒绝，一时声震天下。不久，因所管三山被毁，遭到咸丰帝的斥责，降为五品顶戴。后任军机大臣、总理衙门大臣。同治四年，以军机处事务繁忙，辞去总管内务府大臣之职。

嗣子景沣，生父为索绰络宝福，宝鋆乃其长房嗣父。

光绪十七年，宝鋆卒，景沣以父恤典擢为四品京堂，累官至广州将军。光绪三十四年，朝廷进行官制改革之时，调任内务府大臣。

索　氏

索明善，内务府包衣，自内务府笔帖式起家，内任委署主事、堂主事、员外郎、郎中、骁骑参领，外放苏州织造、粤海关监督。咸丰二年任坐办堂郎中，四年升武备院卿，十年擢授内务府大臣，同治十三年卒，掌内务府十五年之久。

其子文锡，亦曾把持内务府堂郎中之位，并一度升任内务府大臣，旋因李光昭木植案发，罢官。

其孙增崇，光绪末至宣统年间内务府大臣。索氏到增崇这一代，已经是三世内务府大臣了，经过几代人的积累，家资丰厚。增崇住在南锣鼓巷东首秦老胡同路北，"秦老胡同增家"是当时有名的长安豪富，自胡同中部直至西口，全部为其宅第，据说房屋多达数百间。①

巴克坦布、继禄叔侄

巴克坦布，内务府汉军正黄旗人。光绪十年五月由奉宸苑卿升补内务府大臣，光绪二十一年五月因病乞休，在位整整十一年。

侄子继禄，监生出身，曾任内务府银库郎中，后升至

奉宸苑卿。光绪二十五年十二月补内务府大臣，宣统三年
（1911）九月解职。继禄宅邸位于德胜门大街南口路西麻
花胡同，人称"麻花胡同继家"，富称一时。[①]

索勒豁金氏

崇光，内务府正黄旗包衣，以监生补会计司笔帖式，署
上驷院主事，后出任粤海关监督，光绪中任内务府大臣。

其子世续，举人出身，一生荣宠，先后任内务府郎
中，内阁学士，内务府大臣，理藩院、礼部、吏部尚书，
协办大学士，体仁阁大学士，军机大臣，文华殿大学士，
外务部会办大臣等。光绪二十二年，世续由武备院卿擢升
内务府大臣，与父亲崇光同堂为官。

以上共列内务府大臣世家 20 家，凡 59 人，超过清代
内务府大臣总人数的 30%，可见，世家现象在内务府大臣
群体中体现得较为明显。这与内务府大臣为皇帝近臣、亲
近帝扆的重要地位以及其职掌的特殊性有不可分割的联系。

第七节　常规与恩泽：内务府大臣的去向

作为由皇帝特简的大员，总管内务府大臣的陟罚臧否
虽然也要经过吏部商议等常规程序，但从根本上来说，还
是在皇帝的掌控范围之内。清代内务府大臣的去向，主要

---

① 金承艺：《关于李连英的记述》，《中央研究院近代史研究所集刊》第
13 期，1984 年，第 15 页。

有以下几种情况。

1. 升迁

内务府大臣为皇帝近臣，极易受到重用，不少人在任职期间获得升迁机会。康熙朝内务府大臣佛伦，于康熙二十七年（1688）简任内务府大臣，当时为正三品，次年十月，即迁山东巡抚。康熙六十一年，内务府大臣李英贵升任总督仓场侍郎，亦由三品升为二品。后期，从内务府大臣任上升迁为部院尚书以及大学士的也比比皆是。

2. 革职

当总管内务府大臣玩忽职守，或在任上严重失职而触怒皇帝时，往往会被革职处理。如基溥，咸丰四年（1854）十二月的某天，他与御前侍卫、散秩大臣景寿在景运门、隆宗门值班，因为查巡疏忽，致使一人犯混入宫禁，幸而被总管太监抓获。咸丰帝得知此事后，下旨将二人痛加责罚，革去一切差使。①

再如灵桂，系宗室，道光三十年（1850）以工部左侍郎充总管内务府大臣。但他在恭办昌西陵工程期间，消极怠工，懒散至极，以种种借口托故不往工地照看，触怒了咸丰帝。咸丰元年七月，皇帝下了一道长长的谕旨，将他痛骂一顿：

> 灵桂自简任总管内务府大臣以来，察其言动，颇觉高兴。现值恭办昌西陵工程，轮应住班，因病未往。本日销假召见，据奏称，伊合家患病，伊母近因

---

① 《清文宗实录》卷154，咸丰四年十二月丙午。

初丧幼孙，殊深轸悼。并称奴才至工次察看，恳恩俟八月初间，仍同魏元煨回京。……灵桂惟知眷恋妻孥，全不以公事为重，即此一节，已应立即罢斥。第念伊历练未深，姑示薄惩。灵桂着毋庸办理陵工，并革去工部左侍郎、总管内务府大臣，仍留正红旗蒙古副都统……

灵桂作为内务府大臣，贪图安逸，不以公事为重，为皇帝所不能容忍，因而被革职。不过，这道谕旨中皇帝的口吻并没有那么强硬，而是充满感情，读之仿若家书。从皇帝的措辞中可以看出，咸丰帝在内心对宗室出身的灵桂依然心存眷念，将其视为家人，字里行间流露出的是对他的爱之深、责之切。他之所以惩罚灵桂，只是因为怒其不争，"我宗室中从未有似伊无出息者"，尽管这次对灵桂进行了一定惩处，但其目的是"令伊痛改前非，尽除委靡之习，仍可再邀恩眷也"。① 可见，他对灵桂虽然倍感失望，但仍然网开一面，希望其知错悔改，并准备随时起用之。

3. 革职留任

比革职稍轻的处罚是革职留任，这种处分一般是留有余地的，如果留任期间表现良好，就可以功抵罪，继续任职。同治十三年（1874），为了迎合同治帝修缮圆明园的要求，内务府传出了"报效木植"的丑闻，此案牵连甚广，内务府几位大臣也牵涉在内，甚至有可能影响到皇帝

---

① 《咸丰同治两朝上谕档》第 1 册，咸丰元年七月二十二日谕旨，广西师范大学出版社，1998，第 228～229 页。

的声誉。为了尽快平息这件事，朝廷将直接办理此事的内务府笔帖式成麟撤职。由于廷臣们对此事反应十分强烈，几位内务府大臣也不能全身而退，皇帝只好将崇纶、明善、春佑按溺职罪革职。不过没过几天，他们全部被加恩改为革职留任，后来就不了了之了。

与前两者相比，根据内务府大臣所犯错误的轻重，还有两项相对较轻的处罚，即降级调用、降级留任。

4. 降级调用

同治元年二月，内务府大臣、吏部尚书全庆在审理柏葰科场案的时候，被控没有悉心核议，随意附和载垣等人，被降四级调用，以示薄惩。

5. 降级留任

清代内务府大臣犯罪，被降级调任的并不多，大部分都加恩改为降级留任。例如，嘉庆十三年（1808）十月，内务府大臣英和、苏楞额等在办案时包庇内务府人员，遭到惩处，经吏部核议，应将英和等分别降调。但嘉庆帝对他们网开一面，"惟将伊等同时降黜，则总管内务府大臣竟无一熟手，简用实觉乏人。此次姑格外施恩，所有英和、苏楞额、常福，部议降三级调用之处，着改为降四级留任；广兴、阿明阿、和世泰，部议降二级调用之处，着改为降三级留任，以观后效"。同时警告他们，若是以后再敢有徇私包庇之处，"朕必严行究办，即或一时开缺过多，亦惟按例惩处，不能再邀宽贷矣"。① 是年十一月，内

---

① 《嘉庆道光两朝上谕档》第 13 册，嘉庆十三年十一月初二日谕旨，第 644~645 页。

务府大臣等又因广兴擅自克扣宫内例用绸缎而全部获罪，嘉庆帝下旨将他们全部处以降级留任，后又认为不足以示惩儆，下旨将原为二品顶戴的英和、阿明阿、和世泰三人降为三品顶戴，革去花翎，已经降为三品顶戴的苏楞额、常福再降为四品顶戴。不过，这些惩处都只是暂时的，一个月以后，所有人又被赏还顶戴。由此可见，降级留任是皇帝对内务府大臣宽宥的惯用手法。

6. 开缺

清代实行官缺制度，"各衙门的官员有职有数，因故缺少谓之'开缺'"。[①] 内务府也不例外，总管内务府大臣一职虽然由皇帝特简，无定员，但在某一时期或某一年，还是有一定人数的。总管内务府大臣内部各有分工，一人离任，就有一缺，也就需要有人补缺。内务府大臣开缺，一般有三种情况，一是因差务繁忙自请开缺；二是因升迁开缺；三是因在任上犯错、失职而被开缺或自请开缺。

（1）因差务繁忙自请开缺

这种情况一般发生在总管内务府大臣同时担任某些关乎军政大事如军机大臣等职务的时候。如咸丰四年，宝鋆和文祥二人都在总管内务府大臣任上，并同时在军机处办差，但是因为军机处事务繁忙，二人于当年四月，一同请求辞职。实录记载："军机大臣宝鋆、文祥奏，军机处事务繁重，恳请各开总管内务府大臣之缺，以专责成。允之。以户部右侍郎崇纶为总管内务府大臣。"[②] 光绪四年

---

① 艾永明：《清朝文官制度》，商务印书馆，2003，第86页。
② 《清穆宗实录》卷137，同治四年四月戊子。

（1878）十二月，荣禄也因差务繁忙自请开缺。

（2）因升迁开缺

有的内务府大臣在任上由于升迁而开缺。如英桂，同治十三年以兵部尚书充总管内务府大臣，光绪年间任兵部尚书兼步军统领、正红旗满洲都统。光绪三年正月，上命"协办大学士、吏部尚书英桂为大学士，开去步军统领、总管内务府大臣差"。①

（3）因犯错或失职而开缺

内务府大臣开缺，更多的则是因为犯错或失职。咸丰十年，总管内务府大臣宝鋆因所管辖之禁园被抢遗失印信，受到咸丰帝的严厉责罚，不仅将其办理京城巡防的职务撤去，降为五品顶戴，而且谕令"一切差使暂停开缺"。②

同治十三年，因"报效木植"案发，几位总管内务府大臣俱被牵连。按照清制，官员们在任上犯错，是要自请议处的。于是该年十月，荣禄奏请开总管内务府大臣差使，圣谕"荣禄办事尚属勤慎，着毋庸开去总管内务府大臣差使"。③随后明善也奏请开总管内务府大臣差使，皇帝也以"明善办事有年，尚为熟练"④将其挽留。

这些事例表明，内务府大臣在任上犯错或失职的时候，往往需要自请开缺，由皇帝来决定是去还是留。而当内务府大臣严重失职，触怒皇帝的时候，即使没有请罪，皇帝也会毫不犹豫地将其开缺，以示严惩。不过在更多的

---

① 《清德宗实录》卷46，光绪三年正月癸亥。

② 《清文宗实录》卷330，咸丰十年九月丙申。

③ 《清穆宗实录》卷372，同治十三年十月戊子。

④ 《清穆宗实录》卷372，同治十三年十月己丑。

时候，开缺只是一种形式上的处罚，如上述荣禄和明善自请开缺，同治帝以各种理由将其挽留，显示出皇帝对内务府大臣还是比较宽容的，在处理办法上也颇具灵活性，留有很多回旋的余地。

7. 免职

免职与革职不同。革职是针对严重失职情况而言的一种极为严厉的处罚，而免职则不与犯错挂钩，只是一种寻常的人事任免。

例如，道光十八年四月十一日，道光帝颁布谕旨，免去奎照内务府大臣之职，由工部尚书裕诚补授。① 同治元年四月，兵部尚书爱仁、都察院左都御史文祥被任命为总管内务府大臣，同时，和硕额驸恩醇"不用再管内务府事务"。②

8. 休致

清代官员年老或病重不堪任职时，则需上折奏请休致。乾隆二年（1737），内务府总管丁皁保，因年老乞休，上"慰留之"。乾隆四年，丁皁保再次乞休，这一次得到允准，上谕"内务府总管兼侍郎衔丁皁保，内廷行走八十三年，以老乞休，上念其宣力年久，赏给一品衔致仕"。③

9. 卒于任上

内务府事务在清朝被视为皇帝家务，事情虽繁但不必花费太多体力和精力，因此，许多人以高龄任职。例如，乾隆四十一年，镶白旗汉军都统四格因"年迈不能办理旗

---

① 《嘉庆道光两朝上谕档》第43册，道光十八年四月十一日，第106页。
② 《清穆宗实录》卷24，同治元年四月辛酉。
③ 《清高宗实录》卷86，乾隆四年二月庚寅。

务"，乾隆帝免去其都统职务，让其以都统衔管理内务府大臣事务。① 同年，四格卒于内务府大臣任上。可见，由于内务府事务的特殊性，内务府大臣往往可以长期连任，也可以年老、精力不沛者任之。故而，许多总管内务府大臣是卒于任上的。从咸丰元年至宣统三年，60 位内务府大臣中，除世续、增崇、奎俊、景沣四人一直任职至宣统以后，其余 56 人，至少有 23 人是属于此种情况，其中包括裕诚（咸丰八年卒）、存佑（咸丰九年卒）、文彩（咸丰十年卒）、文丰（咸丰十年卒）、爱仁（同治二年卒）、存诚（同治十一年卒）、瑞常（同治十一年卒）、诚明（同治十三年卒）、明善（同治十三年卒）、崇纶（光绪元年卒）、魁龄（光绪四年卒）、成林（光绪五年卒）、志和（光绪九年卒）、文煜（光绪十年卒）、广寿（光绪十年卒）、耀年（光绪十三年卒）、嵩申（光绪十七年卒）、容贵（光绪二十年卒）、福锟（光绪二十一年卒）、文琳（光绪二十四年卒）、崇光（光绪二十六年卒）、怀塔布（光绪二十六年卒）、文廉（光绪二十八年卒）等。这些人，绝大部分是老死、病死的，但也有在国难期间殉职的，如文丰就是在英法联军侵入圆明园时投湖殉难的。

对于卒于任上的总管内务府大臣，朝廷都会从厚治葬。内务府大臣为皇帝亲信近臣，许多人行走内廷多年，与皇帝关系亲密，品级高，且身兼数职，不仅在内廷，而且在外朝多有贡献，死后自然也备受尊崇。

康熙朝内务府大臣噶禄，自康熙八年以一等侍卫升任

----

① 《清高宗实录》卷 1017，乾隆四十一年九月甲午。

内务府大臣，在位长达 19 年。康熙帝视其为心腹，甚至将皇长子大阿哥允褆寄养在其家中，可见对他的信任和宠幸之深。噶禄于康熙二十七年逝世，康熙帝派允褆及大臣二员、侍卫二十员亲往致祭，赏赐蟒缎等物，以及鞍马四匹、银一千两，并追赐勤恪贻休匾额。

咸丰八年，大学士、总管内务府大臣裕诚逝世，上谕"大学士公裕诚，植品醇正，办事勤能，器量渊深，老成练达。由荫生侍卫，嘉庆年间，即在乾清门行走。蒙皇考宣宗成皇帝擢至正卿，供职内廷。缘事降调，复任都统将军。朕御极之初，内用尚书，晋秩纶扉，仍兼总管内务府大臣，管理部院旗营事务。……兹闻在园寓溘逝，悼惜殊深。着赏给陀罗经被。派恭亲王奕䜣带领侍卫十员，即日前往奠醊。加恩晋赠太保，照大学士例赐恤。准其入城治丧，并赏给银一千两，由内交出。本月二十二日，朕亲临赐奠。任内一切处分，悉予开复……"，① 谥"文端"。享受同等待遇的还有大学士、总管内务府大臣瑞常等。

---

① 《清文宗实录》卷254，咸丰八年五月戊子。

第二章　总管内务府大臣的职掌

　　清代内务府大臣的职掌十分广泛，涉及吏、户、礼、兵、刑、工诸务，这既是由内务府及其附属机构众多、人员庞杂、事务烦琐的特点决定的，同时也与内务府在清代政治生活中的特殊地位和职能密切相关。目前学界虽然对内务府大臣的职掌有所述及，但仅仅是罗列而已，多寥寥数语，未充分展开，仍是研究的薄弱点。此外，传统观点囿于内务府大臣为内廷职官之成见，从而判定其职掌自然也仅限于内廷，而没有看到在内廷以外，他们也被赋予了一定的外廷职能。本章将本着"详人所略，略人所详"的原则，梳理内务府大臣的内、外廷职掌，以期获得对内务府大臣的全面认识，进一步凸显内务府大臣这一群体在清代宫廷生活以及政治生活中的重要作用。

第一节　职思总理：内务府大臣的基本职掌

　　清代内务府匾额为"职思总理"。作为内务府这一庞大机构的最高长官，总管内务府大臣的职掌十分广泛，"凡职员选除、财用出入、宴飨祭祀、膳羞服御、赏赉赐

予、刑罚工作、教习训导等事皆综核焉"。① 清人吴振棫
有言："张云贞云：'包衣大职，前代所未有，自乘舆、服
御，以及饮食日用之节，出入起居，罔不综理。'盖如周
礼职内、职岁、掌舍、掌次、迮人、幂人诸事，总于天官
之属者，皆得领之，任繁责重，与外朝迥异。"② 昭梿也
说："凡内廷之会计、服御、物饰、宫御、武备等皆统属
于内务府大臣。"③ 可见，内务府大臣职权之广，所办事务
之繁杂，非一般部院堂官可比。内务府大臣的基本职掌主
要有以下诸项。

一　掌官内祭祀

第一，内务府大臣主持宫内群祀，如祭祀龙神、马
神、木神、土神等。清代皇家祭祀龙神，每年春秋两季，
于黑龙潭、玉泉山、昆明湖三处龙神祠，以总管内务府大
臣三人分别前往行礼致祭。皇家御用马匹，亦有祭祀马神
的典礼，初期没有主祭人员，自乾隆二十六年（1761）开
始，每年钦派内务府大臣一员偕同上驷院卿一员前往祭
祀。乾隆四十九年下旨，木神庙每年春秋两季由内务府
大臣前往致祭。咸丰八年（1858），咸丰帝晋封春雨轩司
土之神为圆明园昭佑敷禧司土真君，土母晋封为昭佑敷
禧司土夫人，每年春秋两季祭祀，由管园内务府大臣一
人祭祀。

第二，皇帝祭祀时随侍。皇帝亲祭奉先殿，由内务府

---

① 《钦定总管内务府现行则例》第 2 册，第 4 页。
② 吴振棫：《养吉斋丛录》卷 2，第 24 页。
③ 昭梿：《啸亭杂录》卷 8，中华书局，1980，第 225 页。

大臣一人前引。皇帝到各庙拈香行礼时，寺庙僧道在御道旁跪迎，内务府大臣一人率班侍立。若是遇到皇帝亲自祭拜堂子之期，内务府大臣则要奏请皇帝出席典礼。每年元旦，皇帝到堂子拜天，内务府大臣一人预先到园殿内布置。按照规定，挂纸钱二十七张于高案下所立杉柱之上。①

第三，代皇后祭祀先蚕之神。传说先蚕是最早教民育蚕之神，周制，王后享先蚕，以后历代封建王朝均由皇后主祭先蚕。清入主中原以后，也沿袭该典制。每年三月，由皇后亲自主持祭祀先蚕，以示对农桑活动的重视，为天下黎民做出表率，是为国家大典。但自道光以后，祭先蚕典礼逐渐流于形式，皇后鲜有出席者，大多由内务府大臣代祭。道光二十三年（1843）三月，下旨，祭先蚕之神，"此后着派内务府大臣行礼，毋庸奏请"。② 自此，每遇先蚕神祭祀之期，皇帝都会亲自选派内务府大臣一员前往行礼。例如，咸丰元年（1851）三月，祭祀先蚕之神，"遣内务府大臣柏葰行礼"。③ 同治九年（1870）三月，祭祀先蚕之神，"遣总管内务府大臣存诚行礼"。④

第四，陪同皇子致祭陵寝。按照清朝旧例，若派阿哥致祭陵寝，则同时由礼部侍郎一员、内务府大臣一员随往。由于礼部侍郎只有呈递仪注一项任务，后来干脆停派，而内务府大臣也转由内务府郎中代办。嘉庆十九年（1814）正月，皇帝规定，礼部侍郎仍不用请派，但是内

---

① 《大清五朝会典·嘉庆会典二》卷72，线装书局，2006，第821页。
② 刘锦藻：《皇朝续文献通考》卷155，郊社考九。
③ 《清文宗实录》卷29，咸丰元年三月癸巳。
④ 《清穆宗实录》卷278，同治九年三月己巳。

务府大臣必须随同，总理一切事务。① 例如，道光二十四年，恭谒东陵，由四阿哥、五阿哥、六阿哥代皇帝行礼，就有内务府大臣裕诚随同前往。②

内务府大臣不仅主持、参与祭祀典礼，还兼管祭祀器皿、祭品等物的陈设。皇家祭祀的器皿、物品的备办、陈设、查阅分别由工部、光禄寺以及内务府大臣负责。通常，工部、内务府备办用品，光禄寺负责陈设，而内务府大臣则有兼管之责，在陈设物品时负责检阅。嘉庆二十五年十一月，内务府大臣英和等奏报，他们在奉先殿查看，发现孝淑皇后神龛间有糟朽之处，又查得孝淑皇后神龛自成造至今已有二十年之久，故座木腐烂，于是请旨交工部修理。③

二　照料皇室家务

内务府大臣为皇帝的"大管家"，皇帝家事，大到婚丧嫁娶，小到每日衣食住行、生活起居，都由内务府大臣主持操办。

管理膳食。清代御膳房为内务府所属，膳房进膳、办膳诸事，由内务府头、二、三等侍卫及拜唐阿负责，并由内务府大臣两人统之。膳房准备御膳，每天都要开具清单，列明食材、菜品及某菜品为何人烹调，送给内务府大臣审阅，经内务府大臣首肯画行，方可备办。如果膳房人

---

① 《清仁宗实录》卷283，嘉庆十九年正月壬午。
② 《清宣宗实录》卷402，道光二十四年二月丙寅。
③ 英和等：《奏报查看孝淑皇后神龛间有糟朽请饬工部修理事》（嘉庆二十五年十一月初七日），录副奏折，档号：03-1616-026。

员办理膳食不周，则要受到内务府大臣的处分。康熙六年（1667）十一月，饭上人胡图因将烧焦的肉捧上而触怒皇上，传旨交与内务府总管米思翰、图巴、海拉逊等人处置。米思翰等将胡图定以懈怠从事罪，鞭五十。[①] 嘉庆十二年，内务府大臣阿明阿办理膳房事务，十一月初九日，因所进御膳野鸭内吃到铁砂子，阿明阿身为负责人难辞其咎，遭到惩处。[②]

照顾皇帝出巡，扈从后妃出入。皇帝每次出巡，都有内务府大臣随行，负责备办车马、安排住宿、照顾起居、打点内外事务。后妃出入，内务府大臣也随扈，保卫其安全。清制，皇后、内廷主位出入，内务府大臣一人带豹尾枪随扈，如遇内务府大臣有差事，则另外简派散秩大臣一人随扈。嘉庆八年六月，皇后随帝巡幸，竟无内务府大臣扈从，引起皇帝不满，又将此制度重新声明："向来皇后出入，均派内务府大臣一员，带领豹尾枪扈从。此次随朕巡幸，转无扈从之员，殊非体制。嗣后皇后行营，俱着派内务府大臣一员，带领豹尾枪扈从，着为令。"[③] 另外，内廷主位出入时，内务府大臣要先期预备人员在巷口拦挡布帐、在街道管辖闲人，以保证其安全。嘉庆十八年规定，阿哥福晋出入，也由内务府大臣照内廷主位出入之例预备

---

① 《米思罕等为饭上人烧焦肉食遵旨议罪的题本》（康熙六年十一月十一日），辽宁社会科学院历史研究所、大连市图书馆文献研究室、辽宁省民族研究所历史研究室编《清代内阁大库散佚满文档案选编》，天津古籍出版社，1992，第29~30页。

② 庆桂等：《奏为遵旨严议内务府大臣管理膳房未妥事》（嘉庆十二年十一月十四日），录副奏折，档号：03-1511-011。

③ 《清仁宗实录》卷114，嘉庆八年六月戊寅。

相关事宜。①

　　办理皇家婚丧嫁娶之事。皇家婚丧嫁娶诸事，均由内务府大臣操办。皇帝大婚典礼，除特派王公大臣以外，内务府大臣以及礼、工二部堂官也要一起办理各项事务。内务府大臣在婚礼之前，按照典章准备必要物品和布置筵宴。例如，同治帝大婚典礼即有内务府大臣参与主办。同治八年，皇太后懿旨"皇帝大婚礼仪，典则崇隆，允宜先期豫备，一切应办事宜，着派恭亲王、宝鋆会同总管内务府大臣、礼工二部堂官，详稽典章，敬谨办理"。② 内务府大臣一般还要充任纳彩礼、大征礼的副使，正使则由礼部满洲尚书充当。彩礼一般备马十匹、甲胄十副、缎百匹、布二百匹，以礼部尚书、内务府大臣充使，朝服衣冠，恭送至皇后府邸。同治帝大婚的纳彩礼，正使为礼部尚书灵桂，副使即为内务府大臣春佑。继纳彩礼之后，又有大征礼。同治十一年八月己巳，"遣礼部尚书灵桂为正使，总管内务府大臣桂清为副使，持节诣皇后邸，行大征礼"。③

　　皇子、皇孙成婚事宜。钦天监选取良辰吉日后，内务府大臣挑选大臣夫妇偕老者传制，"以某官女某氏作配皇几子为福晋"。④ 纳彩礼之时，内务府大臣与宫殿监督、领侍充任纳彩使，到福晋家下聘礼。成婚的大小事务也由内务府大臣处理。

　　公主下嫁亦如此，内务府大臣选派偕老大臣择吉日完

---

①　《钦定总管内务府现行则例》第 2 册，第 23 页。
②　《清穆宗实录》卷 252，同治八年二月丁未。
③　《清穆宗实录》卷 339，同治十一年八月己巳。
④　昭梿：《啸亭杂录》卷 8，第 228 页。

婚。道光二十一年，道光帝将爱女四公主封为寿安固伦公主，指配给奈曼部郡王阿宛都瓦第扎布的儿子、头等台吉德木楚克扎布，并授后者为固伦额驸，谕旨："所有派出偕老大臣选择吉期下嫁事宜，着内务府大臣照例办理。"①

皇家的丧事，包括皇帝、皇太后、皇后、妃嫔、皇子、公主、额驸、亲王、郡王、福晋等的丧事，都由内务府大臣照料办理。康熙六年，科尔沁固伦额驸和硕卓礼克图亲王毕尔塔噶尔来京病故，康熙帝命内务府总管米思翰办理丧事。②乾隆三十八年十二月二十日，豫妃薨逝，乾隆帝为此辍朝三日，其丧仪由内务府大臣金简与皇六子质郡王总理。③道光十三年，皇后薨逝，由惇亲王绵恺、内务府大臣禧恩、礼部侍郎文庆、工部侍郎裕诚总理丧仪。道光十五年，惠郡王嫡福晋薨逝，虽然惠郡王已经分府多年，但考虑到他尚属年轻，恐怕办理不周，道光帝格外体恤，将福晋丧事改为官办，派内务府大臣克蒙额前往照料治丧。④同年十一月，道光帝年仅十一岁的三公主去世，追封端顺固伦公主，内务府大臣禧恩治丧。⑤

主持皇子、公主家务。皇帝子女府中事务，也分别委任内务府大臣管理。自皇子婚后分府始，所有分府、分家之事由内务府大臣全权办理。雍正元年，二阿哥封王，雍正帝令其迁居郑家庄，"其分家之处，现今交与内务府大臣办

① 《清宣宗实录》卷346，道光二十一年二月戊午。
② 《清圣祖实录》卷23，康熙六年八月甲申。
③ 《清高宗实录》卷949，乾隆三十八年十二月甲辰。
④ 《清宣宗实录》卷263，道光十五年二月辛亥。
⑤ 《清宣宗实录》卷274，道光十五年十一月癸巳。

理"。① 乾隆五十一年，三阿哥之子绵懿，晋封贝勒，"其出府事宜，酌交内务府总管，照例办理具奏"。②

皇子分府以后，其府中事务则由皇帝专派内务府大臣一员管理。管理王府事务的内务府大臣，则对府内外大小事务负责。例如，嘉庆年间，内务府大臣苏楞额长期管理庆郡王永璘府上家务。嘉庆十二年正月，王府中苏拉私自出境，苏楞额被议管束不严之罪，罚俸三个月。③ 道光八年十月，惠郡王绵愉分府，内务府大臣阿尔邦阿管理其家务，由于惠郡王年纪尚小，道光帝不放心，特地下旨，让阿尔邦阿留心管束郡王府首领太监及府中一切事务。④

公主亦然。公主下嫁朝臣，或者虽下嫁外藩但仍居京中，其家务也由内务府大臣中钦派一员照管。例如，乾隆帝最宠爱的十公主固伦和孝公主下嫁和珅之子丰绅殷德。嘉庆四年，和珅获罪抄家。是年四月，十公主出府，嘉庆帝派内务府大臣缊布管理公主家务。五月，缊布上奏，因和珅名下房屋查抄入官，公主府下人无处居住，请旨赏赐房屋。嘉庆帝怜恤公主，下旨将和珅被抄入官的口袋胡同等处房屋共 94 间赏赐给公主府下人居住，并将合盛当铺一处赏赐给公主。⑤ 继缊布之后，内务府大臣英和、额勒布均管理过和孝公主府家务。

虽然公主下嫁外藩后多居于京城，但有时亦出去外藩

---

① 《清世宗实录》卷 7，雍正元年五月乙酉。
② 《清高宗实录》卷 1247，乾隆五十一年正月丁卯。
③ 《清宫恭王府档案总汇·永璘秘档》，第 335~337、340~343 页。
④ 《清宣宗实录》卷 145，道光八年十月辛卯。
⑤ 《清宫恭王府档案总汇·和珅秘档》，第 360~363 页。

游牧，内务府大臣需要陪同随往，以照顾公主起居和护卫安全。例如，嘉庆帝第四女庄静固伦公主，为孝淑睿皇后喜塔腊氏所生，嘉庆七年封为庄静固伦公主，同年十一月下嫁蒙古土默特部玛尼巴达拉郡王，婚后居于京城公主府邸。嘉庆十三年三月，公主前往夫家游牧，管理公主家务的内务府大臣阿明阿随往。他一路照顾公主起居，负责规划沿途线路、寻找住宿之所、设朱旗帐房、派护军看守巡逻等一切事宜，并不时缮折给皇帝汇报公主近况，"奴才等亦不时稽查，一路均属妥善吉祥……奴才等商之总管太监张福启，知公主在九关台茶尖住宿一日，于三月二十四日行抵努克特。是日，额驸玛呢巴达拉、伊父彭素克林钦等接谒公主，叩感天恩，向上碰头谢恩。现拟公主在努克特住宿四日，三月二十八日卯刻起程回京。公主身体安和，起居佳善"。①

参与皇子废立等皇家机密大事。清代自雍正以后实行秘密建储制度。皇帝临终前，由宗人府宗令、御前大臣、军机大臣和内务府大臣共同开启密匣，取出谕旨，宣布某某皇子继位。例如，嘉庆二十五年，嘉庆帝弥留之际，召集御前大臣赛冲阿、索特那木多布斋，军机大臣托津、戴均元、卢荫溥、文孚，总管内务府大臣禧恩、和世泰，共启镭匣，宣示御书：嘉庆四年四月初十日卯初，立皇太子旻宁。"皇太子仁孝智勇，必能钦承付托，其即皇帝位以

---

① 阿明阿、孟住：《奏报随从庄静固伦公主至努克特游牧并拟定回京日期事》（嘉庆十三年三月二十五日），录副奏折，档号：03-1601-001。

嗣大统。"①

据《清史纪事本末》记载，同治帝驾崩之时，清廷秘不发丧，慈禧太后急召军机王大臣入养心殿议政，诸臣"问帝病状，慈禧太后时含笑应曰：'皇帝无恙。'语毕默然，少顷，复言曰：'圣躬颇虚弱，脱有不测，宗室中谁可承大统者？'内务府大臣文锡首对曰：'请择溥字辈之贤者而立之。'太后变色，久之，乃曰：'醇亲王奕譞之子载湉，承继文宗显皇帝为子，入承大统。'诸臣皆唯唯。太后始厉声曰：'然则皇帝已驾崩矣。'诸臣皆失声大哭"。② 由上述记载可知，清代立嗣皇帝之时，内务府大臣是在场的，可以参与讨论，发表意见。

管理皇庄。清代内务府拥有诸多庄园，即内务府皇庄，又称内务府官庄，这些庄园实际上是皇帝的私产，其源源不断的租税收入全部供给皇室及内务府日常消费，在很大程度上维持着内务府的经济运转。皇庄主要由庄头、园头直接管理，而内务府大臣则通过管辖、训谕庄头、园头的方式对皇庄进行遥控。若庄头不能及时按量缴纳粮税，内务府大臣会对其进行参奏和惩治。庄头等有滋生事端、行为不法的，罪行较大的申报总督等，细微事件则申报内务府，由内务府大臣依法惩治。比如，倘若内务府庄头酗酒生事，胡作妄为，则由地方官报告总督等，总督等移咨内务府，由管理旗务王大臣和内务府大臣审理、惩治。

照管皇家园林以及各处行宫。圆明园、畅春园、清漪

---

① 《清仁宗实录》卷374，嘉庆二十五年七月己卯。
② 黄鸿寿：《清史纪事本末》卷50，上海书店，1986，第335页。

园均设总管园务大臣，一般由内务府大臣兼职，清漪园总
管大臣还兼管静明园、静宜园事务。圆明园、畅春园等重
要的皇帝驻跸场所，内务府大臣经常进园打理，而较远
的、皇帝不常去的园林、行宫如清漪园、静宜园、静明
园、熙春园以及汤泉、行宫等处，内务府大臣每年都会派
司员清查一次，每五年内务府大臣还亲自清查一次。道光
十五年，东西两路行宫距上次清查已过五年，照例应由皇
帝钦派内务府大臣一二员前往查验，但道光帝以为来回折
腾十分费事，下旨令特登额、奎照派人查验后，于明年来
京时送交内务府大臣查验呈览即可。①

三 总理宫廷事务

管束太监、宫女。清代太监机构敬事房隶属内务府，
统之于内务府大臣之下，从太监的挑选、分配，到日常管
理、教导训谕，再到监视、赏罚等，都由内务府大臣统一
负责。清代对太监的管束之严为历代之最，其在防止宦官
擅权方面的努力取得了良好的效果。终清一代，无宦官之
祸，内务府大臣功不可没。

太监而外，内务府大臣对于清宫内的使女也有管辖之
权。如宫女发生纠纷，内务府大臣有权进行审讯和处理。
道光三年四月初九日，乾清宫总管奏称翊坤宫官女子得
喜、得寿不守规矩，请退出宫。皇帝派内务府大臣审讯。
广泰、恩铭经过详细究问，得知二人开始时因为发生口角
互相谩骂，中间得寿还牵骂及储秀宫女子全福，全福刁

---

① 《钦定总管内务府现行则例》第 1 册，第 628 页。

蛮，听到后，就捏词诬告得寿。内务府大臣于是奏请将全福带上公堂，三面质对，全福无可抵赖，承认诬告是实。内务府大臣将事情来龙去脉告之道光帝。道光帝以为，此事虽小，但凡事无不因小成大，若不稍加薄惩，她们以后会更加放肆，因此下旨，"所有翊坤宫官女子二人，即着内务府传唤该二人家中领去。全福着内务府大臣当堂重责六十板，令舒明阿领去"。① 宫女在宫内服务到一定年限可以申请出宫，而内务府大臣则在她们申请出宫时进行查验。道光十九年规定，日后凡遇各宫未满年限交出女子，由内务府大臣派人详细查验后，据实上奏。②

主管宫中内务府包衣三旗女子的选秀活动。清代选秀分为户部主持与内务府主持两种，户部主持八旗选秀，内务府主持内务府包衣三旗选秀。与包衣女子的选秀活动相关的事务均由内务府大臣负责办理。在选秀前，内务府大臣须排查秀女资格，上报秀女人数，问明选秀日期。如道光二年，内务府大臣英和奉旨，自道光三年起，内务府三旗女子内所有回子、番子之女不必选看。③ 咸丰十一年十二月二十六日，内务府大臣奏报，查内务府三旗各佐领、管领下十三岁女子一百三十九名，十四岁至十九岁女子十二名，共计一百五十一名，并呈请选秀日期。奉旨，"于明年二月初四日挑选"。④

---

① 《清宣宗实录》卷51，道光三年四月己酉。
② 《钦定总管内务府现行则例》第1册，第88页。
③ 《钦定总管内务府现行则例》第1册，第87页。
④ 总管内务府（会计司）：《奏为查明内务府三旗各佐领下十三岁女子名数事折》（咸丰十一年十二月二十六日），《清宫内务府奏销档》第244册，第71~72页。

内务府大臣有时也针对选秀发布堂谕，提出一系列要求。如咸丰三年正月，内务府大臣发布堂谕，要求参加选秀的女子规范着装，禁止穿戴时俗服饰。① 秀女们经过第一轮初选后，通过者汇送内务府大臣拣选，最后送入宫中由皇太后和皇帝亲自甄拔。

皇帝关于选秀的一些谕旨、要求和赏赐也通过内务府大臣转达。例如，乾隆六年选秀，皇上传谕内务府大臣海望，以后选秀，不论来自大臣官员还是兵丁人家，每人都赏银一两，作为雇车的费用。②

掌宫内筵宴设席、赏赐等事。清制，"每岁筵宴，由府办理者，均由总管大臣监视设席"。③ 皇帝、太后等在宫内设宴，内务府大臣负责承办筵宴的预备以及典礼等相关事宜，同时他们还负责稽查弹压工作，防止有闲人扰乱秩序。乾隆十一年八月瀛台筵宴王公宗室、文职大臣官员等，"其如何豫备筵宴赏赉之处，着领侍卫内大臣会同内务府大臣议奏，并带领御前侍卫、乾清门侍卫等协同照料"。④ 光绪二十年（1894）正月二十五日、二十六日，慈禧太后在慈宁宫举行筵宴，为了保证秩序，"二十五日着派御前大臣，二十六日着派总管内务府大臣，稽查弹压，不准闲人擅入。执事人等，如有到班迟误及草率纷扰情事，即着据实惩办，以昭慎重"。⑤

---

① 上海书店出版社编印《清代档案史料选编》第4册，2010，第577页。
② 《清高宗实录》卷136，乾隆六年二月庚戌。
③ 《大清五朝会典·嘉庆会典二》卷72，线装书局，2006，第821页。
④ 《清高宗实录》卷273，乾隆十一年八月乙酉。
⑤ 《清德宗实录》卷333，光绪二十年正月壬寅。

内务府大臣还负责办理宫内赏赐事务。例如，嘉庆帝每年巡幸热河，都将狩猎所得鹿肉等物交内务府大臣分赏留在宫中的妃嫔、阿哥及留京王大臣。嘉庆二十年八月，内务府大臣和世泰随嘉庆帝出巡。初五日，和世泰将皇帝所狩鹿肉五块寄给留京内务府大臣英和、那彦宝，英和、那彦宝按照谕旨将这五块肉分赏众人。其中，仪亲王、成亲王、定亲王一块，曹振镛、明亮、景安一块，英和、那彦宝、姚文田一块，勒保、庆桂一块，常永贵众总管等一块。① 十九日，和世泰又将鹿肉一块寄给留京内务府大臣苏楞额、常福，由二人转交总管太监孙得禄，分赐给皇后、贵妃、妃嫔等人享用。② 是年十月，内务府大臣奉旨，以后狩猎带回京的鹿肉、鹿尾，不必赏给随围大臣，只赏在京王公大臣，剩下的交御膳房使用，以为定例。③

再如，每年的新正筵宴，皇帝在丰泽园大宴外藩，乾隆年间转入紫光阁设宴。宴会过后，例有赏赐，"内务府大臣司其事"。④ 例如，乾隆三年正月初十日，筵宴外藩蒙古于丰泽园，上谕"赏赐物件，着内务府总管会同理藩院大臣查例议奏"。⑤

制定、完善内廷事务的相关章程。许多关于内廷以及

---

① 《总管内务府大臣英和等奏报遵旨颁赏仪亲王等人鹿肉折》（嘉庆二十年八月初八日），《清宫热河档案》第 13 册，第 70 页。

② 《总管内务府大臣苏楞额等奏报遵旨转交分赏皇后等人鹿肉折》，（嘉庆二十年八月二十三日），《清宫热河档案》第 13 册，第 72 页。

③ 《总管内务府大臣奏报遵旨将围上带来鹿肉等项酌拟赏单分赏未经随围在京人员折》（嘉庆二十年十月十六日），《清宫热河档案》第 13 册，第 76 页。

④ 吴振棫：《养吉斋丛录》卷 15，第 176 页。

⑤ 《清高宗实录》卷 60，乾隆三年正月丙辰。

内务府管理的规章制度，由内务府大臣草拟，送交皇帝审阅，最终形成定例。例如，嘉庆八年，总管内务府大臣丰绅济伦等上呈三份新拟订的章程，分别议定皇上出入紫禁城、巡幸行宫，公主进宫回府以及盐政织造家人出入禁门章程。① 道光二十年，内务府大臣敬徵等认为现行内务府则例中有诸多不完备的地方，因此奏请选派司员续修则例，将旧例加以修改。据称，他们将则例内各条款仔细斟酌核查，发现有九条需要修改，遂拟写清单上呈御览。此外，他们还提议，道光十四年、十八年内务府及所属各司、三院等处续纂的则例系单独编辑成书，此次应该一起归入则例中，"以昭划一而免牵混"。② 这些建议对于内务府以及内廷管理规章制度的完善来说，无疑是富有创见性的，意义重大。

护卫禁城安全。清代内廷守卫事宜，由前锋护军统领及内务府大臣分别管理，内务府大臣在守护禁城安全方面负有重大责任。

内务府大臣派员守卫禁门。雍正元年，总管内务府事庄亲王允禄等上奏，顺贞门为内廷禁地，应以内府护军取代旗下护军，分为六班严加看守，再于内务府三旗内，每旗补放管辖人员，负责稽查。此议得到雍正帝的肯定，并

---

① 丰绅济伦等：《呈酌议皇上出入驱赶闲杂人等及公主进宫回府盐政织造家人出入禁门章程单》、《呈议定皇上出入时杂役回避等项章程单》、《奏报新议皇上出巡行宫门禁章程事》（嘉庆八年），呈单，档号：03－2174－035、03－2174－037、03－2174－039。

② 敬徵等：《奏请将现查应入则例事件及前次续纂之本统归旧例并酌改九条事》（道光二十年八月初五日），呈单，档号：03－2697－016。

且在每旗内拣选一人任命为统领，定为三品。①

内务府大臣本人也要轮流值宿，负责禁城内部安全稽查。清代紫禁城由诸臣轮流值宿，分为六大班，总管内务府大臣即为其中一支重要的队伍，其他五大班分别为诸王、领侍卫内大臣、满洲文武大臣、前锋统领、护军统领。但是由于年代日久，轮流值宿制度渐至疏懈。嘉庆六年，中正殿太监及护军聚众赌博，护军统领丹巴多尔济等没有及时察觉，案发以后，引起了皇帝的高度警觉。自此规定，六大班除诸王身份尊贵、领侍卫内大臣职分较重，不用轮流查夜外，其余四大班都要轮流查夜，如若发现有人深夜不熄灯及赌博等事，要立即锁拿审理，第二日清晨上奏。②

嘉庆十八年的"紫禁城之变"使内务府大臣在护卫禁城安全方面的责任更加突出。这次动乱，在嘉庆皇帝心中蒙上了一层阴影，使他坐卧不安，对于禁城安全也格外留心，增派不少护卫官兵。在这种情况下，内务府大臣的护卫职责也日益突出。事变后不久，嘉庆帝移居圆明园，他发布上谕，要求内务府大臣与军机大臣等共商添派官兵守护圆明园之事。"朕即日驻跸圆明园，所有御园周围堆拨应如何添派官兵之处，着军机大臣会同内务府大臣桂芳、常福及管理圆明园八旗大臣，妥议章程具奏。"③除了添派官兵守卫以外，内务府大臣对于禁城的门禁管理也格外留心，加强了对出入人员的身份核查。

---

① 《清世宗实录》卷4，雍正元年二月癸亥。
② 《清仁宗实录》卷91，嘉庆六年十一月丁酉。
③ 《清仁宗实录》卷274，嘉庆十八年九月甲申。

同时，嘉庆帝提高了对大臣值宿的要求，包括对内务府大臣值宿时间的严格限制。"再向来在内该班之总管内务府大臣例不直宿，每于早间进内，游衍数刻，即行散去。嗣后着日出进内，俟至申刻，始准下直。"他还要求内务府大臣与王大臣等互相监督，以确保各自认真履行职责。"其在内直班之王大臣等，是日有无旷误，即派令总管内务府大臣留心稽察，违者据实具奏。若内务府大臣散直过早，王大臣等即行具奏。朕仍不时另行派员密查，其各凛遵无怠。"①

禁门出入人员，由内务府大臣负责查验身份。清代除王公大臣可以按照规定数额带进随从外，各部院衙门听差人役以及内务府所属各司处、太监、他坦、听差、苏拉人等出入禁门，必须佩带内务府颁发的火印腰牌，护军查验身份后，方可放行。道光二十三年正月，内务府大臣敬徵等奏请改制腰牌，因为他们发觉，原先印制的腰牌所有衙门统一注"内务府颁发"字样，没有注明各人属于何衙门，容易发生互换腰牌擅入禁门的事情。因此，他们行文各衙门，要求上报各处人员的确切数目，印制新的腰牌，添注各衙门名目，"以示区别"，决定自是年二月初一日起，一律更换新牌，并请皇帝下旨前锋护军统领晓谕各门章京护军，届时严加查验，若有人仍带旧式腰牌或不带腰牌，则不准放行。②

每逢宫内举办大典、修葺宫殿或发生其他重大事件

---

① 《清仁宗实录》卷282，嘉庆十九年正月丁卯。
② 敬徵等：《奏为改制出入禁门腰牌事》（道光二十三年正月十八日），录副奏折，档号：03－2812－044。

时，都是闲杂人等混入禁门的好时机，这期间，内务府大臣对出入禁门人员的身份排查也更加严格。光绪二十年九月，因宫中即将举办慈禧太后六十大寿庆典，不少宫殿需要修葺翻新，禁门出入人员较多且混杂，为了防止有匪徒藏匿人流中混入禁城，内务府大臣钦奉谕旨，督率司员，在所有工匠出入禁门时，一一按名核查，以防不测。① 当时又值中日关系紧张，慈禧和光绪帝害怕有奸细潜入禁宫，多次传旨内务府大臣加强禁门的防守以及出入人员的查验。光绪二十年十一月，内务府大臣奉旨："现在倭氛甚炽，诚恐奸细潜踪，禁门重地，尤宜严肃。着内务府大臣随时稽查，不准闲杂人等任意阑入。内监人等，均应按时出入，以肃门禁。"②

管理内廷工程。内廷工程如宫殿、园庭之修理，陵寝、寺庙之建筑，从勘估、奏请承修，到选派工匠、买办物料、稽查、验收等各个环节，内务府大臣都统一负责。并且，一般大项工程都由内务府大臣承修。嘉庆十七年，热河普陀宗乘庙工程即由内务府大臣常福、徽瑞领衔承修，因该工修理甚为坚固，嘉庆帝十分满意，加恩给予他们开复二级之赏赐。③ 皇宫内部的小修小补以及沟渠的清理、疏浚等零星活计，也由内务府大臣负责。乾隆初年，内务府大臣认为瀛台建造多年，有损缺剥落之处，奏请修

---

① 《清德宗实录》卷 350，光绪二十年九月癸卯。
② 《清德宗实录》卷 353，光绪二十年十一月甲戌。
③ 桂芳等：《奏为总管内务府大臣常福等承修热河普陀宗乘庙工坚固请分别开复事》（嘉庆十七年八月十三日），录副奏折，档号：03 - 1545 - 014。

葺。乾隆帝表示许可，并传谕他们，"但取完整，不得过于华饰"。① 光绪十一年，乌拉喜崇阿等遵旨勘估紫禁城内河渠等工，上谕"此项工程，即着派总管内务府大臣承修，务将淤土挑除净尽，使沟身河道一律深通。至现在不露明处所，将来查出通内暗沟，有无淤塞损坏情形，即由该承修大臣续行勘估，奏明办理"。② 光绪三十三年正月，上谕："乾清宫地面，着内务府大臣核实估计，赶紧兴修。并着将坤宁宫地面，一并查勘，奏明办理。所有宫中沟渠，着度支部每年拨给银二万两，交内务府大臣次第修理。"③

不少内务府大臣还兼管总理工程处。总理工程处，始设于乾隆二十六年，隶属内务府，主要负责内廷大项工程的勘估、查验、核销事务。办理工程处大臣定制三缺，嘉庆十八年以前，一直由皇帝选派内务府大臣三员兼司其事。凡内廷大项工程，都先由总理工程处勘估后再施工，竣工后，仍须上报总理工程处存查。但问题在于，承修内廷工程者乃内务府大臣，而总理工程处大臣也是内务府大臣，如此，则不符合稽核之道。鉴于此，嘉庆十八年规定，总理工程处三缺，分别从满洲大学士尚书、满洲六部侍郎以及内务府大臣内选派一员，各自带领所属司员办事，任期一年，期满更换。表面看来，这样规定以后，内务府大臣在其中的主导地位被取消，但是事实并非如此。仅以嘉庆十八年所选派的三位大员来看，"大学士尚书内

---

① 《清高宗实录》卷129，乾隆五年十月丙辰。
② 《清德宗实录》卷208，光绪十一年五月庚申。
③ 《清德宗实录》卷569，光绪三十三年正月戊戌。

着派勒保，侍郎内着派常福，内务府大臣内着派苏楞额"，① 其中，除大学士尚书勒保与内务府无关外，侍郎常福当时也任内务府大臣，也就是说，三个人之中，其实有两位都是内务府大臣。可见，经过改革，内务府大臣仍然在其中居于主导地位。

四 主管内务府及其附属机构的人事

内务府及其附属机构的人事由内务府大臣统一负责，包括人员选除、保举、引荐、考察、代奏、赏赐、刑罚等事务。

拣选及带领引见内务府官缺候补人员。例如，内务府三院卿缺，由侍卫和内务府人员分别补授，即侍卫缺和内务府缺，侍卫缺出，由领侍卫内大臣负责，内务府缺出，则由内务府大臣会同该衙门大臣拣选合适的人员，带领引见。此外，府属各司各处缺出，都由内务府大臣拣选两人，拟定正陪，带领引见。

选补内务府低级属吏。内务府员缺一直以内务府人员充当，称为"内务府缺"，八品总领以上者，须内务府大臣带领引见，其副总领及以下者，如文职笔帖式、无品级司库库掌、库使等缺，则由内务府大臣全权负责选补，无须引见。

考选内务府笔帖式。内务府笔帖式的选用，从前都由内务府大臣通过考试办理录用。乾隆四十五年，内务府大臣和珅上奏，请将内务府笔帖式归入八旗应考现任笔帖式内，届期统由吏部派大员一体考试，如此，则可简化程序。乾隆帝对此表示肯定，认为此议"固属酌归简易，自

① 《清仁宗实录》卷269，嘉庆十八年五月丁卯。

应如此办理"，但考虑到各衙门笔帖式多，内务府笔帖式少，若一体考试，内务府考居下等者必然多，似乎不太公平，因此决定，照和珅的建议，内务府笔帖式归入各部院笔帖式一起考试，但仿照乡会试南北分榜之例，分别字号，另列等第，以示公平。①

除了新任者，内务府官员擢用道府者，若丁忧回旗，丁忧期满后，要照例由内务府大臣带领引见，重新起用。而内务府官员因其他原因开缺的，待事情完结以后，也统由内务府大臣奏请赏给差使。例如，嘉庆十年十二月，热河总管董椿患病，奏请辞职回京医治，嘉庆帝允准了他的请求，并告之内务府大臣，等董椿病愈后，上折奏明，再行赏给其差使。②

此外，内务府大臣多次特奉谕旨保举内廷中可用之人。雍正帝十分重视用人，即位之初，即要求内务府大臣将内廷可用之人保举引见，量为任用。康熙六十一年上谕："内务府总管等，内廷各执事人员俱系随侍皇考之人，其中亦有大臣官员子弟。着各该处总管拣选保奏引见，朕酌量录用。有通晓满汉文者，着声明。"③雍正元年，又有谕旨："谕内务府，朕补授官员，但观其言语明白、人材去得，即加擢用。伊等应各加勤慎，矢心报效。若以朕选用之故，或怠玩居心，贪婪易守，又或年老尩颓，或疾病

---

① 《清高宗实录》卷 1120，乾隆四十五年十二月戊午。

② 《嘉庆道光两朝上谕档》第 10 册，嘉庆十年十二月十一日谕旨，第 780 页。

③ 《清世宗实录》卷 2，康熙六十一年十二月戊辰。

昏眊，尔等无得瞻徇，即行题参。"① 雍正二年，内务府大臣奉旨，在内务府笔帖式内保举谨厚自好、通晓清汉文、能善书者。② 三年，又奉旨于上三旗包衣旗鼓佐领下人中，保举"平居孝友、守分读书之人，考试既不获中式，而又不能别就者"。③ 此外，乾隆六年，因八旗护军、前锋人等没有特别的升转之路，乾隆帝效法康熙、雍正，在他们中间择选弓马好、人明白、勤勉向上者，补授绿旗千总。其中，内务府三旗护军人等的挑选、保举、引见由内务府大臣负责。④

内务府所属七司三院的官员、胥吏俱由内务府大臣统辖。"内务府司院事属一体，均为总管内务府大臣所属。"⑤ 嘉庆以前，七司三院差务均由内务府大臣于郎中、员外郎内拣选人员管办。例如内务府六库，专门存贮钱粮缎匹以及内廷需用物品，关系重大，六库郎中、员外郎等责任攸关。其中，六库郎中一向由内务府大臣拣选引见，但员外郎等则不需要引见，由内务府大臣决定人选，如此，内务府大臣掌握了员外郎的任免权。嘉庆五年，给事中恩治上奏，认为为杜绝有人托人情走关系，内务府管理六库各官应令内务府大臣保举、带领引见。⑥ 嘉庆帝也认为理应如

① 《清世宗实录》卷3，雍正元年正月丙午。
② 《清世宗实录》卷22，雍正二年七月癸丑。
③ 《清世宗实录》卷37，雍正三年十月己巳。
④ 《清高宗实录》卷138，乾隆六年三月甲戌。
⑤ 《钦定总管内务府现行则例》第2册，第77页。
⑥ 恩治：《奏请嗣后管理六库各官照户部例，由内务府总管大臣保举司员钦派管理事》（嘉庆五年正月二十五日），录副奏折，档号：03 - 1463 -031。

此，遂规定，以后六库员外郎等缺出，均由内务府大臣于七司三院郎中、员外郎内保举数员，带领引见，恭候钦定，三年期满更换。[1]

内务府附属机构如热河等各处行宫、崇文门、两翼、山海关、粤海关等监督，两淮、长芦盐政，江南三织造等的工作、人事、赏罚事务，也皆由内务府大臣总领。

乾隆二十八年七月，乾隆帝规定，简放热河总管者，如果先前有职务，则"朕赏给何衔，即以何衔办理总管事务，不得以品秩大小分别正副，二人一体办事"，如果以无职务人员补授，则"应赏何衔之处，着总管内务府大臣具奏请旨"。[2]乾隆十四年，热河总管什图奏称波罗河屯行宫所陈设物件被贼盗取，他已经将负责管理的千总、兵丁等送交地方官审理。而乾隆帝以为，什图既然是专管行宫之人，平日没有对下属官吏严加管教，行宫被盗以后，还认为与自己无关，一味推罪于他人，"甚属非是"，因此，下旨将其交给内务府大臣议罪。[3]

乾隆四十四年规定，左右两翼监督应有跟随办事之员。当新委监督到任时，内务府大臣选派贤能可信的司官一员奏闻，跟随该监督办事，监督出差时，该员可以代为照料稽查。[4]

山海关监督，也由内务府大臣管理。乾隆十年，山海关税务监督四达子违例征收私税，皇帝认为其情有可原，

---

① 《清仁宗实录》卷59，嘉庆五年二月乙酉。

② 《钦定内务府堂现行则例》卷2，第192页。

③ 《清高宗实录》卷355，乾隆十四年十二月甲午。

④ 《清高宗实录》卷1089，乾隆四十四年八月戊辰。

没有将其治罪，而是从宽将其交给内务府大臣酌情处理。①

乾隆十五年，打牲乌拉总管绥哈纳因冒昧奏请添加钱粮而获罪，谕旨斥责道："绥哈纳自补放总管以来，办理诸事，一味沽名市誉，并不实心办理，深负朕恩。绥哈纳着革职拿送来京，交总管内务府大臣治罪。"②

织造官的升补以及期满更换等，由内务府大臣具奏请旨。道光十年八月初五日，道光帝发布谕旨："彭年、文祥、松龄俱着来京当差，江宁织造着长良去，苏州织造着倭楞额去，杭州织造着阿灵阿去。嗣后该织造等每届一年期满，着内务府大臣具奏。"自此，内务府大臣每查得某织造期满，都将该织造衔名、补放到任日期以及履历等缮写清单，呈送皇帝御览，以便皇帝决策。例如，道光二十年九月初五日，内务府大臣敬徽、恩桂等查得，苏州织造基溥于上年九月初五日由圆明园郎中补放，十一月十二日到任，至今刚好一年期满，遂上奏道光帝，并附陈其履历单。③

负责内务府官员的考绩。清代内府官员三年京察一次，由总管内务府大臣负责，考察办法有别于各部院。考察对象包括府属文职官郎中以下官员以及内管领、头目、笔帖式等，内务府大臣考察后，将其分为五等，其中，一等、二等为称职，可以照常供职，三等、四等为平等，留任供职，其余则为才力不及者，即行革退。雍正十年，适届三

---

① 《清高宗实录》卷254，乾隆十年十二月戊申。
② 《清高宗实录》卷378，乾隆十五年十二月癸未。
③ 敬徽等：《奏报苏州织造基溥期满事》《呈苏州织造基溥履历单》（道光二十年九月初五日），录副奏折，档号：03-2698-016、03-2698-011。

年京察之期，内务府大臣允禄、常明、丁皂保等照例对内务府官员进行考绩，并奏请将内务府佐领、骁骑校等武职官员一起考察，经过他们的逐一查验，织染局司库三格、内副管领噶尔弼属于才力不及者，应该革职。①

主管内务府及附属机构人员的奖惩工作。内务府及下属机构官员办事出力，由内务府大臣奏请给予相应的奖励。而他们的犯罪惩处，也由内务府大臣办理。雍正四年，陵寝内务府总管来保上奏，状告昭西陵内管领桂格于祭祀时托故不到。雍正帝降旨，将桂格交内务府大臣处理。允禄、查弼纳等奉旨查办，他们认为，内管领是"点视祭祀所供果品、敬谨办理进献等事之人"，但桂格却找借口不到祭祀现场，罪责重大，应该处以革职。此判决得到皇帝批准，朱批：依议。桂格最终因失职而被革。②

为下属官员代奏。内务府所属盐政、织造、钞官等都有一定的任职期限，期满来京，照例需要呈递请安折，附带奏呈他事。嘉庆帝于嘉庆十九年九月规定，以后盐政、织造、钞官等年满来京，照新疆等处侍卫换班之例，不必呈递请安折，所有应奏事件，由内务府大臣代奏。③

内务府大臣还有权核议内务府下属人员的奏议。内务府下属人员如热河总管、海关监督、盐政、织造等的奏议，一般先通过内务府大臣共同商议核实，再上报皇帝定

① 允禄等：《为遵例考察内府官员事》（雍正十年三月二十六日），《大连图书馆藏清代内务府档案》第 8 册，第 204 ~ 210 页。
② 允禄等：《为察议昭西陵内管领桂格失职事》（雍正四年十二月初七日），《大连图书馆藏清代内务府档案》第 8 册，第 524 ~ 530 页。
③ 《钦定总管内务府现行则例》第 2 册，第 90 页。

夺。例如，乾隆四十八年，长芦盐政徵瑞上奏，选派商人王世荣接办范清济铜务。上"谕军机大臣等，据总管内务府大臣议复，长芦盐政徵瑞奏，选派商人王世荣接办范清济铜务一折，已依议行矣"。① 可见，该奏议是经过内务府大臣的核议以后，才得到乾隆帝的允准的。

五 管理内务府及其附属机构的日常事务

内务府附属机构庞杂，除七司三院而外，还有江宁、苏州、杭州三织造处及打牲乌拉处、内三旗包衣骁骑营、护军营、前锋营、御鸟枪处、内火药库、升平署、雍和宫、宁寿宫、官房租库、牺牲所、御船处、御药房、文渊阁、武英殿修书处、养心殿造办处、咸安宫官学、景山官学、回子官学、敬事房等，这些处所均设官差分别管辖，但其主体事务则统由内务府大臣负责。

管理八旗官学。清代八旗官学，包括咸安宫官学、景山官学、回子学，皆隶属内务府大臣管辖。其中，景山官学设立于康熙二十四年，位于景山前门左右连房，以内务府三旗佐领、管领下闲散子弟入学。

雍正六年，西华门内咸安宫房屋空闲，雍正帝下旨就此设立咸安宫官学，从包衣佐领、内管领之子弟以及景山官学生内，拣选颖秀者五六十名或一百余名入学，② 以内务府大臣管理学务。

乾隆二十一年，又于西华门内右翼门外设立回子学，

---

① 《清高宗实录》卷1175，乾隆四十八年二月壬午。
② 《清世宗实录》卷75，雍正六年十一月丙辰。

三十二年增设缅子官学，合称回缅官学，选内务府幼丁十人入学，学习回缅文字。

这三处官学都隶属内务府，内务府大臣总其事务。咸丰七年，内务府大臣裕诚等奏请将世职幼官归入两翼幼官学肄业。此建议得到咸丰帝的允准，"内务府承袭世职幼官，向不入官学肄业，及岁时复不分优劣，概准支食全俸，殊不足以广造就而示劝惩。此后内务府世职幼官，着照八旗定例，归入两翼幼官学肄业，以昭画一"。①

文渊阁、武英殿、御书处的日常管理和维护由内务府大臣总管。以文渊阁为例，内务府大臣充任文渊阁提举阁事，主持文渊阁日常各项事务。乾隆三十九年，为尊藏四库全书，特于文华殿后建造文渊阁，于乾隆四十一年竣工。同年，仿照宋制，定文渊阁官制。首先，置文渊阁领阁事二员，以大学士、协办大学士、翰林院掌院学士兼充，总司典掌；其次，置文渊阁直阁事六员，以科甲出身之内阁学士、内班出身之满詹事少詹事、侍读侍讲学士、汉詹事等官兼充，同司典守；最后，设文渊阁校理十六员，以内班出身之满汉庶子、侍读、侍讲、中允、编修、检讨以及科甲出身之内阁侍读等官兼充，分司注册点验。此外，又设提举阁事一员，专司管钥启闭，以内务府大臣兼充。由于以上诸官来自内阁、翰林院、内务府等不同衙门，遇事不免彼此推诿，为了有效管理文渊阁，乾隆五十三年规定，文渊阁以内务府大臣兼充的提举阁事专为管理，负责书籍的典藏、曝晒、排架、看

① 《清文宗实录》卷224，咸丰七年四月戊申。

守等各项事宜，其余领阁、直阁、校理等都作为兼充虚衔，平时不用办理本阁事务。

向来文渊阁藏度四库全书，设有领阁、提举、直阁、校理、检阅等官，原未详立规条，以专责成，所有司事收发一切，不免彼此推诿，是以内阁、翰林院、内务府、奉宸苑各衙门经理。即曝晒书籍、插架归函，竟未能顺叙，殊非慎重秘书之道。因思文渊阁提举阁事一员，系由总管内务府大臣兼充，其司员以及看守扫除之人，皆其所辖，呼应较灵。即着交提举阁事一人专为管理，其领阁、直阁、校理、检阅等官，俱作为兼充虚衔，不必办理本阁事务。①

宁寿宫由内务府大臣专管。宁寿宫始建于康熙二十八年，本为皇太后颐养天年的地方。乾隆在位期间，将此殿选为自己将来退位后居住之所，并花费四年多的时间增建和修葺。因此，他对宁寿宫事务非常上心，专派内务府大臣管理。乾隆四十年，上谕钦命内务府大臣福隆安、金简二人专管宁寿宫事务，"将来福隆安、金简二人，或有升迁出缺之处，着内务府大臣开列名单，请旨另行简放"。②

此外，内务府大臣还兼管御药房等处所。乾隆五十五年规定："御药房、回子学、包衣三旗前锋营、僧道司、

----

① 《清高宗实录》卷1315，乾隆五十三年十月辛亥。
② 《清高宗实录》卷991，乾隆四十年九月庚午。

宝谛寺，俱系总管内务府大臣所属。嗣后即着总管内务府大臣管理，毋庸另行分管。"①

广储司六库、营造司、庆丰司等各项事务由内务府大臣共同办理。比如六库，内务府大臣须定期检查，盘点物品，造册上奏。雍正六年，内务府大臣允禄、李延禧等人遵旨查明六库物件，并将其与黄册、蓝册数目相符者一千九百三十七项，与数目不符者一百三十八项，盈余者三百二十九项，另有未登记在册者、各处交到暂未入册者等各类情况一一奏报，包括后续如何处理等办法。② 乾隆五十七年十一月，内务府大臣福长安奉旨兼管买办糖斤事务，乾隆帝还规定，每届一年期满，内务府大臣要奏请更换他人负责。③ 道光二十年，上谕："嗣后紫禁城内牺牲所，着仍照旧例，奏请拣派值年。至营造司、庆丰司、六库、官房租库、干果糖斤等处，所有应办事件，即由该总管内务府大臣等公同办理，毋庸另派值年。"④

官房租库设值年内务府大臣，无定额，负责管理官房和收缴房租等事。皇帝赏给大臣官员房屋，由内务府大臣具体办理。乾隆九年，提督李绳武没有住房，乾隆帝令内务府大臣查房一所赏给他。⑤ 乾隆十九年，皇帝将从前赏给已故吏部尚书、协办大学士孙嘉淦的房屋赐给尚书汪由敦居住，孙嘉淦的儿子孝愉则由内务府大臣在官房内重新

---

① 《清高宗实录》卷1354，乾隆五十五年五月壬午。
② 总管内务府：《奏为遵旨查明六库物件事折》（雍正六年八月二十四日），《清宫内务府奏销档》第2册，第177~179页。
③ 《清钦定总管内务府现行则例》第1册，第498~499页。
④ 《清宣宗实录》卷338，道光二十年八月壬戌。
⑤ 《清高宗实录》卷212，乾隆九年三月乙酉。

选择一所予其居住。尚书刘统勋也由内务府大臣择房屋一所给其居住。① 官员获罪、休致等,内务府大臣回缴从前所赐之官房。嘉庆十八年,军机处行走德英休致。德英在军机处行走时,蒙恩赏赐南海甸槐树街官房一所,共计十二间,德英休致后,内务府大臣奏请照例将该房产交官房租库回缴。② 官房租库的房租由内务府大臣收缴。雍正二年,上谕内务府总管,将八旗满洲、蒙古、汉军内租赁房屋而不能完租者,一一查明,全部豁免。③

管辖内务府三旗护军营、三旗骁骑营事务。内务府设三旗护军营和骁骑营,以内务府大臣总领其事。嘉庆二十五年,因内府三旗武职官员升途较窄,仅能补本营员缺,缺少人多,人员壅滞,并且最高只能升至护军参领或骁骑副参领,上升空间有限,内务府大臣上奏,请求皇帝将内务府武职人员酌量外用,遇有外省旗缺营员,由兵部行文内务府大臣,择年力精壮、弓马娴熟者二三员,归入外旗班内一体拣选,至于品级,则可以适当降低,以示与外旗之区别。④

此外,各处盐政、关差等也对内务府大臣负责,其辖内重要事件需要报内务府大臣决策,或者由内务府大臣上报皇帝定夺。

---

① 《清高宗实录》卷 456,乾隆十九年二月甲午。
② 桂芳等:《奏为前军机处行走德英休致例将赏给官房回缴事》(嘉庆十八年三月初七日),录副奏折,档号:03-1790-041。
③ 《清世宗实录》卷 22,雍正二年七月丁未。
④ 英和等:《奏为内务府武职人员请酌予外用事》(嘉庆二十五年十二月二十二日),录副奏折,档号:03-1679-063。

第二节　不只在内廷：内务府大臣职掌之延伸

　　内务府大臣的主要职责在于内廷，总理内廷诸务，是典型的内廷职官。故而，长期以来，学界一直秉承内务府及内务府大臣的职掌仅限于宫廷及皇室事务的传统观点。萧一山认为，内务府，包括内务府大臣，都是为"一家一族之便宜而设"。① 李治亭主编的《清史》对内务府和内务府大臣的定性也是"此机构专门管理皇帝及其一家的日常生活。总管大臣实际就是皇帝家的大管家"。② 祁美琴的《清代内务府》一书对内务府职能做了严格界定，认为内府与外朝界限分明，它的职责被严格地限制在内廷中与皇帝、皇室事务有关的服务范围之内，不涉及"天子家事"之外的事务。③ 不过，亦有少数学者注意到，内务府的权限并不仅仅限于内廷。早在 20 世纪 80 年代中期，王闻多、关嘉禄在整理内务府档案时就发现"总管内务府的职能已经远远超出了职掌宫禁事务的范围"。④ 韦庆远提出"内务府不但对宫廷和皇室承担责任，而且它的工作活动还密切关系到国家的军事政治"的观点，他以内务府大臣统辖禁

---

① 萧一山编《清代通史》第 1 册，第 424 页。
② 李治亭主编《清史》上册，第 469 页。
③ 祁美琴：《清代内务府》，第 248 页。不过，近年来，祁美琴教授在研究中也发现，内务府，包括内务府大臣的职掌并不仅仅限于内廷之中。她将这一想法告诉我，并鼓励我进行深入的研究，特此致谢。
④ 王闻多、关嘉禄：《大连市图书馆藏清代内阁大库档案的发掘和整理》，《清代内阁大库散佚满文档案选编》，序言，第 7 页。

卫军和监视内阁用宝为例加以佐证。① 可惜的是，他们都没有对此问题展开讨论，而且，他们的着眼点都是内务府这一机构的职能，而非内务府大臣的职掌。

笔者拟在本节中，通过梳理内务府大臣宫禁之外的职能，以大量事实证明，内务府大臣的权限绝非仅仅限于内廷，还延伸至国家庶政，涉及政治、军事、文化、外交等各方面。当然，这并不代表内务府大臣已经不是内廷职官了。从其涉猎的外廷事务的性质来看，依然属于内廷职能的延伸。清代内务府大臣参与的外廷事务包括以下几类：其一，外廷管理类；其二，旗务类；其三，特殊使命类；其四，与外藩及朝觐使臣往来类；其五，外交事务类。

一 参与外廷管理

内务府大臣虽身在内廷，但是也常常会被委任外廷事务。

例如，内务府大臣对外廷政事有一定的监督权，最明显的表现在于监视内阁用宝。按清制，凡遇用宝之日，总管内务府大臣会同内阁学士于乾清门监视钤用。"本朝定制，内阁奏用宝之数，内阁学士率侍读学士、侍读及典籍等官同总管内务府大臣赴乾清门，总管内监奉宝出，阁臣等验用。"② 如果内务府大臣均有差事不能前往，则以值宿郎中代为监视。也就是说，内阁学士在钤用玉玺，以皇帝名义颁发谕旨时，内务府大臣有监督权，甚至可以驳议。

---

① 韦庆远：《明清史续析》，第 359～360 页。
② 于敏中等：《日下旧闻考》卷 62，北京古籍出版社，1985，第 1015 页。

正如韦庆远所说，此举对内阁权力有掣肘作用。①

　　内务府大臣时常奉命查核典章、成案，给皇帝判处政务做参考。光绪二年（1876），惇亲王上奏，称盛京义州城守尉缺出，照例应该拣选合适的官员请旨补授，此次缺出，该衙门拟选定正、陪二员验放，似乎办理不符旧制，因此自请察议。皇帝即命内务府大臣查核成案，以供参考。内务府大臣经过确查，奏称盛京义州城守尉缺出，自同治元年起，都是拟定正陪咨送内阁验放，已经如此办理过三次了，故而，此次该城守尉缺出，也是遵照历届成案办理的，并无不符之处。据此，皇帝判定，惇亲王等验放官缺一事并没有办错，毋庸察议。②

　　内务府大臣有时还被委派审理外廷案件。例如，嘉庆六年（1801）四月，刑部主事景禄家使女瑞姐被殴打致死，因案犯景禄为刑部司员，刑部堂官照例应回避。嘉庆帝降旨，令步军统领会同内务府大臣审理此案。③ 不仅是一般案件，他们有时还参与会审朝中大案。康熙年间，托合齐父子贪婪不法案即有内务府大臣参与审理。康熙四十八年（1709），镇国公景熙状告步军统领托合齐父子于多罗安郡王丧服内宴会，并参劾其一系列贪婪不法行径，康熙帝命皇三子诚亲王允祉、皇四子雍亲王胤禛、皇五子恒亲王允祺、皇七子淳郡王允祐、领侍卫内大臣阿灵阿以及内务府总管赫奕、署理内务府总管事马齐和海章会同宗人府察审。最后查明景熙所言俱属实，将托合齐即行凌迟处

---

① 韦庆远：《明清史续析》，第 360 页。
② 《清德宗实录》卷 37，光绪二年七月丙戌。
③ 《清仁宗实录》卷 82，嘉庆六年四月乙丑。

死，其子舒奇拟绞监候，秋后处决。①

官员获罪以后，内务府大臣在皇帝的授意下，查抄、追缴其家产，充入内务府。乾隆十五年（1750），张廷玉获罪，内务府大臣德保奉命前往其在京府第内查抄，将皇帝赏赐给他的物件以及赐予的护国寺官房收回，此外，还将查出的存银一万五千两也充入内务府库内。②

内务府大臣在朝廷选用、培养人才方面也发挥了一定的作用。许多出身翰林的内务府大臣充任过乡、会试的主考官、阅卷官以及殿试读卷官。此外，清代选庶吉士散馆，由内务府大臣担任监考官。如果是皇帝在宫内的时候考试，则由当日负责值宿的内务府大臣监试，如果是在圆明园考试，也由内务府大臣中特派一人监试。例如，嘉庆二十一年，定于五月十六日在正大光明殿考试庶吉士散馆，十五日，内务府大臣将各自衔名缮写绿头牌进呈，由皇帝钦派一员监考。随后，"奉旨派出总管内务府大臣常"。③此处"常"当指时任内务府大臣常福。这项制度一直持续到道光三年（1823），是年规定，圆明园庶吉士散馆考试，不用派内务府大臣监试。④

雍正五年（1727），皇帝体恤来京应试的举子，为了防止城守、巡役等人借检查行李之名行敲诈勒索之实，以及不法分子假冒举子夹带货物的情况发生，令内务府大臣

---

① 《清圣祖实录》卷252，康熙五十一年十一月戊戌。
② 《清高宗实录》卷369，乾隆十五年七月甲子。
③ 总管内务府：《奏请于名单内钦派一员监试差人员折》（嘉庆二十一年五月十五日），《清宫内务府奏销档》第180册，第48~49页。
④ 《清宣宗实录》卷50，道光三年三月乙未。

在卢沟桥关卡设立店房，专门给来京考试的举子安歇、存放行李。内务府大臣还派人查验其行李中有无应上税之物，验完后，发给牌照，准许入城。"如此，则举子行装不致狼藉，亦可免宵小假冒之弊矣。"① 从雍正六年七月内务府大臣常明的奏折中可知，他们已经将卢沟桥建造官房的工程完成了，来京的举子，"有旅次居宿之安，而无盘查行李之扰"。②

乾隆二年，那苏图奏，各部院档册都交由书吏收贮，难免有任意更改之事发生，应该派专人管辖。他建议从每旗佐领下挑选通晓汉文者三十人，另设一学，以八旗废员中熟谙律例之人三员为教习，三年学成后，让内务府大臣进行考试，然后分到各部院供职。此建议得到乾隆帝的批准。③ 可见，内务府大臣在国家育人、用人方面发挥了一定的作用。

内务府大臣的身影还时常出现在一些有关国计民生的活动中，包括平粜、赈灾、修理河道等。

每当京城及附近米价腾贵之时，内务府大臣奉命开仓放米，平减米价。康熙三十一年，永平、玉田等处米价腾贵，影响到老百姓的生计。康熙帝令通州以东至山海关的所有皇庄及王庄将所屯米谷数目上报，照时价转粜，"此米不散，则青黄不接之际，于生民必大有裨益"。而负责办理者，则包括户部、内务府总管以及办理王府事务官员

---

① 《清世宗实录》卷 55，雍正五年闰三月癸酉。
② 《清世宗实录》卷 71，雍正六年七月乙亥。
③ 《清高宗实录》卷 47，乾隆二年七月丙辰。

等。① 可见，内务府大臣参与到此类关系民生的事件中并在其中发挥着重要作用。他们不仅发米平粜，还提供一些必要的服务。乾隆二十四年夏，天气炎热，五城米局平粜，赴粜者多，为恐人多拥挤，感受暑气，乾隆帝命果亲王与总管内务府大臣吉庆在各处米局设点，为前来买米的百姓提供冰水暑汤，以解暑热。②

当灾难来临之际，内务府大臣也加入救济的队伍。康熙四十三年，山东、河北河间闹饥荒，百姓流离失所，不少人流亡京城，四处乞讨为生。康熙帝下旨设法救济，命八旗诸王、贝勒、大臣、汉大臣以及内务府官员设立粥厂，每日施粥给灾民，命皇属上三旗内大臣监赈，其他五旗派大臣中家计殷实者监赈，汉大臣施赈者也分为三处，"内务府大臣亦将内务府人分为三处，俱令殷实可托之人监赈"。③

雍正三年六、七月，因京师雨水太多，京城八仓都有积水，支领甲米时，车辆行走非常艰难，而城外的万安仓也因城墙上有水流入其中，仓内道路泥泞。八月，雍正帝特派内务府总管来保与户部侍郎蒋廷锡到各仓查看，设法疏泄积水，以便车辆行走。二人经过一番查探，向皇帝献上计策，得到雍正帝的批准。④

乾隆三十六年夏间，福隆安奏称，因五月二十八日夜间大雨，花儿闸运粮河南岸冲开河口一段，长四丈有余，又一段一丈有余。乾隆帝下旨："运粮河转输漕粟，关系

① 《清圣祖实录》卷154，康熙三十一年二月己酉。
② 《清高宗实录》卷587，乾隆二十四年五月庚子。
③ 《清圣祖实录》卷215，康熙四十三年三月庚戌。
④ 《清世宗实录》卷35，雍正三年八月乙卯、戊寅。

最为紧要，既有漫溢之处，自应及早堵筑。但修防工程，非瓦尔达等所谙习。现派内务府总管刘浩前往协同办理，并谕杨廷璋派委明干大员，往彼催督工料人夫，以便克期竣事。着传谕瓦尔达等，即速董率坐粮厅，会同刘浩，上紧赶办，毋致稽误运务。"①

至于京城内外的河道，也由内务府大臣等人负责修理。雍正四年，命步军统领阿齐图、内务府总管常明修理京城内外河道。②

此外，内务府大臣有奏报雨雪情形之责，逢天旱之期，他们还负责请道士祈雨。康熙三十四年四月，内务府总管海拉逊奏报，本年四月十一日，请道士张大宾祈雨，明日完成。③乾隆十三年三月，内务府大臣三和奏报，京师内外普得雨雪，人民欢悦，土脉润泽，秋麦畅茂，于耕种春苗也大有裨益。④乾隆五十五年十月，山海关受水灾，皇帝施恩赈恤，以内务府大臣伊龄阿前往清查受灾地亩。据伊龄阿奏称，当地所有村屯民舍照旧安堵，米价亦不贵，询之于民，了解到只有沿河田亩、民舍被淹，其余距河较远地区的庄稼并无伤损，因此粮价并未腾涨。并且，十月初八日得雪一寸有余，十八日复得雪约二寸，四野均沾。现在天已放晴，民情宁帖，一派祥和之气。乾隆帝朱

① 《清高宗实录》卷886，乾隆三十六年六月辛未。
② 《清世宗实录》卷42，雍正四年三月庚戌。
③ 《康熙朝满文朱批奏折全译》，中国社会科学出版社，1996，第19页。
④ 三和：《奏报京师内外普得雨雪情形事》（乾隆十三年三月初四日），朱批奏折，档号：04-01-25-0046-008。

批："览奏稍慰。"①

在军事方面，内务府大臣不仅统领内务府禁军，还参与驻防官兵的事务。例如，会商驻防官兵的驻地之选择。雍正元年，雍正帝以为奉天地方系国家发祥之地，"应遣大臣一员驻扎于宁远、锦州、大凌河等地方，料理一应公务，管辖里长猎户，遇有词讼事件会同地方官审结。此所遣官员，应令驻扎何处，着领侍卫内大臣等、兵部、内务府总管公同详议具奏"。②

驻防官兵的田地、房屋由内务府大臣拨给。康熙四十五年，喀喇和屯地方驻防官兵需要修建营房，兵部奏请由古北口提督马进良设法建造，皇帝和大学士等商议后，认为此法不可，应由内务府大臣拨给。"此项官兵住房若交马进良设法建造分给，必至于扣除兵饷。喀喇和屯等处防守千总俱是内务府总管拨给田地、房屋，彼处见有多余田地，尔等可会同内务府总管议给。"③

二　管理旗务

内务府大臣往往还负责旗务。其表现主要有二：首先，多数内务府大臣在任期间担任过八旗都统、副都统之职务；其次，内务府大臣在工作期间，也或多或少地参与了部分旗务。

内务府大臣为上三旗包衣之首，掌上三旗包衣政令，内

---

① 伊龄阿：《奏报山海关本年十月得雪日期分寸事》（乾隆五十五年十月二十二日），朱批奏折，档号：04 - 01 - 25 - 0277 - 010。
② 《清世宗实录》卷 8，雍正元年六月丙子。
③ 《清圣祖实录》卷 226，康熙四十五年八月丙午。

务府三旗的事务均在其统辖之下。例如，内务府三旗养育兵的挑补即由内务府大臣负责。随着八旗人口日益增长，八旗生计问题日益凸显。嘉庆十年，清廷继添设八旗满洲、蒙古养育兵后，"念京城内务府三旗、圆明园驻防内务府三旗人等，生计亦恐未免拮据，同系朕之臣仆，自当一体添设养育兵"。而具体工作，包括查明内务府闲款、酌定添设人数及挑选兵丁之事，则由内务府大臣负责。

内务府大臣在清查民人冒入旗籍，维护旗人利益等方面发挥了不小的作用。清代对于旗人和民人限制严格，所谓"不分满汉，但问旗民"是也。旗人和民人的地位、待遇等都有天壤之别，故而，不少民人在利益驱动下，通过各种手段企图冒入旗籍，享受优待。而清朝统治者对于旗、民的控制也十分严密，时刻严防民人冒入，紊乱旗籍。例如，由于实行上述添设养育兵政策，一些旗人为了增加人口，冒领钱粮，转而抱养民子。嘉庆十二年九月，领催那敏控告富兴阿冒领钱粮。经审讯得知，领催富兴阿的儿子早已病故，但一直隐匿未报，此次听闻该旗挑选养育兵，遂抱养民人李四的儿子，冒名顶替，挑作养育兵，支领钱粮。案发以后，富兴阿被革职，发配乌鲁木齐充当苦役。嘉庆帝在谕旨中说："朕以八旗户口，生齿日繁，本身钱粮，不敷赡养，廑念殷切，连年筹拨款项，命添养育兵额，所以鞠谋而保聚之者，无所不至。原以惠养旗人正身，恐其失所。乃旗人内竟有本无子嗣，而抱养民人之子为子，亦有子嗣本少，复增抱养之子为子，混行载入册档，冒领钱粮。此等恶习，朕所素知，八旗皆有，而内务府三旗为尤甚。不惟滥邀恩泽，抑且旗民混淆，最为可恨。总因管理旗务王大臣，及管理内务府大臣等，不能整饬，不肯实心稽察，因循怠玩所致。"因此下令，严禁八旗抱养民子为嗣，以免紊乱旗籍。而内务府大臣则与八旗都统、副都统等一起，将各旗人户通行详查，看有无其他人冒领钱粮之事，"此后并当不时查察，毋涉疏懈容隐，庶旗人共知儆畏"。①

光绪二十年，国子监司业瑞洵上奏，称不少民人假冒旗籍报捐送考，而负责管理的参领、佐领、管领等都睁一只眼闭一只眼，任其蒙混，从不举报、揭发，因此，他请旨清查，以别流品。皇帝看到奏折后，认为此事非同小可，"民人假冒旗籍，本干例禁"，派八旗都统和内务府大臣清查此事，倘若真有蒙混情弊，则照章将失察官员严惩不贷。②

内务府大臣做了不少改善八旗生计的工作。道光元年，皇帝体恤八旗贫穷人等，命内务府大臣将盐商所交生息银两中的山东息银每年五万两，作为扶贫资金，在城中空地建盖房屋，给贫穷旗人居住。"其应如何勘估，每年约可盖造若干间，及将来如何拨给之处，着内务府大臣等妥议章程具奏。"③

同治二年（1863），镶黄旗满洲上奏，称已革副都统衔祥恩之母，即已故理藩院尚书吉伦泰之妻，已经年逾古稀，双目失明，膝下只有祥恩一个儿子，已经被革职抄家，发配军台，儿媳也已身故，孤苦无依，栖身无处，恳

---

① 《清仁宗实录》卷185，嘉庆十二年九月乙丑。
② 《清德宗实录》卷343，光绪二十年六月乙丑。
③ 《清宣宗实录》卷21，道光元年七月壬戌。

请朝廷施恩赡养。朝廷将此事交由内务府大臣处理。内务府大臣经过商议，决定将原先所抄祥恩房屋七十九间、地亩三顷，赏还其母，以资养赡。①

三 特殊使命

清代内务府大臣有时还执行皇帝给予的特殊使命，如代表皇帝奔赴战场，奖叙、犒赏前线将士，拉拢人心、鼓舞士气；代表朝廷教导、训谕民众以期开民智，使其服从朝廷的管理；充当使臣，出使边疆，处理边界纠纷、事务；等等。这种使命类事务多集中在清前期。

1. 代表皇帝奖恤、犒赏前线将士

雍正九年，准噶尔进犯清朝西路卡伦，盗窃驼马，西路军营总兵官樊廷率兵追击，奋勇杀敌，将盗走的驼马夺回。雍正帝大犒将士，不仅让大将军岳钟琪将有功将兵查明上奏，还派遣内务府大臣鄂善亲身驰往肃州，拨军用银十万两赏赐立功士兵。随后，又发布上谕：

> 朕今以酒三爵，遥酹阵亡将士，着署内务府总管鄂善将酒赉往军营。凡阵亡将士，每名以羊一只奠祭，宣朕悯恻伤悼至意。朕不得已而用兵，本期全师克敌，不损一人，乃为至愿。岂必捐躯致命，始称精忠报国乎？今此阵亡弁兵，朕虽加恩优恤，而恻怛不忍之念，愈觉难释于怀。着鄂善将朕谕旨遍行宣布，令众知之。至所赏赉银十万两，鄂善至军营时，或与

_____

① 《清穆宗实录》卷67，同治二年五月庚申。

大将军岳钟琪，或与护大将军印务纪成斌，分别将弁
兵丁建功出力之等次，秉公赏给，务使均沾恩赐，以
示国家酬庸奖勋之令典。①

2. 代表朝廷开导训谕民众

为平西北之乱，康雍时期屡次兴兵准噶尔，陕甘百姓
受扰，"惟是地方有军旅之事，厉兵秣马，诸务纷繁，虽
不取办于民财，恐不免借资于民力"。尽管康熙、雍正帝
在位时不时下旨蠲免该地区钱粮赋税，但民众的抱怨声仍
不绝于耳。

> 乃近来风闻陕西之民竟有怨朕而私相谤议者。总
> 因十数年来，陕西居住之允禵、塞思黑、年羹尧、延
> 信等，皆怀挟异志，包藏祸心。其胁从之党，实繁有
> 徒，如塞思黑之令狐士仪，年羹尧之邹鲁、净一道
> 人，延信之道姑王氏等，皆公然以反叛为众人之倡，
> 则其他匪类之造作妖言、暗中煽动者，又不知其几
> 矣。地方既有奸回之人，而又值军兴旁午，或有司自
> 顾考成，间有奉行不善之处。是以愚民无知，惑于邪
> 说，溺于私情，偶因用力于目前，遂忘受恩于平日，
> 此亦事势之所不免者。夫秦风朴直，自古为然，朴则
> 易被人欺，直则善言易入，只以向来未有宣谕化导之
> 人，而该省督抚以及有司，既有刑名钱谷之专责，又
> 有征兵筹饷之军需，簿书鞅掌，难于兼顾。

---

① 《清世宗实录》卷102，雍正九年正月乙亥、甲申。

为了教化该地人民，使他们感知朝廷恩恤以及用兵的不得已之苦衷，清帝于雍正九年四月特派署内务府总管郑禅宝、左都御史史贻直、侍郎杭奕禄为钦差大臣，率领翰林院庶吉士以及六部学习人员、国子监肄业之选拔贡生奔赴陕甘二省，对民众进行开导训谕，启发民智，"笃尊君亲上之义，消尽戾怨怼之情"。不仅如此，钦差大臣还有另一项职责，就是访查官兵有无勒索扰累小民之处，兵马经过之地，有无不遵纪律、骚扰民间之情弊。①

3. 充当使臣，出使边塞

雍正十二年，内务府大臣来保与原任侍郎塞楞额奉命出使图尔古特地方，与俄罗斯接洽。五月，行至恰克图，因暂时无事可办，雍正帝让他们前往喀尔喀车臣汗部落，协同尚书渣克丹办事。次年闰四月，渣克丹被召回京师，车臣汗部落事务全部交由内务府大臣来保等办理。②

四 与外藩、朝觐使臣往来

清代，外藩贡使及土司等朝觐使者来京，主要由理藩院大臣以及内务府大臣负责接待事宜。内务府大臣的职责，包括酌定贡物、接待和照顾贡使、收受贡品以及代为赏赐等内容。

酌定各藩贡物数量。雍正元年，因朝鲜恪尽藩责，进贡年久，雍正帝特命内务府大臣与礼部共同商议，将其贡物中可减免的加以减免，"以纾朝鲜民力"。内务府大臣与

---

① 《清世宗实录》卷105，雍正九年四月庚子
② 《清世宗实录》卷143、155，雍正十二年五月己亥、雍正十三年闰四月庚寅。

礼部经过商议，决定减布八百匹、獭皮百张、青黍皮三百张、纸两千卷。①

接待、照顾使臣。使臣们来京时，由内务府大臣安排住宿、赏给饭食以及负责其他接待照顾事宜。咸丰二年（1852），暹罗贡使进京朝贡，住在四译馆，内务府大臣派堂主事扎昆珠、委署主事福善、笔帖式恒俊和恩杰、员外郎毓清、内管领英年会同御膳房二等侍卫、尚膳正恩庆、主事官铭，蓝翎侍卫海安、福环等人给他们准备每天的饭食。② 光绪三十年六月，内务府大臣世续、继禄等人接到理藩院来文，称土司土舍人来京朝觐，请他们安排住宿之所。以往土司来京，一般均安排住在四译馆，但当时该馆已经划入使馆界内，新馆尚未建盖，而此次朝觐人数众多，又必须有宽敞房屋才行。由于时间紧迫，世续等人只好决定租用东武门内铁匠胡同的一处空闲房屋，稍加修茸，给土司居住，待土司走后，再交还业主。③

收受贡品，颁赐赏物。使臣来贡物品，由内务府大臣统一收贮内库，并依其所贡之物拟定相应的赏赐物品，开单送与皇帝呈览批示后，再照单进行回赐。雍正七年，暹罗国来贡，内务府大臣允禄、佛伦等将贡品一一收贮，上奏皇帝过目，贡品有金叶表文一通、盛表文金筒一个、幼

---

① 《清世宗实录》卷9，雍正元年七月辛卯。
② 《总管内务府堂派主事扎昆珠等妥为照料暹罗贡使事堂谕》（咸丰二年十二月），故宫博物院编《文献丛编》第8册，香港：蝠池书院出版有限公司，2005，第2591页。
③ 《内务府奏租赁房屋预备土司居住折》（光绪三十年六月），《文献丛编》第9册，第2859～2860页。

花布九匹、白檀香一百五十斤等共 45 种。① 康熙二年十月，蒙古外藩来贡，其中，土默特达尔汉贝勒卓里克图进贡黑狐狸皮一张，古木贝子进贡鹰一只，喀尔喀车臣济农诺颜进贡官用披甲马两匹，内务府大臣胡密色负责接待，他根据收受的贡品，拟定了相应的赏赐上奏皇帝，拟赏达尔汉贝勒卓里克图缎五匹、茶一竹篓，拟赐古木贝子缎三匹，拟赐济农诺颜缎四匹、毛青布二十匹、茶一竹篓。奉朱批：依议。② 光绪七年五月，越南贡使阮述等 22 人来京朝贡。内务府大臣查得，"向来该国贡使到京，均由臣衙门奏明照例每人赏给皮袍、棉袄、靴帽等物各一分，历经办理在案"，因此，他们向皇帝请示，此次贡使来京是否照例给予赏赐。③

五 参与处理涉外事务

清代，内务府大臣还处理了不少涉外事务。京城中办理西洋事务的西洋堂就由内务府大臣管理。嘉庆朝，内务府大臣常福、英和等都管理过西洋事务。而嘉庆十年发生的德天赐妄行传教一案给清廷不小的震动，内务府大臣管理西洋堂的责任愈加重大。是年，不少官员上疏，要求内务府大臣管理西洋堂事务者加紧对西洋人的管教。四月，御史蔡维钰上奏称，各堂西洋人经常与民人往来，刻书传教，

---

① 总管内务府：《为暹罗国进贡事》（雍正七年闰七月三十日），《大连图书馆藏清代内务府档案》第 22 册，国家图书馆出版社，2010，第 323～325 页。

② 《清代内阁大库散佚满文档案选编》，第 349 页。

③ 《内务府奏可否照例赏给越南贡使衣帽折》（光绪七年六月二十九日），《文献丛编》第 9 册，第 2858～2859 页。

蛊惑民众，请旨饬令管理西洋堂事务大臣查禁私刊书籍，并对在京西洋人进行训谕，严禁其刻书传教。[①] 而当时负责管理西洋堂事务的内务府大臣常福，也因于德天赐寄信、刊书传教一事未能先期察觉而被交部议处。嘉庆帝在总结此案教训的时候，认为内务府大臣的失职是酿成巨案的主要原因，"历任总管之大臣等，不能实心经理，其派委司员亦不常川稽查，大率有名无实。即如近日德天赐等妄行刊书传教，煽惑旗民，此皆由历任该管大臣官员等平日不能认真查察，以致伊等敢于私通书信、往来交结"。为此，他撤换原管大臣常福，改派协办大学士宗室禄康以及内务府大臣英和等人管理，并要求严立章程。[②]

禄康与内务府大臣英和等人经过商议，拟定了几条章程，内容包括：派司员到堂稽查，设岗巡逻，撤毁西洋堂匾额中天主字样，禁止旗民彼此往来，封禁该堂女堂房屋，稽查海淀各堂寓所，查验其投寄的书信，编造西洋人服役人数册档，示谕习教治罪条款以及禁止收买药材洋草，等等。

晚清时期，内务府大臣还时常充当慈禧太后与驻华公使、外国友人的中间联络人，进行一些礼节性的交往。光绪二十九年，美国驻华公使康格夫人向慈禧太后推荐了美国著名女画家凯瑟琳·卡尔小姐进宫为其画像。慈禧十分满意，经常命内务府大臣给予她们赏赐。是年八月，内务府大臣致信外务部，称慈禧赏赐美国柯姑娘（即卡尔）菜

---

① 《清仁宗实录》卷 142，嘉庆十年四月辛未。
② 王之春：《清朝柔远记》卷 6，中华书局，1989，第 150 页。

八品、点心四品、米两袋，请外务部代为转交。① 还有一次，公使康格因慈禧赏赐其夫人兰花四盆，卡尔苹果四盒、菜两盒，而致信内务府大臣，请求他们向慈禧太后转达谢意。②

第三节　内务府大臣的职能分工

一　内务府大臣有专职与兼职之分

一般来说，内务府大臣中兼职者多，专职者少。多数内务府大臣是各部院堂官和八旗大臣兼任的。其中，以部院尚书兼任者，如雍正朝兵部尚书法海、工部尚书范时绎，乾隆朝吏部尚书高斌、户部尚书和珅，道光朝理藩院尚书博启图、礼部尚书麟魁，光绪朝刑部尚书文煜，等等。以侍郎兼任者，如雍正朝刑部左侍郎盛安，乾隆朝工部右侍郎赵宏恩、户部右侍郎高恒，嘉庆朝礼部左侍郎英和、兵部左侍郎禧恩，同治朝吏部左侍郎魁龄，等等。以都察院都御史兼任者，如康熙朝大臣多弼由都察院左副都御史任内务府大臣，咸丰朝大臣文彩和同治朝大臣文祥都是以都察院左都御史身份兼任。以大学士兼办者，如咸丰朝大学士裕诚、同治朝大学士瑞常都兼理总管内务府大臣事务。以八旗都统、副都统兼任者，如康熙朝镶白旗满洲

---

① 《内务府为转送慈禧赏赐卡尔致外务部片》（光绪二十九年八月初五日），《历史档案》2003 年第 3 期，《卡尔为慈禧画像史料》之附件。
② 《美国驻华公使康格为谢赏卡尔及康格夫人事致内务府函》（光绪二十九年六月三十日），《历史档案》2003 年第 3 期，《卡尔为慈禧画像史料》之附件。

副都统马齐，雍正朝正白旗满洲都统佛标，乾隆朝镶蓝旗满洲副都统那木扎尔、镶蓝旗汉军副都统吉庆，嘉庆朝正红旗满洲副都统和世泰，咸丰朝正黄旗满洲副都统恩醇，同治朝镶黄旗汉军都统春佑，光绪朝镶黄旗蒙古都统容贵，等等。

　　内务府大臣为皇帝近臣，容易得宠，不少人在内务府大臣任上被皇帝重视，授予他职，从而由专职内务府大臣转为兼职。例如，康熙三十八年（1699）十一月，内务府总管哈雅尔图被委任为都察院左都御史，同时"兼内务府总管事"。①康熙五十二年，上谕"以内务府总管赫奕为工部尚书，仍兼理总管事"。②雍正四年（1726）七月，内务府大臣查弼纳升为吏部尚书，仍管内务府总管事。③此外，雍正朝内务府大臣海望，乾隆朝内务府大臣三和、和尔精额、英廉等人都属于此种情况。

　　但是，兼职内务府大臣一身多任，往往顾此失彼，于内务府事务办理不周。为了更好地处理内廷事务，皇帝有时也委派专职内务府大臣。乾隆朝名臣傅恒起初就是以专职身份进入内务府大臣序列的。乾隆七年（1742）六月，上谕"内务府总管等，各有兼理之事，又有出差之人，既无专办人员，着御前侍卫傅恒补授内务府总管，学习办理"。④有的满洲大臣在外能力不足，不胜卿贰之任，皇帝只好将其充入内廷当差，如乾隆朝侍郎德保，在乾隆十八

---

① 《清圣祖实录》卷 196，康熙三十八年十一月己亥。
② 《清圣祖实录》卷 257，康熙五十二年十二月己卯。
③ 《清世宗实录》卷 46，雍正四年七月辛亥。
④ 《清高宗实录》卷 169，乾隆七年六月壬子。

年的考核中表现不佳，上谕"德保文既平庸，射箭亦复生疏，全无满洲旧风，不胜侍郎之职，着革去侍郎，专在内务府总管行走"。① 还有内务府大臣由兼职转为专职。嘉庆朝内务府大臣常福，原先也是兼职，嘉庆十九年（1814），常福受到皇帝的批评，将其他职务全部开缺，只留总管内务府大臣职务，"常福因循疲玩已极，不胜卿贰之任，着将其侍郎、副都统即予开缺，仍留总管内务府大臣。其所管别项差使，且派员暂署"。②

相较于兼领者，专职内务府大臣办理内务府事务更加尽心尽力，因此，专职者的设立于内廷管理十分必要。不过，兼职内务府大臣也有其优势。由于在多个岗位上活动，他们办理内务府与外部的交通事宜更加方便，减少了许多繁文缛节。

乾隆十四年，上"谕军机大臣等，内务府所奏武英殿前桥东河岸工程一折，据移咨工部，准部复，应该处具奏等语。在专管内务府大臣或拘于部例，今内务府、工部俱系三和管理，其辗转咨查，明系推诿"。③ 可见，皇帝以为，三和既管内务府又管工部，理应在处理内务府与工部交接等相关事宜时更加灵活、简易，不料三和仍然拘泥于部例，以文书来回折腾，其意在推诿责任。

---

① 《乾隆朝上谕档》第 2 册，乾隆十八年九月二十日谕旨，档案出版社，1991，第 696 页。
② 《嘉庆道光两朝上谕档》第 19 册，嘉庆十九年十月初八日上谕，第 768 页。
③ 《清高宗实录》卷 347，乾隆十四年八月戊戌。

正因为皇帝对兼职内务府大臣寄予厚望，当兼职内务府大臣在处理与自己职务相关事件不利时，其所受到的处罚力度也更大。嘉庆十四年，书吏王书常等以假印冒领钱粮一案事发，情节十分恶劣。案犯王书常为工部书吏，他与蔡泳受、吴玉等人私自雕刻工部假印，伪造文书，冒领户部三库及内务府广储司库银物料，前后共计十四次之多。他们还假传诏旨，冒钦差大臣姓名，伪造印文，咨行部院衙门，而部院各官竟然毫无察觉，使他们可以顺利蒙混过关，最终酿成巨案。事发以后，嘉庆帝震怒，将一众案犯处以极刑，不仅将为首的王书常、蔡泳受、吴玉三人处斩，还要求传集六部、三库、内务府等衙门书吏各数人，前往观刑，"俾共知儆惧"。经此一案，嘉庆帝对部院堂官，尤其是内务府大臣的玩忽职守痛心疾首，"近来部院衙门堂司各官于一切奏牍文移，不但不细心详核，竟全不看视，殊属疲玩之至"。王书常等人冒领内务府帑银达八次之多，内务府大臣等却懵然不知，"听其所为，昏愦怠玩，莫此为甚。至内务府大臣中兼管工部者，尤责无可辞"。所指即苏楞额、阿明阿二人，他们不仅为内务府大臣，同时还是工部堂官（苏楞额此时任工部尚书，阿明阿为工部侍郎），按理说两处文稿都应该看过，"使于内务府给发银款时，思及工部衙门并未具奏此件，一加查核，何难立破其奸，乃被欺多次。若谓阅稿时前后俱未看出，则是昏愦糊涂，如竟未寓目，更全不以公事为重，直同瞽目，深负朕恩，岂堪复胜部院之任"。最后将苏楞额革职，阿明阿"兼工部侍郎，在任又久"，失察多至七次，原拟发往军台效力赎罪，后加恩改为发往热河，随同穆腾额等办理普陀宗乘庙工。①

二 内务府大臣一体办事，但又分工明确

内务府大臣人数众多，遇事一般秉承共同商议、一体办理之原则，皇帝召对时也一起陈奏。正所谓向来总管内务府大臣"自皇子诸王以下至一、二品大臣，无论品级大小，一体办事"，"内务府堂官分位相等，无论行走班次前后，于召对时，总应一律敷陈"②是也。

共同商议、一体办理的办事原则，实际上使得内务府大臣之间相互牵制，起到权力掣肘作用，进而可以有效防止内务府大臣中出现一人独擅的局面，故而，这一原则为历代皇帝再三强调，令内务府大臣严格遵守。嘉庆十三年，广兴私自扣减皇后宫中例用绸缎，嘉庆帝认为，英和、阿明阿、和世泰、苏楞额、常福五人同为内务府大臣，当听闻皇后令总管太监孙进忠传谕时，就应该"公同面商"，妥善办理，不应该任由广兴一人专擅。内务府大臣此举，是助长了专擅之风，打破了共同商议、一体办理之原则。为了杜绝专擅，俾牢记办事原则，嘉庆帝将他们全部治罪。③

由于内务府大臣所管处所甚多，事务繁杂，因此，他们在遇事共同商量和一体办事的基础上，内部往往又有明

---

① 《清仁宗实录》卷222，嘉庆十四年十二月戊戌；卷223，嘉庆十四年十二月癸卯。

② 《清仁宗实录》卷231，嘉庆十五年六月甲辰；卷195，嘉庆十三年五月辛丑。

③ 《清仁宗实录》卷203，嘉庆十三年十一月乙酉。

确分工，各人负责管理一部分事务。

以嘉庆朝为例，笔者在中国第一历史档案馆中找到几份总管内务府大臣兼管处所的清单。一份为嘉庆十四年内务府大臣英和、阿明阿、和世泰、常福、徵瑞所管事务单，内容如表2-1所示。

表2-1　嘉庆十四年内务府大臣兼管处所

内务府大臣	分管处所
英和	文渊阁提举阁事、奉宸苑、和孝公主家务、紫禁城内值年
阿明阿	御茶膳房、花爆作、圆明园内事务、二阿哥家务、庄静公主家务
和世泰	清漪园等处、畅春园、御船处事务、三阿哥家务、牺牲所、官房租库值年
常福	圆明园内事务、畅春园、造办处、咸安宫官学、总理工程处
徵瑞	雍和宫事务、六库、营造司、庆丰司、干果糖斤值年、御药房、太医院、织染局、督理各工欠项

资料来源：《呈各员所管各处事务清单》（嘉庆十四年十二月初十日），呈单，档号：03-1528-024。

另一份据所列内务府大臣名单来看，时间应当在嘉庆十七年七月至十八年六月，当时在任的内务府大臣有桂芳、常福、徵瑞、和世泰、苏楞额、英和六人，其分管处所如表2-2所示。

表2-2　嘉庆十七年七月至十八年六月内务府大臣兼管处所

内务府大臣	分管处所
桂芳	文渊阁提举阁事、圆明园内事务、总理工程处、咸安宫官学、二阿哥家务、紫禁城内值年、六库值年
常福	圆明园内事务、总理工程处、花爆作、南府事务

内务府大臣	分管处所
徵瑞	雍和宫、御茶膳房、圆明园内事务、造办处、总理工程处、织染局、庆郡王家务、和孝固伦公主家务、官房租库值年
和世泰	御茶膳房、清漪园等处、畅春园、御船处、督理各工欠项、三阿哥家务、营造司值年
苏楞额	清漪园等处、畅春园
英和	奉宸苑、清漪园等处

资料来源：《呈总管内务府大臣桂芳等管理处所清单》（嘉庆朝），呈单，档号：04 - 01 - 11 - 0017 - 026。

还有一份所列内务府大臣名单为英和、和世泰、苏楞额、禧恩、那彦宝和常福，时间应在嘉庆二十二年至二十三年。诸内务府大臣兼管处所见表 2 - 3。

表 2 - 3　嘉庆二十二年至二十三年内务府大臣兼管处所

内务府大臣	兼管处所
英和	文渊阁提举阁事、西洋堂、咸安宫官学、和孝固伦公主家务
和世泰	紫禁城内值年、牺牲所值年、四阿哥家务
苏楞额	畅春园、花爆作、紫禁城内值年
禧恩	造办处、督理各工欠项
那彦宝	雍和宫、六库值年、庆丰司值年、营造司值年、干果糖斤值年、二阿哥家务、庆郡王家务
常福	武英殿、御书处、中正殿、造办处、织染局、花爆作、官房租库值年、三阿哥家务

资料来源：《呈总管内务府大臣英和等兼管处所清单》（嘉庆朝），呈单，档号：04 - 01 - 11 - 0017 - 025。

由此可见，内务府大臣之间分工明确，各人都有专管之事。至于他们中间，以何人管理何事，则由皇帝钦定。

一般内务府大臣在任职之初，皇帝即指定其管理何事，如道光元年（1821），热河总管嵩年于十月初九日补授内务府大臣，十一日，即奉旨管理圆明园内事务以及咸安宫官学事务，嵩年因此上谢恩折。"奴才内府庸愚，毫无知识。初九日仰蒙逾格恩施补授内务府大臣，甫越二日，兹复叨沐圣慈，派管圆明园内事务、咸安宫官学事务。奴才受恩愈重，图报愈难，惟有实心实力，竭尽驽骀，益矢勤慎，学习办理，以冀仰副高厚隆施于万一。"①

每隔一段时间，内务府都要将所有内务府大臣职务开单呈览，由皇帝钦定何人负责何事。如上述第三份呈单中，嘉庆帝在那彦宝"六库值年"下写上"禧恩"之名，意即那彦宝不必在六库值年，改由禧恩值年。又如，乾隆四十五年，总管内务府呈请钦派内务府大臣一员署理宁寿宫、热河行宫、热河文庙三处中和乐器，其所列名单中有六阿哥（即永瑢）、和珅和金简三人，朱批圈出六阿哥。②

新任内务府大臣没有管理处所的，也要开单奏明皇帝。例如，嘉庆朝内务府大臣长申于嘉庆二十五年十月任职，并无分管处所。笔者曾见一份呈单，内容为："总管内务府大臣长申现无管理处所。"③

内务府大臣分工明确，各人专司其职，一方面有助于

---

① 嵩年：《奏为奉旨管理圆明园内事务咸安宫官学事务谢恩事》（道光元年十月二十四日），朱批奏折，档号：04-01-12-0355-093。
② 《呈应请钦派署理宁寿宫热河行宫热河文庙三处中和乐器内务府大臣名单》（乾隆四十五年十二月），呈单，档号：04-01-12-0195-098。
③ 《呈总管内务府大臣长申现无管理处所单》（嘉庆朝），呈单，档号：03-1644-009。

提高内廷事务办理的效率，另一方面也容易滋生大臣之间互相推诿、卸责之弊端。乾隆帝曾因内务府所属米局无人经理，以致奸商射利、囤积居奇之事斥责内务府大臣，他认为此事的本源在于"内务府总管内，因无特交之人，彼此俱不经管，始至于此"。① 可见，由于内务府大臣各有钦派任务，他们往往各顾自己分内之事，而对于专管外之事，则很少留心，甚至相互推诿，造成许多事务难以办理。乾隆帝深悉内务府大臣此等习气，后来，他在宁寿宫的管理上格外小心，尽量避免上述推诿情况发生。乾隆四十年九月，他颁布上谕：

> 宁寿宫地方紧要，若令内务府大臣公同管理，转无以专责成。着派内务府大臣福隆安、金简二人专管。所有该处轮值看管之内务府护军未为妥协及一切应办事宜，并着福隆安、金简妥定章程具奏，务须留心经理，实力稽查，嗣后如稍有疏懈贻误，惟伊二人是问。将来福隆安、金简二人或有升迁出缺之处，着内务府大臣开列名单，请旨另行简放。②

谕旨明确宁寿宫事务为福隆安、金简二人的专责，以引起他们的足够重视。同时，为了防止以后的疏懈，规定将来宁寿宫事务都由皇帝钦派专人分管。

---

① 《清高宗实录》卷75，乾隆三年八月戊申。
② 《乾隆朝上谕档》第8册，乾隆四十年九月二十五日谕旨，第19页。

第四节　游走于内外之间：内务府大臣职掌之特色

　　由以上论述可知，清代内务府大臣的职权并非限于内廷，而是游走于内外廷之间，这成为其职掌的最大特色，也是家国同构思想在清朝职官制度上的显著体现。从内务府大臣的职官设置上看，一方面它隶属中央官僚体系，具备普通官僚的基本特征，这是"国"的一面；另一方面，它在实际运行中又总是以皇权意志为转移，代表皇帝一己之利益，又属于"家"的范畴。家国一体性在内务府大臣的职掌和职能分工上均有明显体现。

　　从前文列举的内务府大臣职掌来看，其主要职责仍在于处理皇帝"家事"，只是皇帝并未有严格的家国之分观念，故往往将"国事"当作"家事"处理，模糊了权力的边界，从而使内务府大臣的权责溢出了内廷范畴。作为皇帝心腹近臣，内务府大臣常常被特派处理一些朝政要事，充当皇权代表的角色。比如前述雍正时期，内务府大臣代表皇帝奔赴战场，犒赏前线将士，或代表朝廷开导训谕地方民众。此外，内务府大臣由于常伴驾左右，与皇帝交往密切，因此不时会充当秘书的角色，在皇帝处理政务时做一些辅助性工作，比如奉命查核典章、成案，给皇帝判处政务做参考等。晚清时期，内务府大臣经常性地代皇后祭祀先蚕之神，说明皇帝将内务府大臣作为皇后的礼仪代表，令其出席国家典礼，从而在朝廷仪制上超出了内廷范畴。

　　不过，我们也可以得出一个基本判断，即清代内务府大臣虽然有诸多内廷之外的工作，但是从这些工作的内容和性质来看，只是其内廷基本职掌的延伸而已，并不能改变其内廷官员的性质。

从内务府大臣的职能分工来看，其有专、兼职之分。多数人在担任内务府大臣的同时，还是各部院堂官。也就是说，绝大多数内务府大臣既是内廷职官，同时也是外朝大臣，这样的双重身份设定，使他们能够更加从容地游走于内外廷之间。

内务府大臣作为皇帝近侍，其职掌的延伸及其在内外廷之间的游走，背后体现的则是皇权的膨胀及其与官僚政治的博弈，意即"家国之争"。这种争端反映在多种层面。比如，内务府大臣有权监视内阁用宝，这就对当朝政事有一定的监督权和话语权。另外值得一提的是，内务府大臣还掌握了奏事处官员的选任权，奏事处为章奏喉舌之司，攸关紧要，掌握了奏事处就对朝政有了话语权。清代奏事处分内奏事处和外奏事处两部分，内奏事处由太监当差，外奏事处则设奏事官，遴选六部及内务府司员能书写者充任，十年一换。各衙门奏折除军机处径交内奏事处外，其余都先交外奏事处，由外奏事处转交内奏事处，最后呈交皇帝御览，奏事处人员的重要性由此可见一斑。外奏事处的奏事官共六缺，初期均由内务府大臣拣选内务府人员充补，可见其权力之大。至乾隆三十五年（1770）有所调整，内阁、六部、内务府各两缺；四十五年，又改为部院两缺，内务府四缺，八年一换。嘉庆十一年（1806），御前大臣擅自保送奏事处官员，遭到内务府大臣广兴弹劾，认为实乃违制之举，"内务府另有额设四员，系内务府实缺，非六部之兼行可比，向由内务府大臣酌拟保送"。① 可见，双方在人员选派方面竞争激烈。此外，奏事处听差人亦由内务府大臣负责拣选。各省差官来京递折，路径生疏，或遇各门拦阻，因此，奏事处专设听差人为其引路。初期，听差人为奏事处私自招募雇佣。嘉庆十年，因发生奏事处听差人贺清泰擅压奏折一案，自此，奏事处听差人转为官设，由内务府大臣于内务府笔帖式人员内，选择通晓清汉文理、平时谨慎、熟悉禁门及各地方道路门径者充任。可见，内务府大臣基本掌握了奏事处的用人权，显示出皇权对官员奏事权的充分把控。

不过，正如学者黄丽君所提出的，清代中期内务府的官僚体制出现了明显的"化家为国"趋向。② 这种趋向在内务府大臣的职掌上也有深刻的反映。自清中期以来，随着官僚政治的日渐成熟，皇权受到制度的压制，有收缩趋势，与此同时，内务府大臣这一职官在设置上也越来越制度化、规范化，呈现出由"家"向"国"转变的趋向。一个重要的表现在于，随着内务府大臣职官制度的成熟，其职掌权限也呈现出向内廷收缩之势，比如其在前期承担的特殊使命，嘉道以后几乎再也没有出现过。直至民国"小朝廷"时期，由于官僚系统的急剧萎缩，内务府大臣的职权再一次膨胀，成为"小朝廷"与外界沟通的重要枢纽。

---

① 广兴:《奏为特参御前大臣违例保送奏事处官员事》(嘉庆十一年八月十九日)，录副奏折，档号：03－1503－072。
② 参见黄丽君《化家为国：清代中期内务府的官僚体制》。

第三章　总管内务府大臣与清宫太监管理

清代太监管理制度严密，成效显著，杜绝了宦官专权。内务府大臣作为内廷事务之长，在太监的管理中发挥了重要作用，有效地抑制了宦官势力。目前学界对这一问题的讨论主要集中在清历任统治者抑制太监势力的措施及日常管理与惩罚制度的介绍上，① 专门从内务府大臣角度出发的考察则尚未出现。本章梳理内务府大臣对太监的诸项管理，阐发其管理成功的原因及缺失，从而凸显内务府大臣在清代政治舞台中不可取代的作用和地位。

第一节　内务府大臣对太监的选用

清宫太监从报名到验看，再到分派，均由内务府大臣主管，他们对太监的选用极其严格。

首先，内务府大臣专管收录太监一事。清代实行太监投充招募制度，自行投充者是清宫太监的主要来源。对于

---

① 主要成果有王树卿《清朝太监制度》《清朝太监制度续》,《故宫博物院院刊》1984 年第 2、3 期；唐益年《清宫太监》，辽宁大学出版社，1993；梅显懋《落日晚钟：清代太监制度》，辽海人民出版社，1997；余华青《中国宦官制度史》，上海人民出版社，2006。

太监的报名，清初沿袭明代制度，先由礼部报名记档，再送入内务府拣选。到乾隆后期，为杜绝各级机构的层层勒索，规定凡有关收录太监事宜，统归内务府大臣负责，不再由礼部经手。[①] 从此，内务府大臣将收录太监的权力牢牢握在手中。内务府大臣直管太监报名，不仅简化了招募程序，有助于杜绝胥吏借机盘剥之弊，提高报名者的积极性，而且收录太监一事由内务府大臣全权负责，也便于其对新进太监的严格把关，保证宫内太监的整体质量。

其次，内务府大臣负责新收太监的检验。新进太监无论是自行投充者，还是王府交进者，或者由其他途径而来者，都要经过内务府大臣的严格审验，审验合格者方准录用。太监入宫前，内务府大臣"必当两三人同留心验看"，并逐一查讯其姓名、年龄、籍贯、品行及身世来历等，以防止滥收。清代对于新收太监的年龄、籍贯等都有一定要求。太监在御前当差，人微事重，为了保证太监的品行，便于管教，一般选择年幼之人来充当。有清一代，太监入宫的年龄一般控制在二十岁以下。籍贯方面，清代宦官大多出自京畿直隶一带，其余地区的统称"别省"之人，一般不会轻易使用。因此，在太监投进之时，内务府大臣首先会审明他们的年龄、籍贯，然后做分别处理。年幼的京畿直隶人留在宫中，年龄偏大或"别省"之人，则奏明拨给亲王、郡王府使用，同时将王府内符合条件的太监更换入宫。例如，嘉庆帝曾规定，宫内新招太监不得超过十六

---

① 《乾隆朝上谕档》第 8 册，乾隆四十一年十二月初三日上谕，第 480 页。

岁，超龄者由内务府大臣奏明拨给亲王、郡王家中使用，更换十六岁以下者送进当差。内务府大臣对新收太监的身世来历也多方考察。他们会行文至太监籍贯所在地询问其家庭情况及品行、经历，由地方官出示印结，证明此人确为家道贫苦且无为匪作歹行径，才准使用。内务府大臣对王府交进的太监检验就更加严苛了，除了要观相，选择"驯谨朴实，实可放心者"，还要先由在王府同居的太监出示证明，再行文原籍地方官查明来历，出具印结，才准使用。否则就要将送到的太监遣回王府，更换他人。①

再次，内务府大臣主管发遣释回太监的再分派工作。对于发遣遇赦释回的太监，内务府大臣一般"照年长太监拨给亲王、郡王之例"处理。嘉庆十七年（1812）规定，释回的太监中年富力强者由内务府大臣挑进宫内当差，年力衰迈者仍照例分给亲王、郡王府使用。②

最后，内务府大臣还严密稽查招收太监过程中的勒索舞弊行为。尤其是承担太监拣选之事的掌仪司，一旦发现中间存在官吏勒索之事，立即严惩，以防"仍蹈州县书役需索之弊"。③

第二节　内务府大臣对太监的日常管理

鉴于明代阉寺之乱，清朝从一开始就裁抑宦官势力，其中最主要的一项就是裁撤十三衙门，恢复内务府，将太

---

① 《清会典事例》卷 1216，中华书局，1991，第 1091~1092 页。
② 《钦定总管内务府现行则例》第 1 册，第 259 页。
③ 《清会典事例》卷 1216，第 1091 页。

监机构敬事房置于内务府之下，由内务府大臣监管。内务府大臣负责太监的日常管理，主要是传达圣训、约束教导、退役管理、监控与限制等。

内务府大臣对太监的日常管理以传达圣训和约束教导为主。清统治者对太监犯事颇为忌讳，屡屡发布训谕，要求严加管束，内务府大臣在其中起着上通下达的作用。皇帝的训谕，一般由内务府大臣传训总管太监，总管太监再层层下达，内容如不准太监干政、与朝臣勾结，不准违规越礼、纵容家人生事，不准私藏军器，等等。太监随从巡幸时，内务府大臣更是秉承圣意，严饬各总管太监认真约束随侍太监，防止在外滋生事端。

内务府大臣平日对太监管教甚严，要求他们牢记身份，不许藐视职官，否则严惩不贷。据载，乾隆年间和珅任内务府大臣时，管教太监极为严格。当时，有一太监为军机随侍，一次，他在背后直呼当朝大员梁国治的名字，和珅听到后，勃然大怒，认为"梁为朝廷辅臣，汝辈安可轻之?"当即打了他几十大板，勒令其向梁叩头认罪。[1] 光绪二十年（1894），内阁学士溥顾因请宝来迟而被首领太监贺进喜辱骂。内务府大臣福锟等立刻对贺严加审讯，并不顾贺"向我徒弟辱骂"的辩解，照辱骂职官罪革去其首领太监职务，杖一百、枷号一个月，分拨下贱处当差。[2] 一首领太监尚如此，其他的太监就更不必说了，内务府大臣对太监管教之严格，由此可见一斑。

---

[1] 昭梿:《啸亭杂录》卷2，第51页。

[2] 《奏为查明太监贺进喜辱骂职官按例定拟事》（光绪二十年十一月初九日），录副奏折，档号：03-5316-051。

内务府大臣对太监日常管理的一个重要方面是负责太监退役时的检验及退役以后的稽查和遣送出京。

清代紫禁城、圆明园等处的首领太监及太监们，年纪过大或残疾者，可以通过总管太监奏请出宫为民。由于没有查验环节，有些人捏造事实，贿赂总管，蒙混出宫。如此，则加剧了清宫太监短缺的竭蹶情形。为了杜绝此等弊端，从嘉庆朝开始，内务府大臣在太监退役控制上的权重越来越大。太监中有称年老患病请求告退的，总管太监奏明后，内务府大臣还会亲自验看。有卧病不起的，他们也会派司员前去查验，除年逾六十五岁或病笃者发给执照为民外，未满六十五岁继续在外调养，内务府大臣按月拣派司员前去查验直到其病愈为止。太监因病准其为民的，由内务府大臣亲自验看后发给为民执照，执照内注明"病痊缴销"字样，且将该太监的年貌、籍贯传知内务府番役，并通行步军统领衙门及顺天府五城及该太监原籍地方官，防止其病愈不报，以便将来缉查。①

太监放出为民以后，要求各回原籍，不准私自留居京城。内务府大臣的职责之一即是与步军统领、巡城御史一起，缉拿滞留京城的退役太监，并将其遣回原籍，以防滋生事端。

对于统治者来说，太监犯事，最严重的莫过于交结外人，为祸宫廷。因此，对太监的严密监视与控制成为内务府大臣日常管理工作的重点。内务府大臣对太监的监控主

---

① 《钦定宫中现行则例》卷 4，台北：文海出版社，1979，第 801 ~ 804 页。

要体现在两方面：一是对太监出入门禁严格把关，严密防范其与外人接触；二是削弱、限制太监的职掌和权力。

太监出入门禁，需经内务府大臣严格把关。御前太监出入时，内务府大臣派领催一名、披甲人一名随行，并设立档册，将其出入时刻、去所、随行人员等一一写明，以备将来查阅。他们还掌握太监请假的权力，对太监出入百般限制。尤其在嘉庆十八年（1813）部分太监参与了天理教的林清事变后，内务府大臣对太监的监控更趋严格。他们在皇帝的授意下，厘定章程，制定了一份详细的太监请假制度，不仅缩短了请假天数，还在太监告假回家期间，派官役到其门口监视。至于巡幸随行的太监，在动身之前可以请假两天打点一切，但若逾期不回，敬事房要立即报内务府大臣查访。① 嘉庆二十一年，内务府大臣又专门针对太监患病告假之事订立章程，"以严出入"。规定以后遇有太监患病，不准告假出外调养，只准暂停差使在本处调养，病愈后即照旧当差。即使病势沉重，也不准擅自出外调养，而是要统一送至兴隆寺调养，并由内务府派番役头目一名、番役一名，随时稽查，痊愈后即送回当差。② 这些严格的规定进一步降低了太监借告假出外与他人勾结的可能性。

清代明令禁止宫内太监与王府交结，故查拿私自与王府交往之太监也成为内务府大臣的一大重责。道光七年（1827），升平署太监苑长清逃匿惇亲王府，内务府大臣禧

---

① 《钦定宫中现行则例》卷1，第138~139页。
② 总管内务府：《奏为酌拟太监出入条例事折》（嘉庆二十一年六月二十八日），《清宫内务府奏销档》第180册，第111~112页。

恩、穆彰阿等将其捉拿归案。在审讯过程中，惇亲王被迫退出内廷，被罢免一切差使。随后，禧恩、穆彰阿等不仅严办苑长清，还强调惇亲王私留逃跑太监并设法隐匿，绝不能姑息纵容，应交宗人府严肃处理。道光帝表示赞同，将惇亲王降为郡王。① 可见清代对太监勾结外人管束之严，即使是亲王也不能脱离干系。在稽查、审讯、定罪等各个环节，内务府大臣都发挥着关键性的作用。

清代内廷大到财政权，小到零星活计，都由内务府大臣把持，不准太监稍加干涉。早在康熙年间，就有谕旨禁止太监随意传唤外人出入宫城。此后历代皇帝又多次重申。乾隆帝更是明确规定，内廷活计如紫禁城、圆明园等处要派人修整之事，统一由总管内务府大臣负责选派工匠，严禁太监私自办理，"着交总管内务府大臣将太监传唤匠役进内之事严行禁止，嗣后如有必须放匠修整活计之事，俱令呈明该总管大臣派员查点"。② 嘉庆时再次强调，禁城内若需要派匠役修整，总管太监要呈明内务府大臣办理，不得自行传唤，并将这一规定载入宫史，训谕后世永远遵行。③

---

① 《奏为升平署太监苑长清上年逃走藏匿在惇亲王府现严审此案以究水落石出事》（道光七年十月十四日）、《奏为审理太监苑长青逃走一案究出知情太监王安等六人及行传质对等情形事》（道光七年十月十五日）、《奏为拿获太监苑长青究出藏匿在惇亲王府内情形请将惇亲王绵恺交宗人府严加议处事》（道光七年十月十八日），朱批奏折，档号：04 - 01 - 14 - 0058 - 007、04 - 01 - 14 - 0058 - 008、04 - 01 - 14 - 0058 - 009。

② 《乾隆朝上谕档》第 8 册，乾隆四十一年二月初八日上谕，第 143 ~ 144 页。

③ 《钦定宫中现行则例》卷 1，第 91 页。

为了防止太监与地方官等外人交往，许多原先由太监自行处理的日常事务也转由内务府大臣统一办理。例如每年春秋行围，所需物品清册都由内务府大臣清点核对，交与地方官备办。地方官备办完毕，同样要交内务府大臣验收，再发给各处太监支领，以杜绝太监与地方官吏私自交收，也防止太监借此与地方官交通熟识。当然，这也并不是说宫内太监所需一切均由内务府大臣一手操办，完全隔绝太监与宫外的交流。太监们与市贩的寻常交易一般是允许的。例如，御园各处太监，其日常所需的瓜果蔬菜之类，可以出福园门西南门自行购买。嘉庆十九年，那彦成等上奏说，为了避免太监借出外购物的机会与闲杂人等交往，应该由内务府大臣代为购买。皇帝却觉得那彦成等所见糊涂至极，若是什么都由内务府大臣代购，则"繁细琐屑，成何体制"，断然驳回了他们的要求。① 可见，清宫太监与宫外的日常交流是被许可的。

第三节　内务府大臣对太监违禁犯罪的处理

清代太监在宫内犯罪，情节较轻者，由宫殿监处理，情节较重或屡犯不改者，则交与内务府大臣处理。② 凡太监在内当差严重失误、偷盗、斗殴、赌博、逃跑、吸食鸦片、私藏军器，在外倚势招摇、敲诈勒索、勾结外人、纵容父侄兄弟滋事等，都属于内务府大臣的处置范围。比如，乾

---

① 《清仁宗实录》卷291，嘉庆十九年五月庚戌。
② 《钦定宫中现行则例》卷4，第769～770、776页。

隆三十一年七月，永安寺当差太监范忠因放高利贷逼死同处当差苏拉六十五一案，内务府大臣查得，永安寺副首领太监陈学盛有袒护之行为，于是将二人均从重治罪，太监范忠发配打牲乌拉充当苦差，陈学盛则革去副首领太监一职，分拨外围充当苦差。① 鉴于前人对太监犯罪已有较多研究，此处着重讨论内务府大臣如何处理太监吸食鸦片、逃跑等有清一代较有特色的犯罪，兼及赌博、当差失误等一般案情。

清代中后期，随着鸦片在中国社会的广泛传播，许多太监也开始吸食。内务府大臣的一个新职责就是禁止太监吸食和私带鸦片入宫。他们一面传达圣谕，严禁买食鸦片、收藏烟具；一面四处访闻、搜查、缉拿吸食鸦片和贩烟之人。他们也参与太监吸食、贩运鸦片案的审理。道光十一年（1831），太监张进幅买运鸦片烟土案初由刑部审讯并草草结案，道光帝颇为不满，下令由内务府大臣再审。② 经过禧恩等的严讯，查出回子贝勒克克色布库与太监一起吸食鸦片，并揪出同食的太监、民人五名。皇帝震怒，将先前审讯此案的刑部堂官及承审司员全部治罪，克克色布库则因与太监交接、同食鸦片以及收留外出太监等罪，交由理藩院发落。③ 由此可见，清代内务府大臣在打击太监吸食鸦片、交结外人等方面起着重要的作用。内务府大臣与外朝之刑部相互配合，对于肃清官场也有一定作用。

---

① 总管内务府：《奏为首领太监陈学盛、太监范忠有不法之事治罪事折》（乾隆三十一年八月初一日），《清宫内务府奏销档》第 79 册，第 3～12 页。

② 《清宣宗实录》卷 198，道光十一年十月丙戌。

③ 《清宣宗实录》卷 199，道光十一年十月丁未。

大量逃跑是清宫太监犯罪的一大特色。内务府大臣的一项重要任务就是缉拿和审理逃跑太监。太监逃走两日后，总管太监就要奏报内务府大臣捕拿。[①] 在捉拿逃犯时，内务府大臣可以奏请相关部门通缉。咸丰十年（1860）五月，太监陈得生逃走后回宫偷窃被抓，在收押再审过程中再度脱逃。内务府大臣瑞麟、文丰当即上奏，请旨派步军统领衙门、顺天府五城一体通缉。[②] 内务府大臣还负责逃亡太监的审讯与定罪。逃走太监被捉拿归案后，即交由在城内值班的总管内务府大臣审讯。若是在宫内遇有拿获的逃走太监，就由内务府大臣轮流一人审理。[③] 清代内务府还接收、审讯地方督抚等解送来的逃跑太监。嘉庆二十一年（1816）六月二十二日，两江总督百龄上奏拿获太监王有忠，遵照谕旨将其押解至京城，转交内务府大臣审理。[④] 有关逃走太监的治罪章程，一般也由内务府大臣修订。道光十七年，内务府大臣就建议依照太监逃跑的距离远近及不同省份定罪，得到皇帝的准许。[⑤] 咸丰元年，因逃犯太多，慎刑司人满为患，内务府大臣奏请将永远枷示的逃走太监改为发往黑龙江监禁，但咸丰帝觉得发配太远不易管束。内务府大臣又商议决定改发距慎刑司较近的番役衙门监禁，

---

① 《钦定宫中现行则例》卷4，第807页。
② 《奏为交审太监陈得生由园解司在途脱逃请旨通缉事》（咸丰十年五月初六日），录副奏折，档号：03-4583-032。
③ 《钦定宫中现行则例》卷1，第153页。
④ 总管内务府：《奏报审明拿获太监王有忠情形折》（嘉庆二十一年六月二十二日），《清宫内务府奏销档》第180册，第149~151页。
⑤ 《清宣宗实录》卷302，道光十七年十月戊辰。

此主张得到皇帝同意。①

清宫太监聚赌之风盛行，并可能引发争执、斗殴甚至偷窃等不良后果。为禁止此恶习，内务府大臣时刻稽查并严惩聚赌的太监。咸丰元年，坤宁宫太监岳平安等人在御花园太监徐太平屋内聚赌，并引发口角揪扭，内务府大臣柏葰、裕诚将一众太监从重治罪。②

内务府大臣对太监当差失职的处罚力度也很大。嘉庆二年十月，乾清宫太监郝士通值班疏忽，以致酿成火灾。内务府大臣永琅等请旨将太监郝士通处以绞立决，乾清宫首领太监三名处绞监候，其余散众太监二十二名全部发往吉林乌拉给打捕户为奴，另将专管之总管太监革去总管并罚钱粮六年，其他总管均革去顶戴并罚钱粮四年。③ 内务府大臣对犯罪太监毫不手软，往往处以极刑，并采取连坐方式，达到震慑诸监、警醒众人的作用。

此外，太监斗殴、偷盗、自戕自尽、擅闯禁地等都由内务府大臣审讯议罪。内务府大臣是清代宫规的有力执行者，对于肃清内廷、保证秩序起着无可替代的作用。

第四节　内务府大臣对太监有效管理的原因分析

内务府从设立之初，就秉承裁抑宦官势力、肃清内政

---

① 《清文宗实录》卷39，咸丰元年八月丙寅。

② 《奏为审明坤宁宫太监岳平安等人聚赌案定拟事》（咸丰元年闰八月初九日），朱批奏折，档号：04 - 01 - 13 - 0283 - 002。

③ 《奏为乾清宫失火严审定拟各太监绞决各罪事》（嘉庆二年十月二十二日），录副奏折，档号：03 - 1627 - 018。

的宗旨，将太监机构敬事房置于其下，由内务府大臣监管。这一措施有效地抑制了太监势力，时人从不同角度给予了肯定。庆桂强调内务府机构设置的积极影响，认为内务府衙门以总管内务府大臣统领，其下即以堂郎中为要职，将太监驱除出内廷权力中枢，这种机构设置"一扫明代内官监司之积弊"。① 清礼亲王昭梿突出强调了内务府大臣的独特作用，其统领内廷诸务，剥夺了太监的职掌，使他们只供内廷洒扫，"将汉、唐、宋、明历代诸弊政一旦廓而清之"。② 曾国藩则看重以部院大臣充任总管内务府大臣的制度安排，认为这铲除了宦官擅权的土壤，"将前明宦寺擅权征求外省之弊革除净尽，实为千古善政"。③ 清人的观察是富于历史感的，其判定也基本符合历史事实。但他们的论说仍稍显表面化，未能全面深入地洞悉内务府大臣对太监实行有效管理的真正原因。在笔者看来，内务府大臣的成功，至少有以下三方面原因。

首先，内务府大臣特殊的身份地位是其对太监有效管理的重要前提。清代内务府大臣多由显赫一时的王公或满洲文武大臣充任，如庄亲王允禄、恭亲王奕䜣及傅恒、和珅、荣禄等，这极大地提高了该职务的地位，对于内廷太监起着极大的震慑作用。和珅任内务府大臣时，管制太监最严，故"当时寺人，俯首惟命是从"。反观嘉庆朝，在很长一段时间内，内务府大臣"多由僚属骤迁，又无重臣

① 庆桂：《国朝宫史续编》卷53，《续修四库全书》第825册，上海古籍出版社，2002，第369页。
② 昭梿：《啸亭杂录》卷2，第51页。
③ 《曾文正公奏稿》卷33，《续修四库全书》第501册，第645页。

兼领"，对太监的监控力度也大打折扣，敬事房总管甚至与其平起平坐，分庭抗礼。① 由是观之，内务府大臣一旦不由重臣充任，其声望及威信就明显下降，难以有效治理内廷。此外，内务府大臣多由朝中部院大臣兼领的特殊身份，还给予其行使权力的便利，如查验新收太监身份、追缉逃跑太监时，可以行文相关衙门及地方官员协同办理，这既大大提高了办事效率，又没有内廷、外朝串通的嫌隙。

其次，最高统治者对太监的极力贬抑和对内务府大臣权威的肯定，是内务府大臣对太监有效管理的基本保障。清代太监地位卑微，即使是最高一级的总管太监，也不过四品而已。内务府大臣则从一开始就是三品，雍正以后更是高居二品，又由王公大臣兼任，身份地位自然高高凌驾于太监之上。太监"皆隶内务府总管，岁时谒见如堂司制，颇有周官冢宰统摄之制"。② 清代最高统治者还每每训斥太监们，要恭敬顺从，服从内务府大臣的管教。乾隆帝即位之初，就对宫殿监督领侍苏培盛目无尊卑，与内务府大臣庄亲王平起平坐的行径痛加训斥："庄亲王总管内务府事务，凡内廷大小太监均属统辖。而苏培盛即目无内务府，独不思庄亲王乃圣祖仁皇帝之子、大行皇帝之弟乎！"他要求太监接见王公大臣时，"礼貌必恭，言语必谨，不可稍涉骄纵，以失尊卑大体"。还赋予内务府大臣对放纵太监"先拿后奏"的权力。③ 这些规定，打击了太监气焰，明确了其卑微的身份，为内务府大臣对其实行有效管理创

① 昭梿：《啸亭杂录》卷2，第51页。
② 昭梿：《啸亭杂录》卷2，第51页。
③ 《清高宗实录》卷4，雍正十三年十月丙子。

造了良好条件。

最后，内务府大臣高度集中的权力，是其对太监有效管理的根本原因。内务府大臣综理宫廷事务及上三旗包衣政令，太监的职掌被削减殆尽。从机构与职能设置上来看，清代一改明代宦官机构自成一体、不受外朝管辖的局面，太监的唯一机构敬事房隶属内务府，由内务府大臣统领。内廷与外朝的交往由内务府进行，文书往来由内务府收发，遇有会商会审事宜，也由内务府大臣出面，这就剥夺了太监对内廷事务的总管之权，切断了其与外朝的政治往来。从司法权力来看，清代太监在宫内犯法，除情节较轻的由宫殿监处理外，情节较重或屡教不改者，一律交由内务府大臣审理。总管内务府有关太监治罪条例的内容之多，几乎涵盖了太监犯罪的各个方面，最大限度地限制了太监的司法权力。从财政权力来看，清代内廷财政由内务府大臣把持，皇庄及宫内、圆明园等处大小工程也归内务府大臣管理，甚至太监的钱粮俸禄也要内务府核实后才能支领，太监在经济上处于无权地位。总之，内务府大臣剥夺了太监的政治、司法、财政等各项权力，太监被牢牢束缚在内廷，成为真正意义上的家奴。

第五节　善政背后的缺失

清代内务府大臣对太监的管理确实取得了突出成效，但也有许多不足之处，不应像昭梿等人那样过高赞誉。

很多大臣在任时怠惰疏懈，一些规章制度便日渐废弛。嘉庆帝曾在上谕中批评内务府大臣因懈怠懒惰而不轮流值夜班，以致太监及护军乘夜赌博，无所畏忌。也有内务府大臣玩忽职守的。嘉庆十五年（1810），御膳房一个太监的侄子在宫内留宿，后投井自尽。宫内发生此等人命关天的大事，内务府大臣非但没有及时上奏，皇帝查问时还茫然不知，甚至皇帝让他们审讯，次日也没有半点消息，以致嘉庆帝大呼："均属胆玩公事！"①

还有内务府大臣知法犯法，违禁留用太监的。嘉庆四年规定，一品以上大臣准用太监四名，二品以下不准滥用，命诸王大臣将家内多余太监送进宫内当差。但次年恩明由河南藩司接任奉天府府尹任时，竟有马姓太监护送其家眷并沿途勒索生事。仁宗皇帝听闻后，派军机大臣询问，据恩明之子供称，是从他的亲戚金简家借用的。仁宗震怒："从前金简家，原曾使用太监，朕所素知。金简本系一品，且其时尚无定额，所用人数过多，亦所不免。至缊布上年系属二品，自应将伊父原用太监，悉行交出，送进宫内当差。昨年降旨之时，缊布系总管内务府大臣，于此事更宜谙悉，乃私行留用太监，又复转赠恩明处护送家眷，听其出关，以致在途滋事。实属胆大至极。"② 缊布身为内务府大臣，对宫内太监制度不能谓不熟悉，乃竟敢私自留用太监，知情故犯，可见在平时工作中，类似这样的违规之事还会有很多。

到清后期，内务府大臣对太监的约束也开始松动。同治朝以后，李莲英、张兰德等一批宠宦相继得势，他们不

---

① 《清仁宗实录》卷230，嘉庆十五年六月丙申。
② 《清仁宗实录》卷62，嘉庆五年三月癸酉。

仅打破了太监官品永不加至三品以上的规定，还开始干预政事，与王公大臣及地方官等外人交结往来。内务府大臣此时已经无力抑制太监势力的抬头，不少人甚至与当时的权阉相互勾结，同流合污。在这种情况下，普通太监也不服管教，随意出入，在外滋事。清代统治者引以为豪的"善政"也就走向了末路。

第四章　总管内务府大臣与晚清
内务府财政危机

除了对太监进行有效管理之外，清代内务府大臣的另一个突出的职能即管理内廷财政。一个国家财政状况的好坏，与其国力的强弱有着直接的关系。整体而言，有清一代，无论是内廷财政还是外廷财政，都呈现出由良好到亏空的演变趋势。而作为内廷财政主管的内务府大臣，无论是在顺境还是逆境之中，都较为认真负责地履行着自己的职责，尽其所能地维持内廷财政运转。不过，由于种种内外原因，晚清内廷财政亏空日益严重，陷入深深的危机之中，内务府大臣在尝试各种补救手段最终均告失败的情况之下，不得不依赖户部借款，从而形成了内务府大臣、皇帝、户部大臣三者间长期博弈的局面。对此，既有研究多关注由借贷、税款分担引发的内务府与户部、税关、银号等的财务纠纷，如刘增合的《家国之间：晚清皇室财政的逾界与管控》①、申学锋的《晚清户部与内务府财政关系探微》②、陈勇的《晚清

---

① 刘增合：《家国之间：晚清皇室财政的逾界与管控》，《中国历史研究院集刊》2020年第1辑，社会科学文献出版社，2020。

② 申学锋：《晚清户部与内务府财政关系探微》，《清史研究》2003年第3期。

税关与内务府财政关系管窥》①、滕德永的《清季内务府与北京银号借贷关系浅探》② 等，都有精彩而深入的探讨。然而，内务府自身，特别是管理制度缺失在危机发展演变过程中的关键性影响却被忽视。此外，内务府大臣与户部官员及朝臣围绕财政问题的各种讨论与权力博弈，其背后折射出的则是清代"家国之分"理念在理论与实践上的二分。

第一节　内务府大臣与清前期内廷财政管理

清代财政有内府和外库之分，外库指户部项下的国库，综理国家财政，内府即内务府属下的内库，管理宫中财物。清统治者吸取前朝财政体系混乱，内外财政划分不明确，最终导致宫中靡费耗尽国家财赋的教训，对户部与内务府的财政收支进行了明确划分："国家定制，户部综核天下之钱粮，内务府备内廷之供应。故各省地丁、关税、盐课正项皆输之户部，而各关额外盈余解交内务府。诚以京外兵饷、军饷动用正款皆由户部供支，内务府惟供备内廷传用及紫禁城值班兵丁钱粮等项，出款有繁简，进款故有赢绌，各动各款，不相牵混。"③ 这种内外财政相分离的做法，"有效地限制了皇室对国赋的索取范围和数额，尤其在鸦片战争以前，

---

① 陈勇：《晚清税关与内务府财政关系管窥》，《暨南学报》2013 年第 1 期。

② 滕德永：《清季内务府与北京银号借贷关系浅探》，《北京社会科学》2013 年第 5 期。

③ 《同治年间内务府与户部交涉款项成案》，《清内务府档案文献汇编》第 1 册，第 223～224 页。

户部基本上能够正常运行"。①

　　清代内廷财政自成一体而统之以内务府大臣，较之明朝宦官理财以致国家财政系统紊乱、钱粮耗尽的状况而言，无疑是一大进步。内务府大臣对内廷财政收入、支出以及各处的财用预算、支领、报销等项管理严格，并制定相关制度。他们每年将内库出入钱粮数目缮写成册，送交皇帝御览。从现存的档案来看，这一制度早在内务府重置之初即开始施行。康熙二年（1663）正月，内务府总管胡密色将康熙元年内库金银、缎匹、皮张出入数目，缮具黄册奏闻皇上。② 可见，当时内务府大臣对内廷财政的管理就已经相当严格了。内务府每年领取茶、盐、沉香等物资时，内务府大臣都上奏皇帝，按量领取，并记录在案。此外，各处行宫及陵寝等处财用出入也须汇总内务府大臣核销。从乾隆二十三年（1758）总管内务府事务和硕庄亲王允禄的一份奏报内务府一年来果品出入及用过钱粮数目的题本来看，内务府大臣对于内务府的财物收入以及具体用于何处、何事、用量多少等，都有所了解，并在其中发挥着重要的监督作用。③ 在内务府大臣的管理下，内廷财用出入井井有条，减省了不少靡费之处，改善了库储不敷应用的局面，内库渐渐充裕起来。

　　康熙帝在位期间，对内务府大臣的财政管理十分满意。

---

① 祁美琴：《清代内务府》，第 11 页。

② 《胡密色等为岁例销算钱粮的题本》（康熙二年正月二十九日），《清代内阁大库散佚满文档案选编》，第 130 页。

③ 允禄等：《为销算出入果品及用过钱粮数目事》（乾隆二十三年十二月十九日），《大连图书馆藏清代内务府档案》第 13 册，第 379～408 页。

他在康熙三十九年说："明季宫中，一月万金有余。今朕交内务府总管，凡一应所用之银，一月止五六百两，并合一应赏赐诸物，亦不过千金。"①

特别是乾隆中后期，由于当时国力富强，加上内务府大臣管理有方，裁减浮费，厘剔积弊，内务府财政十分宽裕，除了供给内廷需用外，每年还有不少盈余。内务府大臣多次奏请将盈余银两拨给外库收用，有时还作为军饷接济前线。乾隆三十三年，内务府大臣奏请将广储司银150万两交给户部收存备用，乾隆帝谕旨："现在部库帑藏充盈，此项毋庸存贮部库。着交户部照例派员解往云南，以供军需之用。"②"照例"二字，说明内务府财政支持军饷的情况已经不止一次了。

乾隆帝对内库充盈的状况甚为得意，并自诩为当政期间的一大功绩，他曾多次谈及内务府财政。乾隆三十七年，他说："忆乾隆二十年以前，内务府存备之项，或因支给不敷，奏拨部帑数十万协用者有之。今亦以岁会溢于旧额，尚将内务府余银拨贮部库。朕虽不诩俭，而府藏充盈，实为从来所罕有也。"③乾隆四十六年，他又谈及内务府财政："甚如明季金花聚敛，乃至户部请内帑，亦不肯发，则其鄙悖更可笑矣。即以内帑而论，忆乾隆初年，内务府大臣尚有奏拨部库银两备用之事，今则裁减浮费，厘剔积弊，不特无须奏拨，且每岁将内务府库银命拨归户部者动以百

---

① 《清圣祖实录》卷210，康熙三十九年九月丙午。
② 《清高宗实录》卷811，乾隆三十三年五月丙午。
③ 《清高宗实录》卷920，乾隆三十七年十一月癸卯。

万计，又何必以经费不敷岁出为虑乎?"①

　　道光以后，国力日渐衰落，国家财政也受到影响，内府进项开始萎缩。内务府大臣有时也会面临一些财政问题，但是在他们的努力经营下，内府财政始终没有出现大的漏洞，可以较好地维持内廷系统的运转。这种内库充盈的状况一直延续到咸丰初年。同治朝户部尚书的一份奏折中提到，自道光元年（1821）以来至咸丰初年，户部与内务府各动各款，偶有奉旨颁发内帑赈济河工、支援军饷之时，"从无内务府向户部拨借银两之事"。② 也就是说，截至咸丰初年，内务府库储还可以满足内廷需求，维持着与户部不相牵混而独立运转的良好局面。咸丰元年（1851），"广西剿匪"，内务府大臣还响应皇帝号召发内帑银100多万两支应前线，将广储司银库"另款封存银一百万两、内纹银二万两、楚镍银八十八万两、松江银十万两，全数发给，以备军需"。当时内务府尚有余力支应前线，可见财政危机还不明显。

第二节　晚清内务府财政危机及内务府大臣的应对

一　晚清内务府财政危机的形成

　　咸丰中叶以后，形势突变。随着外敌入侵，内乱迭起，国家陷入困境，表现在财政上则是赋税收入锐减，军费需饷

①　《清高宗实录》卷1141，乾隆四十六年九月丁卯。
②　《同治年间内务府与户部交涉款项成案》，《清内务府档案文献汇编》第1册，第224页。

日增，再加上贪污腐败丛生，整个清政府的财政几乎陷于瘫痪。不仅户部钱粮亏空严重，内务府库储也频频告罄。

首先，内务府财税收入锐减。

内务府的经费来源形式多样，除户部拨款正项以外，还有内务府把持的盐业、榷关收入；各省土贡、外藩贡品收入；官员犯罪时抄没的财物及罚赎银；皇庄收入；内务府进行商业活动如售卖人参，变卖库存物品，开设当铺、钱庄，恩赏、借贷营运生息银两等的收入；等等。[1] 道光年间至咸丰初年，内务府收入以"两淮帑利银四五十万两为大宗，次则粤海关三四十万两，又次则天津等处零星小数共三二十万两，三［宗］共约收银百余万两"。[2] 在太平时期，这些收入足以维持内廷的开支。因此，清前期内务府财政系统运转良好，少有库储入不敷出的情况，很多时候还有余银，或封存库中，或拨往户部。近代以降，随着内忧外患的加剧，清朝迅速衰落，内务府的收入也受到重创。

一是有些地方沦陷、海关停征，导致内务府税源减少。如咸丰三年（1853），扬州、江宁相继失守，两淮帑利不复存在。咸丰六年九月，粤海关停征，内府财政损失重大。咸丰七年十月，内务府大臣上折诉苦，表示粤海关自停征以来，"迄今一年之久，丝毫未解。……即粤海关不日开征，三十万两一款总可分季源源解京，但为时尚缓，目前

---

① 关于内务府的收入，相关研究具体可参见祁美琴《清代内务府》。

② 《内务府奏内廷进项万分艰窘请饬户部通筹接济折》（咸丰八年七月二十三日），故宫博物院明清档案部编《清代档案史料丛编》第 1 辑，中华书局，1978，第 64 页。

万难指望"。① 二是各地解款不力。各省关拖欠帑利在晚清
是常见现象，如咸丰五年，两淮欠解帑利六百余万两，山
东欠解一百二十余万两，粤海关欠银共计三十多万两。②
除拖欠银两外，有些本应拨解内务府的款项在路上被截
留，拨往军营或另作他用，有些因道路梗塞不能顺利解
到，这些都对内务府进项造成严重影响。三是内务府的其
他收入也锐减。如开设的官当相继倒闭，皇庄经济凋敝，
影响到内廷供应。从咸丰五年内务府大臣的一份奏折中，
可以窥见当时内务府收入锐减的梗概：

> 近年以来，两淮毫无解纳。粤海关应交办公银两
> 又皆凑拨军需，其咸丰四年分奏明交银三十万两，分
> 为四季解京，除交过首季银七万五千两外，余皆未见
> 报解。长芦亦多借发防堵之用。至若各处应交银两，
> 非用兵省分催解周应，即道路梗阻，缓不济急。③

其次，在收入锐减的情况下，皇室的开支却没有随之
削减，反而日渐靡费。

内务府库储之所以频频告罄，除了乱世解款不力、收
入锐减外，根本原因还在于皇室的开销太大。虽然晚清统
治者一直表示，皇室开销均为必不可少之用，并没有奢侈

① 《内务府奏内庭需用孔亟请饬户部拨借库银折》（咸丰七年十月二十
  九日），《清代档案史料丛编》第 1 辑，第 59 页。
② 《内务府奏请饬捐铜铁钱二局筹拨钱文以济库款折》（咸丰五年八月
  初三日），《清代档案史料丛编》第 1 辑，第 48 页。
③ 《内务府奏请饬各省摊交参价银两折》（咸丰五年六月二十四日），
  《清代档案史料丛编》第 1 辑，第 40 页。

浪费，而且历代帝后都曾多次降旨，表示自己躬亲节省，并要求内务府大臣裁减内廷用度，但事实似乎并非如此。

内务府财政危机盛于同治朝，笔者即以同治朝为例，管窥当时的内廷用度。同治帝即位之初，两宫皇太后就降懿旨，谕令内务府大臣"以节俭为天下先。即民物丰阜，亦当防奢侈之渐，矧值四方多故，物力维艰，岂复容以宫闱器用，耗天下之财力"。① 不久上谕又要求"嗣后一切服御用物，有可以节省裁撤者，着总管内务府大臣随时奏闻，以副朕志"。② 但是我们从内务府借款数目逐年增加可以清楚地看到，皇室的开销不但没有减少，反而有日益增加之势。以同治十三年（1874）为例，仅总管太监孟忠吉口传奉旨交进银两就达 6 次之多，分别于正月、二月、三月、五月、七月、九月奉旨交进银 4 万、5 万、3 万、5 万、3 万、4 万两，合计 24 万两。这种常规消费以外的"例外各款"，不定时且不定数，导致内务府财政紊乱，不能量入为出。同治末年内务府大臣向户部借款时，道出了苦衷："惟三节呈进银两暨特传另案活计工程需款较多，且造办处每年亦由广储司提借，此等常例之外，放款不下九十余万两，此不得不额外借款之实在情形。"可见，帝后的额外消费严重超出了内务府的财政负荷能力，促使其频频借款于户部。户部在极度不情愿之下，一面请求饬令内务府大臣整顿财务，量入为出，一面还不忘劝谏皇帝，"伏乞皇上垂念时艰，请求节俭。每遇传办事件，务先斟酌，

---

① 《清穆宗实录》卷 6，咸丰十一年十月乙丑。
② 《清穆宗实录》卷 7，咸丰十一年十月庚午。

其可停者暂停，可省者从省，至必不容已之举，方始传出。内务府自不致供应不敷"。① 可见，户部也认为，皇室的不加节俭、需索无度才是造成内务府供应不敷的真正原因。

最后，内务府大小官员贪污中饱、克扣浮冒之风愈演愈烈，从内部瓦解着内务府的财政管理基础，加剧了内务府的财政危机。

内务府司员腐败浮冒之弊由来已久，在晚清则愈演愈烈。他们利用自己的职权肆意克扣浮冒，中饱私囊，不久即跻身京城富户之列，因此，内务府差使虽地位卑微，但一直被宵小视为肥差。如光绪年间的内务府广储司催长董舒明，本出身寒贱，利用自己担任内务府六库采买差事之便，冒领银两，中饱私囊，擅作威福，甚至戴二品大员顶翎、穿貂皮大褂、骑双踢胸马招摇过市。据查，他们家有房屋两百多间，内有东西花园两座、万年戏台，还有新盖西洋楼房、竹木牌楼以及檀香木家具器皿等属违禁物品多件，豪富非常。董舒明只是一介小小的催长，"一末役耳"，尚且可以如此奢侈，则晚清内务府官员贪污浮冒到何种地步不言而喻。② 这些人寄生于此，从内而外地腐蚀着整个内务府的财政基础。

二　内务府大臣的应对措施

清季国势江河日下，社会不稳，财政状况不断恶化。

---

① 《同治年间内务府与户部交涉款项成案》，《清内务府档案文献汇编》第 1 册，第 249 页。
② 德荫：《奏为特参内务府广储司催长董舒明庸劣不职事》（光绪十五年），录副奏折，档号：03 - 5259 - 011。

内务府财政作为清廷财政系统的重要组成部分，也不可避免地遭遇前所未有的挑战。作为内务府的最高管理者和内廷财务的统筹者，内务府大臣在严峻的经济形势下该如何克服重重阻力，维持内廷供应的正常运转？

面对日益严峻的经济形势，内务府大臣积极寻求解决之道，采取了一系列应对危机的措施。内务府大臣解决财政危机的手段前后有所不同，前期他们比较积极，提出一系列致力于解决财政困难的办法，如催缴欠款、开办捐输、摊派参价等，当这些措施成效不大，不能解决问题时，他们转而开始以借款度日。

第一，催缴欠款。内务府财政危机的形成与各地拖欠解款有莫大关联，因此，催缴欠款是内务府大臣面对财政危机的第一反应，并贯穿始终。晚清内务府进项以两淮、粤海关、长芦解款为大宗，这些地方的督抚、监督、盐政等官差自然也成为内务府大臣催款的主要对象。

两淮欠解内务府款项由来已久。早在道光年间，两江总督陶澍在任时（道光十一年至十九年）即奏明要求暂缓交银三百三十余万两，自道光二十六年（1846）起至二十九年，又拖欠银一百七十三万一千八百余两。后来由于战祸迭起，两淮一直未能向内务府解款。直到同治四年"军务平靖"后，经户部议定，两淮自同治五年起补交历年欠款，但两江总督以"利无所出"为由拒绝解款，户部驳斥其拖欠理由，要求酌量变通。然而，直到光绪八年，内务府大臣仍未收到两淮的分毫解款，"然自议定之后，至今分文未解。彼时两淮盐课未能通畅，无款筹措，亦系实在情形，而近年以来，该处盐务日见起色，所有此项帑利银两自宜照旧筹拨，随时交纳，乃竟一字未之言及"。①

此外，长芦等关也长期拖欠银两。长芦盐政每年应交内务府广储司额定银十四万余两。据内务府奏报，道光末年以来，长芦并未如数缴纳税款，自道光二十八年起至咸丰八年止，已积欠银七十九万七千二百多两，制钱七万三千多串，钱钞五万九千多串。咸丰九年户部改订章程，长芦改交九成实银、一成钞票，可是其咸丰九年、十年所交各款利息却不足六成。②

到光绪年间，各地拖欠内务府银两愈积愈多，光绪四年（1878）年底，内务府大臣恩承等奏报，直隶长芦盐政历年拖欠内务府帑利生息银一百八十多万两，山东巡抚历年拖欠帑利生息银一百八十余万两，两淮运司历年拖欠利息银一千四百余万两，粤海关监督历年拖欠公用银二百三十多万两，为数甚巨。③

面对各关的一再拖欠，内务府大臣不断上奏皇帝，请求下旨催缴各关税款。如咸丰十一年针对长芦盐政的欠款，时任总管内务府大臣的恭亲王奕訢即带头请求朝廷下旨，饬催兼理长芦盐课的直隶总督，按时如数解交税款。④

在内务府大臣的一再投诉下，朝廷也屡发严旨，要求

① 《奏请转饬两江总督酌拨两淮帑利事》（光绪八年），录副奏片，档号：03－6550－041。
② 总管内务府：《请饬催长芦欠款由》（咸丰十一年十二月十二日），《清宫恭王府档案总汇·奕訢秘档》，第185~186页。
③ 《奏请饬催长芦等处欠款事》（光绪四年十二月初一日），录副奏折，档号：03－6546－038。
④ 总管内务府：《请饬催长芦欠款由》（咸丰十一年十二月十二日），《清宫恭王府档案总汇·奕訢秘档》，第184~187页。

各地速速解款。同治二年，朝廷命粤海关监督毓清赶紧缴纳拖欠内务府的款项，并对其进行威吓，"现在内务府库项支绌，待用甚殷，历任粤海关监督，于内务府应用之款，任意拖欠，疲玩已极。着毓清赶紧将欠解各款，陆续筹解，以应急需。倘再迟延推诿，惟该督抚、监督等是问"。① 虽然一再催逼，粤海关还是无法按期缴纳。同治三年正月，毛鸿宾、郭嵩焘、毓清等人奏称："粤海关例解广储司公用银两，力难批解，请于各海关均匀分解一折。"此议很快遭到内务府大臣与户部的驳斥，"广储司公用银三十万两，例由粤海关按季批解，未便率改旧章。且各关拨款，亦属繁多，若再令添解巨款，势必借词推诿，于要需毫无实际"。仍然令其将广储司公用银以及该关欠解两年京饷银十万两照旧报解，以重库储，但考虑到粤海关实际的难处，他们奏请准其暂时缓交陈欠京饷银四十万两。上谕再一次对毛鸿宾等人进行威吓，"经此次曲加体恤，毛鸿宾、郭嵩焘、毓清务当认真筹款陆续起解，不准借端拖延，亦不准饰词渎请。傥敢再行延宕，定即从严惩处"。②

尽管皇帝不断对粤海关监督和粤省督抚施压，甚至严词恫吓，但在当时的情况下，包括粤海关在内的各省关不仅不能按时按量完缴欠款，还屡次奏请将解银改拨他用，导致内务府用银无着落。在这种情况下，皇帝也不得不妥协，采用软硬兼施的办法。一方面，发严旨催逼，"粤省

---

① 《清穆宗实录》卷82，同治二年十月乙酉。
② 《清穆宗实录》卷90，同治三年正月庚戌。

督抚及粤海关监督累次奏请改拨，亦经该部衙门议驳，而议驳之后，仍未见踊跃报解。内廷正供，几属虚悬，实属不成事体"。要求户部敦促该监督等务必解交银两。另一方面，也采用柔情攻势，说明此项银两的重要性，并表示自己与内务府大臣会带头节省用银，"此项公用银两，系常年正供，并非为额外工作及服物玩好之用。惟物力艰难，理财首宜节用，嗣后宫内虽寻常工作，非大不得已者，亦着酌量停缓，以节糜费。其余一切照例进御服饰器皿等件，并着总管内务府大臣等，懍遵叠次谕旨，核实备办，力求撙节，以示朝廷崇俭黜奢之至意"。①

第二，开办捐输。开办捐输是内务府大臣致力于拓宽内务府进项的主要手段之一。早在咸丰二年，内务府大臣就乘清廷命王大臣会同户部筹备军饷，内务府大臣也"于该衙门应行筹备之处，一并详议具奏"之机，提出了四条会商建议，其中三项都是关于特开捐免的：其一，内务府捐纳候补各项京官、笔帖式内，准遵照部例，赴部报捐；其二，内务府捐生准其一体报捐各部院京官、笔帖式，仍捐免内务府补用；其三，从前会计司等衙门所属庄头、园头及所属亲丁、壮丁等拖欠钱粮，革退后，其子孙均属有罪之人，不准报考、报捐，现拟请准其先赴部呈明捐赎免罪后，再各按旗籍报考、报捐。②

咸丰三年九月初五日，内务府大臣又以库款空虚为由，奏请内务府特开捐输，并且认为"向来实缺人员捐加职衔，

---

① 《清穆宗实录》卷 115，同治三年九月丙辰。
② 《内务府奏遵旨酌议捐纳等款以济军需折》（咸丰二年十月十二日），《清代档案史料丛编》第 1 辑，第 2 页。

加捐后即开底缺,是以报捐人数无多"。为了吸引捐生踊跃报捐,他们还奏请改变成规,"今拟请准令内务府实缺人员捐加职衔,即换加捐顶戴,免其开缺,且于升阶亦无窒碍"。皇帝对此建议全力支持,朱批:"依议办理,速拟章程具奏。"① 九月初十日,内务府大臣即回奏,他们列出了所有可加捐的职衔清单,包括内管领、六品苑丞、赞礼郎、苑副、护军参领、骁骑参领等十种,及不同身份的人加捐每种职衔相应的银数,并附有详细的捐衔章程。② 足见其对此次特开捐输的重视。咸丰七年,内务府大臣再一次因采买米石经费不足,奏请允许内务府所属大小官员捐输,所得银两除采买米石外,余者即归入广储司银库。③

第三,推行人参摊派交进银制度。人参变价是清代内务府的一项独特且重要的收入。所谓人参变价是指内务府每年将东北进贡的人参,除留足宫中消费外,剩余的部分拿出去售卖而得的收入。这项收入曾经非常可观,据学者研究,乾隆年间内务府人参变价达到高峰,最高时达五十余万两,约占当年内务府总收入的五分之一。④ 晚清负责变价参斤售卖的包括两淮、长芦、两浙、三织造、梧州厂等各省、关、厂共二十一处,每年内务府从这二十一处计

---

① 《内务府奏府库空虚拟开办捐输交库备用折》(咸丰三年九月初五日),《清代档案史料丛编》第 1 辑,第 21 ~ 22 页。
② 《内务府奏加捐各项职衔银数及章程折》(咸丰三年九月初十日),《清代档案史料丛编》第 1 辑,第 22 ~ 23 页。
③ 《内务府奏请捐资添放内务府三旗赈米并接济库款折》(咸丰七年八月初五日),《清代档案史料丛编》第 1 辑,第 58 页。
④ 滕德永:《嘉道时期内务府人参"加价银"问题辨析》,《东北史地》2013 年第 5 期,第 60 页。

可得参斤变价银十二三万两，较乾隆时期虽有减少，但也是一笔不少的收入。然而，咸丰朝以后，由于东北停采人参，内务府库储人参资源枯竭，人参变价活动基本停滞。为了弥补这项损失，内务府大臣提出了摊派交进参价银的办法。咸丰五年六月，他们援照粤海关近年虽未领变价参斤，每年仍摊缴银一万二千两之例，上奏请求各省关一体缴纳，自咸丰五年起，"嗣后即无变价参斤，其应交银两亦仿照粤海关摊缴之例，变通办理，由各该处关税银两内，按年拨解。通计二十一处，一年约有十六万两，按期交纳。此项银两，准其作正开销，与部库银两一同起解"。① 此建议得到了咸丰帝的支持，从此，各省关开始缴纳无参的参价银两。不过，从后来的实际情况来看，尽管朝廷有此制度，但各地并未照章缴纳，而是多有拖欠，每年内务府的此项收入极其微薄。同治四年，内务府大臣瑞常等奏报，咸丰五年开始实施摊缴参价银制度，本来每年各处应缴银共计十六万两，而事实上却是"自是年起多有拖欠，所交仅在二万有奇"，② 与规定银两数目相差甚远。

第四，售卖内务府房屋、财物。出售内务府所属房屋、财物也是内务府大臣的生财办法之一。如咸丰二年奏请，将内务府官房租库、收管抄产各项住房以及关闭坍塌、空闲的铺面房间，均不计原估价值，招商认买。③

---

① 《内务府奏请饬各省摊交参价银两折》（咸丰五年六月二十四日），《清代档案史料丛编》第1辑，第40~41页。
② 《奏为妥议内庭需用银两进款长策章程事》（同治四年十月十七日），录副奏折，档号：03-4939-027。
③ 《内务府奏遵旨酌议捐纳等款以济军需折》（咸丰二年十月十二日），《清代档案史料丛编》第1辑，第3页。

第五，挪用他款。内务府大臣还多次奏请将其他款项拨归内务府使用。咸丰初年，他们多次奏请将五银号所得利银及库存银锞拨入正项。咸丰三年，又从山东解交的工部修理八旗营房利息银二万五千五百三十六两九钱二分四厘内抽出银二万两，拨入正项。咸丰四年十二月，奏准将淮关解到余存办公、节省养廉银共一万四千一百零七两二钱归入广储司银库。① 同月，又奏准将米石处存银一百六十九两五钱、银钞四百两、钱二万四千零三十八吊、钱钞一万二千九百零三吊，全数拨给广储司银库。② 咸丰五年，将火器营捐输项下所存实银五千两及颁赏官兵余银九百七十二两挪用。③ 但是，挪用他款也有无款可挪之时，而且这些一般是零星款项，远远不足以填补内务府的财政亏空。

第六，借垫外款。随着内务府财政危机的不断加深，收支漏洞进一步扩大，零星款项已不能满足内廷庞大的开支，借款遂成为内务府大臣解决财政问题的最主要手段，包括向户部借拨、向号商借贷以及举借洋债等。

内务府大臣借款，户部是大宗。自咸丰七年起，每年借款数目不断攀升，从先前的十几万两、二十万两加至后来的一百多万两，内务府大臣逐渐习惯于依赖户部的借

---

① 《内务府奏请将淮关解到银两暂交广储司银库折》（咸丰四年十二月十二日），《清代档案史料丛编》第 1 辑，第 37 页。

② 《内务府奏请将米石处银两钱文全数拨给银库折》（咸丰四年十二月二十四日），《清代档案史料丛编》第 1 辑，第 38 页。

③ 《内务府奏请饬催山东欠款并借拨火器营捐输银两折》（咸丰五年四月初七日）、《内务府奏请户部拨银并将颁赏余银归入正项开支折》（咸丰五年五月十五日），《清代档案史料丛编》第 1 辑，第 38～39 页。

款，导致户部难以负荷。由于长期大量借拨，且有借无还，内务府大臣与户部官员矛盾升级，双方频频向皇帝上疏，各陈己见，争论不休，引发不少财政纠纷。具体情况，后文有专节阐述，此不赘述。

除了向户部借拨以外，内务府大臣还经常性地向各银号借款。内务府大臣向银号借款兴盛于光绪年间。具体始于何时，滕德永认为应在光绪十二年之前。笔者曾在中国第一历史档案馆中找到一份光绪十九年的内务府奏折，其中有"所有光绪十一、十二、十三等年息借号商银两"①的语句，可知，至少在光绪十一年，内务府即已向号商借款。到光绪十二年前后，内务府"浮借各商之银三十余万两"。②光绪十七年，总管内务府大臣福锟也承认内务府"每遇要差需款即向号商通融借垫"，其中，仅四恒号商一家就已借银三十六万多两，并且有借无还，以致该号商无力再借垫。③光绪二十年年底，内务府因各省关拖欠款项，无钱发放各司处，"不得已转向号商借垫发放"。④

向号商借款虽有数额大、周转时间短的优点，但借贷的利息高，且到期还款，因而还贷的压力也大。如光绪十

① 《奏为遵旨查明光绪十一十二十三等年息借号商银两未能随时奏明事》（光绪十九年十二月二十一日），录副奏折，档号：03-6570-070。

② 总管内务府：《奏为库储不敷支应年终各款拟由号商转向汇丰借款事》（光绪十二年），录副奏折，档号：03-6558-086。

③ 福锟等：《奏为库款支绌请饬户部拨给银两事》（光绪十七年十二月十七日），录副奏折，档号：03-6567-067。

④ 《奏为库款支绌请暂借户部银两事》（光绪二十一年四月二十八日），录副奏折，档号：03-6572-024。

九年内务府大臣奏报，该年需偿还号商本息银二十二万多两。① 巨额的还贷压力又逼着内务府大臣向他处借款，如此恶性循环，内务府财政陷入泥潭，不能自拔。光绪十八年，内务府大臣不得不向户部借款，其理由之一即是借贷号商之款需要归还，以致内务府财政亏损巨大，"每遇要差需款须先向号商周转腾挪，遇有进款即应偿还，年复一年，亏累日甚"。②

当各票号无力垫拨之际，内务府大臣甚至开始向洋行借债。光绪十二年，内务府大臣因债台高筑，时届年终而库款不敷应用，经过共同商议，决定通过京师票号转向汇丰洋行借银一百万两，利息七厘，分二十余年还清。③ 光绪十六年，户部尚书在一份奏折中说："前因内务府令北洋大臣代借洋款，即将闽海关应解常税银十万两径解北洋大臣归还洋款本银。"④ 可见，内务府大臣借洋债也不止一次。

不过，由于借洋债与国内借款不同，内务府大臣对此也十分谨慎小心，一般不会亲自出面，而是通过中间人转借。如前所述两次借款，分别通过京师票号和北洋大臣辗转办理，并且如内务府大臣所说"惟系转借洋款，臣等未

---

① 《奏报内务府衙门一年出入银两比较亏短数目事》（光绪十九年十二月二十一日），录副奏片，档号：03-6634-062。
② 《奏为内务府经费支绌请拨借户部银两事》（光绪十八年十二月二十一日），录副奏折，档号：03-6569-075。
③ 总管内务府：《奏为库储不敷支应年终各款拟由号商转向汇丰借款事》（光绪十二年），录副奏折，档号：03-6558-086。
④ 《奏为添拨光绪十七年分内务府经费银两事》（光绪十六年），朱批奏片，档号：03-6120-028。

敢擅便"，因此内务府大臣们每遇借洋债事，都要上奏，经过皇帝批准。① 也就是说，内务府大臣的举借洋债，实际上是在皇帝的首肯之下进行的。尽管如此，内务府大臣举借洋债一事深为当时朝臣所不能容，正所谓"洋债之不宜借，固早在朝廷洞鉴之中，内务府何为而轻借哉？"② 御史林绍年奏称，内务府借洋款，印章往往不统一，以致洋人常来查询真伪，贻人笑柄，"此举有关于国体者甚巨，且恐有公私牵混，百弊丛生。应请饬下该大臣认真查办，速为清还，永禁再借，庶不讥议于外洋"。③

此外，光绪年间，内务府大臣还奏请从海军衙门存款内拨款以供内廷使用，并得到允准。光绪十一年十二月，内务府大臣等以年终发款不敷为由，请旨借拨，皇帝批准："着准由海军衙门存款内借银四十万两以资应用，分作五年归还。"④ 但是当时内务府财政亏空，根本无力还款，以致海军衙门多次催款。光绪十五年，帮办海军事务大臣奕劻上奏，要求饬催内务府归还海军衙门借款。皇帝没有办法，不得不照例督促内务府大臣迅速还款，"着总管内务府大臣，即将十三年分欠解银一万两，十四年分应还银八万两，并本年应还之款，一并迅筹解还，勿再延宕"。⑤

---

① 总管内务府：《奏为库储不敷支应年终各款拟由号商转向汇丰借款事》（光绪十二年），录副奏折，档号：03-6558-086。

② 林绍年：《奏为饬下内务府衙门禁借洋债事》（光绪十五年正月二十日），录副奏片，档号：03-9530-040。

③ 林绍年：《奏为饬下内务府衙门禁借洋债事》（光绪十五年正月二十日），录副奏片，档号：03-9530-040。

④ 《清德宗实录》卷221，光绪十一年十二月丙子。

⑤ 《清德宗实录》卷271，光绪十五年六月丙戌。

第三节　家国之分与家国不分：晚清内务府大臣 与户部的财政纠纷

咸丰以前，宫中、府中财政不相牵混，户部与内务府很少发生财务上的纠纷。咸丰以降，内府、外库渐有牵混不清之势，特别是同治以后，内务府向户部借银次数愈频、数量愈多，"户部之经费有常经而内务府之借款无定数"，造成户部库储告罄，于是引发二者之纠纷。考察内务府大臣在这场内务府与户部角力之中扮演何种角色，他们以何种理由借款，又通过何种方式最终让户部妥协以及皇帝在其中的态度和作用，可以清楚地看到内务府大臣与皇帝的特殊关系，进而更加直观地了解内务府大臣在晚清宫廷生活中的地位和作用。此外，从内务府大臣与户部官员的财政纠纷中，可以探析当时内廷与外廷、家与国的复杂关系。

内务府大臣向户部借款，始于咸丰七年，而盛于同治末年。咸丰七年，由于"军务方兴，各省解款寥寥"，内务府大臣以内廷供应不敷为由，初次向户部借款。内务府大臣在奏折中称内廷供应一向以粤海关解银为大项，然而，该关自咸丰六年九月停征以来，迄今丝毫未解，故恳请由户部暂时借银垫用，一旦该关重新起征便如数归还。当时咸丰帝虽然批准借银，却是十分谨慎，"着该堂官查明，实系刻不容缓之需，方准自行奏请，不得纷纷咨部筹拨，以节靡费而重库储"。① 但此源头一开，便有一发不可

---

① 《内务府奏内庭需用孔亟请饬户部拨借库银折》（咸丰七年十月二十九日），《清代档案史料丛编》第 1 辑，第 59 页。

遏止之势，且借款数量由先前的每次几万两增加到十几万两甚至几十万两，借款总数也由先前的每年十几万、二十万两增至每年八九十万两甚至一百三四十万两之巨。兹据户部同治十二年（1873）奏折，将内务府历年向户部借款数目及户部有无添拨内务府银两情况列为表4-1。

表4-1 同治十二年前内务府向户部借款数目及户部
有无添拨款数情况

单位：万两

年份	添拨款数	借款总数
咸丰七年	无	银8、票银5
咸丰八年	无	银19、钱票25
咸丰九年	无	银18、钱票100
咸丰十年	无	钱票50
咸丰十一年	无	无
同治元年	无	无
同治二年	无	银5
同治三年	无	银45
同治四年	无	银33
同治五年	30	银30
同治六年	30	银120
同治七年	60	银140
同治八年	60	银90
同治九年	60	银105
同治十年	60	银110
同治十一年	60	银73

从表4-1可见，同治五年以前，户部没有给内务府添拨额外款项之时，内务府大臣虽有向户部借款之事，但

数额并不算大，一般十几万、三四十万两。但是在同治五年户部已然给内务府添拨常年拨款 30 万两，同治七年更是加至 60 万两之多的情况下，内务府大臣不仅没有停止借款的脚步，反而数额日增，在 100 万两左右。当时内廷用款之浩繁以及内库竭蹶之情形可想而知。而同治末年，内务府大臣为筹备同治帝大婚典礼，大肆向户部提用银两。据称，自恭办大婚典礼以来至同治十一年春为止，除寻常借款不计外，内务府大臣已经先后动用库银 450 万两之巨，引起户部的极度不满，双方的矛盾达到了顶峰。

内务府大臣向户部借款，总是有充分的理由。其借款缘由一般有以下几点。

其一，内务府收入日减，不得不仰赖库款接济。如咸丰七年，内务府大臣奏称广储司银库自秋间至年底，虽偶有进款，但统计不过七八万两而已。① 同治年间，内务府造办处称"从前收款岁不下五十万两，今每年收银五万十二余两"。

其二，常例之外的用款日益增加，导致内府财政不能量入为出。同治十二年二月二十三日，内务府大臣上奏折请求与户部会议借款。内务府大臣声称，他们已将进款、用款通盘核计过，例供内廷差使及发放各处钱粮都可以量入为出，"惟三节呈进银两暨特传另案活计工程需款较多，且造办处每年亦由广储司提借，此等常例之外，放款不下九十余万两，此不得不额外借款之实在情形"。可见，内

① 《内务府奏内庭需用孔亟请饬户部拨借库银折》（咸丰七年十月二十九日），《清代档案史料丛编》第 1 辑，第 59～60 页。

务府的借款，除维持内廷正常运转外，大部分是用于帝后的额外消费。

其三，内务府财政的供应对象，都是内廷刻不容缓之需。内务府大臣认为，内务府广储司财物"大半皆系供奉皇上、宫廷以内要需"，① 责任攸关，帝后的生活关乎国家大体，不容怠慢。此外，其他内廷各处所需也是关系紧要。咸丰七年，内务府大臣在奏请向户部借银时如是说道："伏查臣衙门广储司银库，向系恭备坤宁宫、奉先殿贡品，御茶膳房、上驷院、官三仓等处支领钱粮，及各旗营进班公费饭食，营造司宫内岁修各款，在在均关紧要。现在愈欠愈多，诚如圣谕，实系刻不可缓之需。"② 在这种思想的主导下，他们总是堂而皇之地向户部借款。尤其是宫内举行庆典或举办工程之时，他们都以应支不敷为由向户部借款。每年端节、中秋或年终之时，他们也总会提出由户部商借之请。

内务府大臣每每向户部借款，户部都不胜其烦，拒绝拨款。户部的驳斥理由如下。

一是国家定制，内府、外库互不牵混。按照清朝财政制度规定，户部与内务府分工明确，"国家定制，既设户部筹备军国之度支，复设内务府办理内廷之供应，原以示内府外库各有职掌，不相牵混之意。部臣与内务府大臣固

---

① 《内务府奏内廷进项万分艰窘请饬户部通筹接济折》（咸丰八年七月二十三日），《清代档案史料丛编》第 1 辑，第 64 ~ 66 页。

② 《内务府奏内庭需用孔亟请饬户部拨借库银折》（咸丰七年十月二十九日），《清代档案史料丛编》第 1 辑，第 59 ~ 60 页。

各宜量入为出，以无负简任之重"。① 而内务府大臣频频借拨库款，则有悖于制度，"无论库款不支，就此内府外库频频借拨，漫无限制，亦大非国家定体"。② 他们还以咸丰七年内务府借款之时，咸丰帝特意下旨不准随意向户部借拨以重库储之由来劝谏当时统治者，"文宗显皇帝轸念时艰，于万不得已之中，犹存慎重库款之意，所以存列圣之定制而节国用之靡费者，至深且远已"。③

二是库款主要用于军国大事，攸关大局，较之内廷需求意义更重，因此不可随意挪用。光绪年间，户部尚书熙敬曾说："臣部所掌者，军国之需；内务府所掌者，宫廷之用，其缓急轻重之辨自在圣明洞鉴之中。"户部多次议驳内务府共商借款之请，并非畛域之见，"实所以顾根本存大体也"。④ 尤其是户部所存四成洋税，是户部与总理衙门商定存贮，以备不测之用，万万不可轻易挪用。"不知者视为寻常存款，亦可随时挪用，岂思敌国外患常伏于隐微而深谋远虑宜备于无形，万一有不测之虞，部库既无可分筹，存款又挪移殆尽，此时弭患无术，其贻误军国有不可胜言者。"⑤ 户部官员还时常批评内务府大臣不以军政大

---

① 《同治年间内务府与户部交涉款项成案》，《清内务府档案文献汇编》第 1 册，第 253 ~ 254 页。

② 《同治年间内务府与户部交涉款项成案》，《清内务府档案文献汇编》第 1 册，第 227 页。

③ 《同治年间内务府与户部交涉款项成案》，《清内务府档案文献汇编》第 1 册，第 225 页。

④ 熙敬等：《奏为遵旨妥议凑拨内务府银两事》（光绪十九年十二月二十五日），录副奏折，档号：03 - 6634 - 078。

⑤ 《同治年间内务府与户部交涉款项成案》，《清内务府档案文献汇编》第 1 册，第 226 页。

事为要。"总管内务府大臣专司供奉，但知工程活计均关紧要，而不知兵饷之例款、军务之急需。京饷之有减无增，部库之出入多少，其竭蹶情形更有大于工程活计者。"①

三是库款空虚，无力添拨。在当时国力衰弱、局势动荡、内外危机交叠的情况下，户部进项也大为缩水，而军饷支出却与日俱增，此外，各处用款皆赖户部供给，户部本来就入不敷出，内务府大臣还以各种理由额外借款，造成库款严重亏空。因此，户部批驳内务府大臣"只知添拨经费以备常例外之供应耳，不知天下财富只有此数"。②

鉴于以上种种，户部坚决维持内府、外库各自为谋、不相牵混的局面。"内府外库各动各款，出入均有常经，乃所以明祖制守成法而为国家经久之道。"③

从以上双方的陈述来看，内务府大臣在制度和情理上明显居于下风。抛开祖宗成法和其他不论，仅以当时的局势来看，户部存款用于军国大政，关乎整个国家和民族的命运，特别是在当时内忧外患、国力贫弱的局势下，户部极力保护库款的举动无疑是有益于国家和民族的，站在了理论和道德的至高点上。而内务府大臣所要求的借款，服务对象仅是内廷的一小部分人员，甚至可以说，其中的绝大部分只是用于供给以慈禧为首的统治集团的豪奢和挥霍。国家利益与一家之利究竟孰轻孰重，不言而喻矣。

---

① 户部：《请饬内务府撙节用款疏》（同治十一年），盛康辑《皇朝经世文编续编》卷31，台北：文海出版社，1972，第3259页。

② 《同治年间内务府与户部交涉款项成案》，《清内务府档案文献汇编》第1册，第247页。

③ 《同治年间内务府与户部交涉款项成案》，《清内务府档案文献汇编》第1册，第228～229页。

　　尽管在制度和理论上，内务府大臣处于弱势，但这并不能阻止其借款的脚步。对于户部的诉苦和抗议，内务府大臣也一一回应。

　　户部称库储攸关大局，内务府大臣则认为内廷供应也关系匪轻。"臣衙门应发各款，实非寻常支发之项可比。如坤宁宫、奉先殿、牺牲所、御茶膳房，以及内廷一切差务，并紫禁城进班各项兵丁钱粮口分，在在均关紧要。"① 光绪十七年（1891），内务府大臣福锟借款时称："臣等亦深知大局攸关，不敢动辄请款，惟宫廷要务待用孔亟。"② 可见，内务府大臣不否认库储关系大局，但在他们看来，内廷需求也同样关系紧要，不容忽视。

　　对于户部库款支绌、无力借拨的诉苦，内务府大臣也承认部储情况不容乐观，但相比之下，内务府则更加窘迫，"惟思户部库存虽亦无多，较臣衙门情形尚不致缺乏"。③ 他们多次表示借款有不得已之苦衷。因内务府既无外款进项，而供奉皇上及宫廷也十分重要，户部虽然拮据，毕竟是理财之所，故而，借拨库款乃无奈之举。光绪九年，内务府大臣广寿等奏称："臣等亦深悉部库现在拮据，非万分艰窘，曷敢遽请暂挪部款，惟舍此别无长策。"④

---

① 《内务府奏复请饬捐铜铁钱二局拨给钱文以应急需折》（咸丰五年八月十三日），《清代档案史料丛编》第 1 辑，第 49 页。

② 福锟等：《奏为库款支绌请饬户部拨给银两事》（光绪十七年十二月十七日），录副奏折，档号：03 - 6567 - 067。

③ 《内务府奏请饬户部拨借银两以济要需折》（同治二年八月十一日），《清代档案史料丛编》第 1 辑，第 78 页。

④ 广寿等：《奏为内库支绌请暂挪部款事》（光绪九年八月初八日），录副奏折，档号：03 - 6552 - 015。

此外，对于户部官员的责难和质疑，内务府大臣也予以否认。如户部将内务府财政的入不敷出归咎于内务府大臣没有实力整顿财务而致奢侈浪费，内务府大臣屡次发表声明，内务府"并无靡费之处"。

那么，在内务府大臣与户部的历次交锋和论争中，清廷最高统治者又是如何裁夺的呢？以下仅举几例以观之。

同治十三年四月，内务府修理南苑内团河行宫需要大笔工料银，请旨向户部借款，朱批"着户部如数拨给"。户部尚书接到谕旨后，上疏抗议，甚至抬出祖制，证明内廷工程银向由内务府自己筹备，不由部出。但皇帝的朱批却是"仍着户部如数赶紧拨给"。户部在抗议无效的情况下，不得不借银，但是请旨"嗣后各处工程如系内务府核算钱粮者仍由内务府支领"，得到允准。然而，是年八月，内务府又修旧宫，请照上次团河行宫工程例由户部借款，皇帝又一次允许。户部尚书再一次上折抗议，坚持此笔银子按照祖制不应该由部库支领，况且前次已经声明此后遇到该种情况应由内务府自己筹办。面对户部的据理力争，皇帝丝毫不为所动，态度强硬地批示："所奏着不准行，仍如数赶紧筹拨。"可见，皇帝明显偏向于内务府。是年九月，内务府又上奏请旨向户部借新修工程银。经过前两次的教训，这一次户部没有拒绝，而是做好了借款的准备："倘仍钦奉谕旨由臣部筹拨，惟有于各省京饷陆续解到之时再行挪凑拨放，总期工需、库款两无妨碍，是为深幸。"

同治十三年六月，由于日本的不断挑衅，清廷不得不布置海防，传旨户部"凡不急之需竭力撙节，将海防经费预筹"。① 户部抓住时机，企图打击内务府，彻底解决内府借款难题，户部在上奏中称"查部库不应放之款，惟内务府动拨次数最多，银两最巨，库款空虚实由于此。前数年尚未有太监口传交进银两之事，乃自上年九月起，叠次口传，部库放款内并无此项名目，倘即沿为故事，旧制既不相符，且与现奉谕旨未免相左。本部当顾全局，未便仍照内务府咨领开放，致误事机"。② 但是户部的打击似乎并不奏效，因为当年七月，内务府大臣奏称供备皇太后万寿庆典，广储司银两无存，奉谕旨"向部库拨银三十万两"。③

不仅如此，内务府大臣在借款之外，还以各种理由向户部需索更多更长久的添拨款项。咸丰八年，内务府大臣以借款次数过于频繁，若不及早通盘筹划，必然会不时上奏陈请，"不特时时陈请，为数无多，无济于事，诚恐上烦圣心"为由，提议"与其频繁奏请，仰渎圣听，何如未雨绸缪，从长计议"，即先借部银 10 万两以济急，而粤海关的 30 万两漏洞，则由户部每年拨给库平银 30 万两相抵。

同治、光绪两朝，在内务府大臣的努力下，清廷三次令户部加拨内务府常年经费。第一次在同治五年，自是年起，户部每年添拨内务府常年经费 30 万两。第二次自同治七年起，添拨经费每年加至 60 万两。最后一次添拨则在光绪十九年，数额为 50 万两，"内务府每年借拨户部款

---

① 《同治年间内务府与户部交涉款项成案》，《清内务府档案文献汇编》第 1 册，第 386 页。

② 《同治年间内务府与户部交涉款项成案》，《清内务府档案文献汇编》第 1 册，第 387 页。

③ 《同治年间内务府与户部交涉款项成案》，《清内务府档案文献汇编》第 1 册，第 388 页。

项约银五六十万两，嗣后着户部按年终于各省关项下另筹银五十万两解交内务府应用，并传谕内务府，有此专款，毋得再请由部借拨"。① 也就是说，自光绪十九年起，内务府常年添款加至 110 万两之巨。户部在万般无奈之下，只希望内务府大臣在添款之外，不再借拨额外款项。同治末年，户部要求内务府大臣"毋得再援近年之案，一面业经添拨外款，一面复请借拨部库银两"。②

同治末年，在内务府大臣与户部矛盾尖锐之际，户部尚书公开指责内务府大臣"于每年进款既不肯详细开列，于每年用款又不知如何递增"，并一度要求请军机大臣、大学士、九卿、科道共同会议，以划清内务府与户部之界限，"臣等与内务府大臣自应回避以免争执"。然而，当时的慈禧太后与同治帝却偏向内务府大臣一边，驳回户部的请求，"毋庸会议，谨力速拨"。

显然，在长期的纠纷中，内务府大臣始终得到皇权的支持。不过，作为清廷的最高统治者，皇帝和太后在每次内务府大臣与户部官员的角力中，为维持大局起见，仍然要表现出一副公正不阿的样子。晚清帝后数次下旨，禁止内务府大臣频繁向户部借款。慈禧太后曾下懿旨"内务府与部库本属判然，着内务府大臣将应用专项认真整顿，不得动辄借用库款"。光绪十七年谕旨：

---

① 《着内务府毋得再请户部拨款银事谕旨》，谕旨，档号：03 - 6634 - 101。
② 《同治年间内务府与户部交涉款项成案》，《清内务府档案文献汇编》第 1 册，第 233 页。

昨据内务府奏库款支绌，请由户部拨给银三十万两，当因数目过多，且径由部拨给，亦属不合，已降旨准由户部借拨二十万两以示限制。因思连年以来，该衙门请由户部借垫之款为数已巨，该堂官等倘不随时逐款严加稽核，任令司员等浮开冒领，一有不敷即请借动部款，此端一开，何所底止？兹特严切申谕，该堂官等嗣后务须督率司员，遇有事核实撙节，不准因仍积习，任意浮冒。如查有前项积弊，即着据实严参，倘因奉旨节省用款，借口推却，以致贻误要差，惟该堂官等是问。凛之。①

但是这道看似严肃的谕旨并不能阻挡内务府大臣向户部借款的脚步。次年年终，内务府大臣福锟等还是一如既往地递上奏折，请求户部借款，且数额高达 30 万两，较之往年没有丝毫改变。②

有时，皇帝也会对内务府大臣略施薄惩，以示众人。光绪十九年十二月，内务府大臣福锟等人又因年终放款不敷应用要求户部借款，皇帝特意下旨斥责他们变本加厉地借拨库款的行为，以管教司员不严、办事不力的罪名，将福锟、容贵、崇光、立山、巴克坦布五大臣集体交部议罪。尽管如此，对于其借款请求，皇帝还是没有办法拒

① 《着内务府堂官遇事核实撙节不准任意浮冒事谕旨》（光绪十七年十二月十八日），谕旨，档号：03 - 6567 - 086。
② 福锟等：《奏为内务府经费支绌请拨借户部银两事》（光绪十八年十二月二十一日），录副奏折，档号：03 - 6569 - 075。

绝，仍然要求户部"凑拨银三十万两，俾应要需"。① 至于
惩罚，也只是降两级留任以及例行的理论教育而已，"嗣
后该大臣等，务须督饬司员，将常年用款，核实撙节开
支，毋令任意糜费，致干咎戾"。②

从上述几桩案例中可见，内务府大臣与户部官员发生
财务纠纷之时，皇帝绝大部分时候是支持内务府的。户部
不管如何据理力争，最终都慑于皇权而不得不借拨。而内
务府大臣因为有皇帝撑腰，转而有恃无恐，但凡遇用银之
际，即请旨向户部借款。事实上，内务府向户部借款，本
质上就是皇帝向户部借款，皇帝自己不便出面，于是，作
为皇室"大管家"的内务府大臣就责无旁贷了。从这一层
面上来讲，内务府大臣在历次财务纠纷中充当着皇帝的代
言人、传声筒和挡箭牌的角色。这也是内务府大臣可以一
次又一次理直气壮地向户部开口借钱，而户部在不断抗争
又不断受挫的情况下不得不妥协的根本原因。

在国势衰弱、内忧外患不断的时局之下，以慈禧太后
为首的皇室不但不勤俭节约、励精图治，反而穷奢极欲，
在内府无钱供应之时，竟然频繁向户部伸手要钱，全然不
顾国家民族利益，以致库款亏空，无力筹拨军饷，更加无
力改善民生。内务府大臣在其中起着推波助澜的作用，实
是皇室的帮凶。同时也说明，在封建皇权专制体制下，往
往家国不分，尤其是在时局动荡、国势日衰的晚清，要做
到内府、外库互不牵混，几乎是不可能的。

---

① 《清德宗实录》卷331，光绪十九年十二月癸酉。
② 《清德宗实录》卷332，光绪二十年正月壬辰。

既然内务府大臣只是充当了皇室的代言人而已，那么，对于这场旷日持久的内廷财政危机，朝中屡有大臣上疏，其矛头多指向内务府大臣，同时亦隐含着对皇权的无情批判。

管廷献上《请节靡费疏》，认为现在"理财不在开源也，亦节流而已；不变法也，亦法祖而已"。他以康雍乾三朝岁入不多而又常年用兵尚有余款为例，进而指责现在财政之所以拮据，原因并不在于收入减少，而是在于官员的侵吞浮冒，"以昔之所出计今之所入，每岁应盈余五千余万，而部臣犹以拮据为虑，不知此五千余万者果皆实用实销为必不可少之款乎？抑蒙蔽侵蚀而尽付诸不可知之数乎？"若要抑制浮冒之风，皇上就必须以身作则，力行俭约。而要节省宫中用度，内务府大臣的作用不可谓小。他又举乾隆朝内务府大臣裁减浮费、厘剔积弊，成效颇佳，内府不仅无须奏拨库款，反而每年将盈余库银拨给户部之例，证明事无巨细，只要节俭务实都将日见其效。言下之意，即是指摘现在国家财用不足，很大程度上是因为以内务府大臣为主的理财之员不知节俭、侵蚀靡费。

而同治朝大学士倭仁更是一针见血地指出，内务府岁费的骤增全在于皇室的奢华。他公开上《请崇俭疏》，劝谏统治者应以国家、黎民为重，废除浮华，躬亲节俭，以为百官表率。他开篇即针对内务府奢办皇帝大婚典礼一事，以古圣君汉文帝、明帝以及清朝先祖世宗、宣宗为俭朴之典范，劝谏皇帝以身作则，崇尚节俭，"伏思宫廷系四表观瞻，节俭始于躬行，斯风化及于海内，上行下效，理固然也。……近闻内务府每年费用逐渐加增，去岁借动部库百余万两。国家经费有常，宫廷之用多，则军国之用少。况内府金钱，皆闾阎膏血，任取求之，便踵事增华，而小民征比棰敲之苦，上不得而见也，咨嗟愁叹之声，上不得而闻也"。①

在清廷的体制下，内务府大臣为皇帝搜罗、储备、经理钱财，他们与皇帝是两位一体的。因此，同治九年，当翰林院编修黄彭年上奏时局维艰，劝谏皇上勤于修省时，皇帝当即就表示自己愿"躬行节俭为天下先"，进而要求内务府大臣于一切用款力求撙节，不得任意加增。② 皇帝的钱财由内务府大臣统理，皇帝节俭当然就是要内务府大臣控制用度。二者之间的亲密关系显而易见。

正因为皇帝与内务府大臣是一体的，故而有人弹劾内务府大臣经理内府财政不力而致内务府用款日增之时，皇帝却多方包庇，总是以"汝等外边，实不能深悉内府用度""宫闱一切用款，本非外人所得周知"为由，一一驳回。可见，在皇帝的心目中，内务府大臣是自己人，而其他朝臣则是"外边"。既然如此，那么他们与皇帝关系的亲疏远近就不言自明了。

晚清内务府长期陷于财政危机中不能自拔，一方面暴露了内务府这一机构自身弊病丛生，积重难返；另一方面也反映了咸丰以降，清朝国力的日渐衰微，内务府财政的枯竭，正是晚清国家财税不敷、内忧外患的真实写照。而内务府大臣与户部的纠纷，实则体现了封建君主专制制度

---

① 倭仁：《请崇俭疏》，葛士濬辑《皇朝经世文续编》卷50，台北：文海出版社，1972，第1329页。

② 《清穆宗实录》，同治九年十月丙辰。

下家国不分的一面。

虽然从制度上说，"中国古代是天命王权，皇帝奉天承运才能统治，是受天的委托而进行统治的，如果统治不好，就要被天抛弃。所以皇帝、天子不能恣意妄为，而要敬天保民。官僚制度的建立和发展，更使政治制度的运行成为国家的专门机制，不是天子、皇帝个人可以左右的，公、私在这里是有区分的"，① 但是家国同构作为中国古代政治体制的一大显著特征却是不容置疑的。在皇权体制下，君主往往有把国家当成自己私产的思维倾向，恣意妄为。清代也是如此。虽然清朝祖宗定制，有内府和外库之分，内府专备皇帝及内廷消费，是皇帝自家私产，外库则供备国家军政大事，乃国家财产，表面上似乎将家与国划分开来，毫不牵混。但实际上并非如此。

学界普遍认为，尽管清代标榜宫中、外库财政分离，但内务府并未真正做到经济独立，而是不同程度地依赖户部拨款。内务府成立之初，户部即给予其拨款，初期不定时，亦无定数，殆至乾隆年间，户部拨款成为常规，数额也被裁定为每年 60 万两。因此，户部拨款为内务府的重要经费来源，甚至有学者认为"户部拨款自始即为内务府的基本经费来源"。② 晚清以后，内务府大臣更是依恃皇权的支持，不断从户部拨款以为皇室和内廷之用，户部虽然有制度上的理论支撑，但是在皇权的威慑以及内心忠君思

---

① 　马克垚：《论家国一体问题》，《史学理论研究》2012 年第 2 期，第 35 页。

② 　申学锋：《晚清户部与内务府财政关系探微》，《清史研究》2003 年第 3 期，第 44 页。

想的驱动下，不得不拨款。这一点也足以说明，在以家国同构思想为指导的封建君主专制体制之下，皇帝一人独裁，而所谓的制度和规定都是人为的，皇权可以凌驾于一切制度和规定之上。从而，家与国也不可能从根本上划清界限。

第五章　制度缺失与家国利益：
总管内务府大臣与晚清
内务府的腐败

　　晚清贪污腐败之风盛行，其中"积弊最深，莫甚于户工两部与内务府"。[①] 内务府系清代综理宫禁事务的专门机构，它的腐败对清末政治产生了恶劣而深远的影响。著名清史专家郑天挺先生称内务府为"奢汰贪婪之薮"，因其操持皇室财富，取索漫无限制，典藏亦无稽考。[②] 尽管内务府腐朽早已成为学界共识，但针对该问题的专题论述尚不多见，仅有部分学者在讨论晚清财政问题时提及内务府的消耗，且多归咎于皇室的奢靡，[③] 对腐败的深层原因及其政治内涵挖掘不够。有鉴于此，本章将充分运用中国第一历史档案馆馆藏内务府档案，结合其他文献史料，从内

---

① 乌尔庆额：《奏请饬户工两部内务府认真查究各库书役把持朋充舞弊营私冒领冒报等事》（光绪十九年十二月初九日），录副奏折，档号：03－6570－066。

② 郑天挺：《清史》，台北：知书房出版社，2003，第 241 页。

③ 如祁美琴《清代内务府》；何烈《清咸、同时期的财政》，台北："国立"编译馆，1981；申学锋《晚清户部与内务府财政关系探微》，《清史研究》2003 年第 3 期；陈勇《晚清税关与内务府财政关系管窥》，《暨南学报》2013 年第 1 期；滕德永《清季内务府与北京银号借贷关系浅探》，《北京社会科学》2013 年第 5 期；等等。

务府大臣自身的严重腐败及其对于下属人员克扣浮冒行径的庇护两方面入手，揭露晚清内务府机构内部自上而下的腐朽，深入探讨晚清内务府腐败之原因，并尝试在清末满汉、家国冲突的语境下，论述腐败问题的发酵及影响。作为"朝廷中的朝廷"，内务府的腐败无疑是清代整个吏治腐败的一个缩影。内务府大臣的腐朽、无为、无能则随着清王朝的江河日下而日渐显露，为时人揭露、抨击。事实上，内务府是清代皇权的一个典型象征，与皇权相伴相生，内务府大臣在很大程度上扮演着皇室代言人的角色，内务府大臣的无能和腐败，象征着皇权的腐朽没落。而时人对内务府大臣的抨击和改革建议，实际上是对皇权的不满和希冀改革。内务府大臣在面对各方压力时的回应，则代表着清末皇权在困境中的艰难自保。

第一节　积重难返：晚清内务府大臣
及内务府腐败概况

一　内务府大臣自身之腐败

如前所述，清代内务府综理宫廷服舆、宴飨、钱粮、造作、库藏、典礼、赏赉诸事，主持宫苑、陵寝工程，管理皇庄、官房租库，兼理榷关、盐政、织造等，职权广泛，许多都涉及钱粮财用，无不有利可图。故而，内务府官职被视为肥差，清代"满员之任京秩者以内务府为至优厚"。① 同

---

① 李岳瑞：《春冰室野乘》卷上，广智书局，1911，第55页。

时，内务府也极易滋生腐败之弊。清前中期，处于创设和发展期的内务府由于实行了严格的奏销、监察制度，加之皇帝勤俭、内务府大臣负责，其系统运作良好，尤其是财政管理卓有成效。近代以降，随着清廷统治的江河日下，封建帝制的种种弊端日渐凸显，腐败风气蔓延，其中又以内务府为最盛。晚清内务府浮冒贪污之风盛行已经成为时人共识，"用项之浮冒、风气之奢华，以内务府为最，凡宫廷修造传办及一切用项，无论巨细，每用一款皆浮开十数倍之多。该司员等视差事为利薮，是以多方馈略，百计营求，而侈靡成风，阖署皆然"。①

作为内务府的最高长官和统领者，内务府大臣一不小心就会掉进罪恶的陷阱。清前期，内务府大臣虽不乏腐朽之辈，但总体而言，还算持官尚谨。到了晚清时期，封建帝制的各种弊端日渐凸显，内务府大臣中敛财之辈也层出不穷，"前文锡父子专擅内务府十余年，今富可敌国，现任内务府大臣及司员主要差者无不坐拥厚资，悠然自得"。同时，内务府大臣腐败案不断，很多是震动一时的巨案，牵连众多，不少人因此纷纷落马。特别是同治末年至光绪初年，接连发生几宗大案，内务府大臣丑态百出，暴露出晚清吏治腐朽，官员贪婪骄奢、以权谋私、懦弱无能的一面。兹择其要案简述如下。

1. 同治朝李光昭报效木植浮冒公款案

同治末年，内务府爆出一桩丑闻，即李光昭报效木植

---

① 周德润：《奏请饬内务府大臣广寿严饬司员革除浮冒奢华之风认真核计用款据实开销事》（光绪九年二月初五日），录副奏片，档号：03－6608－008。

浮冒公款案，此案牵连甚广，不少内务府大臣牵涉其中。李光昭本是广东嘉应人，在湖北汉阳贩卖木植、茶叶，同治元年（1862）捐候补知府。同治末年，他借内务府重修圆明园之机，与内务府大臣时署内务府堂郎中贵宝、笔帖式成麟等搭上关系，主动呈请报效修园木植，欲从中贪谋公款。贵宝带他面见内务府大臣，得到批准后，他们上下其手，浮开木价，中饱私囊。后来，李光昭在天津海关与洋商发生纠纷，为直隶总督李鸿章发觉，经过审讯，发现事有蹊跷。在上报同治帝后，李鸿章展开调查和审讯，最后得知，李光昭所办木植系买自法商，价格仅为洋元五万四千余元，但他在内务府报销时竟浮开至三十万两之多。不仅如此，他还冒称园工监督、皇帝内使近臣，到处招摇撞骗。①

此案一发，朝野哗然。李光昭胆大妄为，种种不法罄竹难书，被定斩监候，秋后处决自是没有异议。但内务府大臣任其蒙混，浮报银两也是严重失职，其中勾结情弊不知凡几。特别是内务府大臣时任堂郎中贵宝与李光昭私交甚密、相互勾串，为朝臣纷纷揭露、弹劾，要求严惩不贷。

早在结案之前，湖广道监察御史陈彝就上奏，认为只将李光昭革职惩办还远远不够，内务府大臣也难逃干系。"惟人情诈伪百端，九重之上岂能一一尽察，原赖大臣秉公执正，俾无从售其诈谋"，但内务府大臣在为李光昭请求代奏时，非但不详加查验，反而含混欺蒙，使奸人得以蒙混过关，若非李鸿章因洋商控诉而清查，后果将不堪设

---

① 《李光昭案略》，《申报》1874 年 10 月 22 日，第 1 页。

想。他指责内务府大臣"办事含糊，所谓公忠体国者安在？"请旨将内务府大臣等议处，以惩前毖后。①

江南道监察御史陈凤翔也附议，他认为各衙门办事，堂官总其大纲，而具体细节全赖司官核计，"故向例处分司官重于堂官，况内务府事件统由堂郎中核办，其责任尤专，更非他衙门掌印、主稿司官分任者比"。李光昭之事，都是时任内务府大臣贵宝在署理堂郎中任内处理的，二人私交不浅，李光昭之所以能够欺罔朝廷，全赖贵宝幕后主导，朝廷必须将贵宝严惩，"以伸国法而儆官邪"。②

由于此案牵涉不少内府中人，而且与同治帝重修圆明园之议有着莫大关联，因此朝廷并不想深究。在廷臣的一再弹劾下，皇帝不得不将内务府大臣贵宝革职，为了堵住悠悠众口，又下旨将牵连的其他内务府大臣全部交部议处。但是，他在谕旨中尽量将此事大事化小，只是批评内务府大臣办事不够认真而已，"总管内务府大臣于该革员先后具呈时，并不详查驳诘，遽为陈奏，实属办事欺蒙，咎有应得"。最后将内务府大臣集体以溺职罪革职。不过，这种惩罚明显只是敷衍了事，因为没过几天，已革内务府大臣崇纶、明善、春佑都被加恩改为革职留任。③ 之后，此案不了了之。

2. 光绪朝内务府大臣茂林兄弟占用官地案

茂林，正白旗满洲人，光绪三年（1877）正月由武备院卿升任总管内务府大臣，其兄庆林，时任奉宸苑卿，兄

---

① 《七月二十六日发抄事件》，《申报》1874 年 9 月 22 日，第 4 页。
② 《八月初一日京报全录》，《申报》1874 年 9 月 28 日，第 4 页。
③ 《清穆宗实录》卷 369，同治十三年七月戊午、己巳。

弟二人均在内务府当差。他们利用职务之便与觉生寺僧人私下交易，将该庙随庙官地九龙岗据为自家坟地，建茔开濠。内务府大员占用官地，损害龙脉一事不胫而走。

光绪四年三月，御史余上华奏称，九龙岗为觉生寺祈雨设坛之所，上年被内务府大臣茂林与其兄庆林占用，营建坟地。传闻掐断龙脉，以致本年祈雨不灵，因此请旨彻查。因此事关乎祈雨、龙脉，皇帝非常重视，立刻派全庆、徐桐前往觉生寺调查。结果查得，茂林所立坟地，确是擅用官地无疑。他利用职权与僧录司正印僧人真实勾结，真实授意寺僧显澄换卖官地，给予折地银两，并立券具结，显澄贪财，遂大胆将官地私下商卖。茂林、庆林兄弟占用官地之罪既已坐实，经大学士管理吏部事务宝鋆等商议，拟将内务府大臣茂林定为革职留任，奉宸苑卿庆林革职处理。[1] 但是皇帝对擅自占用官地一事不能容忍，认为此案情节较重，"仅予革职，不足蔽辜，茂林、庆林均着即行革职，发往军台效力赎罪"。[2]

茂林身为内务府大臣，却利用职权之便与僧人交结，占用官地，暴露了晚清内务府大臣滥用职权、以权谋私的一面。

3. 光绪朝内务府大臣安兴阿纳贿营私案

安兴阿，光绪四年十二月以正黄旗汉军都统充总管内务府大臣，光绪五年六月即遭到御史弹劾。御史邓庆麟奏

---

① 宝鋆等：《奏为遵旨严议总管内务府大臣茂林等员私行商换觉生寺官地建茔开濠处分事》（光绪四年四月初八日），录副奏折，档号：03 - 5128 - 138。

② 《清德宗实录》卷71，光绪四年四月丁亥。

称，已革银库郎中连荫为谋取库缺，贿赂库掌萨隆阿，代其贿送署理内务府印钥大臣安兴阿银四千两，安兴阿收受贿赂，将连荫拟正保举引见。他还参奏安兴阿纵容其子福森布与门丁冯姓在其所管之处任意向人勒索。另外，郎中广善等人与安兴阿私下往来，干预公事，等等。

兵部尚书广寿、刑部尚书潘祖荫等彻查后，发现此案确有不少疑点。例如，关键人犯萨隆阿查无其人，安兴阿家人冯姓不知去向，而安兴阿所称与事实也不相符。[①] 但安兴阿拒不认罪，辩称自己并不是贪污，只是"办事未能细心"而已，特别强调自己上任不久即遇拣选库缺之事，实在不知道各人的情形及有无劣迹，而冯姓家人的去向自己也正在派人查找。[②]

由于关键人犯萨隆阿、冯姓家人均不见踪迹，此案无从审查，不得不草草结案。经大学士管理吏部事务宝鋆等查章呈奏，内务府大臣安兴阿最终处以革职。[③]

4. 光绪朝内务府大臣俊启案

俊启，内务府笔帖式起家，历任内务府郎中、粤海关监督、镶红旗汉军副都统，光绪八年三月任内务府大臣。他在任上贪污腐败，生活奢靡，广置房屋田产。其腐败行径为御史张观准得知，张观准因职司言路，有风闻言事之

---

① 广寿、潘祖荫：《奏为遵旨确查御史邓庆麟奏参内务府大臣安兴阿被参各款情形事》（光绪五年六月二十四日），录副奏折，档号：03-7386-058。

② 安兴阿：《奏为遵旨回奏御史邓庆麟所参办事失察各节恳自请从重治罪事》（光绪五年七月初二日），录副奏折，档号：03-5140-001。

③ 宝鋆等：《奏为遵旨议处总管内务府大臣安兴阿纳贿营私案处分事》，（光绪五年八月十一日），录副奏折，档号：03-5141-043。

权，便以此要挟俊启，向其借银一万两。俊启不肯借钱，又怕得罪于他，惹祸上身，于是送给银一千两堵其口。

光绪九年，河南道监察御史刘恩溥将俊启、张观准二人的卑鄙行径曝光，他在折中写道："总管内务府大臣俊启行止不端，玷辱名教，臣以其事甚猥亵且多暧昧不敢形诸奏牍。……此外劣迹昭著，传闻者尚多。臣久拟纠参，因无确据，恐蹈子虚，且牵涉二品大员名节，所关尤不容轻为污蔑。因细加访察，众论金同，是以不避嫌怨，据实入告。"请旨将二人分别治罪以儆效尤。①

吏部尚书广寿等遵旨查办俊启案，又查出了俊启的诸多劣迹。他不仅与张观准财贿交通，而且贪婪营私、大兴土木、广置房屋，"俊启与张观准若无深交，揆之人情，断难贸然告贷巨款，其所呈张观准原信有迓承雅意之语，来文断未置辩，而俊启复书亦自称素有热肠，是平日财贿交通已无疑义。此次张观准为无厌之求，俊启乃行拒绝，仍不敢立时举发，厥罪惟均。且俊启自任内务府大臣以来，趾高气扬，营建房屋，达巷连衢，楼台相属，物议沸腾，均谓其有逾定制。土木之工至今未已，侈于自奉，极欲穷奢。并闻其粤海任内应交之款尚未交清，是其营私玩公已可概见。参考舆论，声名甚属平常，实于内务府风气大有关系"。②

俊启最终被开去总管内务府大臣差使，降三级调用。

---

① 刘恩溥：《奏为特参给事中张观准有招摇情事总管内务府大臣俊启行止不端请分别惩治事》（光绪九年正月十三日），录副奏折，档号：03－7411－007。

② 广寿：《奏为遵旨查明给事中张观准内务府大臣俊启劣迹昭著据实具奏事》（光绪九年二月初七日），录副奏折，档号：03－7411－012。

俊启一案，暴露出晚清内务府大臣贪婪营私和胆小无为的卑劣一面。

上述四大案只是晚清内务府大臣腐败案的代表而已，当时内务府大臣的种种奢靡、贪污、以权谋私、无能和卑鄙至极由此可见一斑。

晚清内务府大臣的腐败还体现在其对所属事务不尽心，疏于职守上。特别是到光绪中叶以后，许多内务府大臣庸碌作为。当时有人作诗嘲谑这种现象，诗曰：

> 嵩不知，（指嵩申）
>
> 巴不管，（指巴克坦布）
>
> 糊涂中堂填，（指师曾，本姓田，填与田同音，寓其贪得无厌）
>
> 禁不住，
>
> 肩臂软，（指崇光，本姓金，与禁同音，此句寓其凡事无担当）
>
> 末后跟之文四眼。[1]（指文琳，此人近视，一刻不能离开眼镜）

内务府大臣的端拱无为，直接造成内府大权旁落堂郎中之手。至光绪年间，内务府之事一切皆由堂郎中做主，"该堂郎中等专司其事，遂得高下其手，无论何事但能合伊等之意，即先行看稿画押，呈堂举办"。[2]

---

① 崇彝：《道咸以来朝野杂记》，第3页。
② 英俊：《奏为内务府拨用部款不符请令造报饬查事》（光绪七年五月二十五日），录副奏折，档号：03-6549-026。

晚清内务府大臣贪腐成习，严重影响了内务府及皇室的声誉。不过，其中也偶有出淤泥而不染、清廉自持、为官有道者。比如同治朝内务府大臣魁龄，一生为官清廉，"处脂不润"。他于同治十一年任内务府大臣，当时，内务府为明善、贵宝等人把持，他们迎合圣意，屡次上奏请同治帝兴修圆明园，想从中渔利。魁龄则对此事表示反对，因而受到他们的诋毁和排挤，郁郁不得志，"每月请假恒数次。其甲戌门生谭叔裕、宗浚时往谒，但长叹公事难办而已"。①

内务府大臣广寿，于光绪四年由兵部尚书兼管内务府，同时兼署吏部尚书，可谓位高权重，但是他从不滥用职权，谋一己之私，而是两袖清风，持身甚谨，当时有同僚赞他"事理通达，风裁峻整"。② 内阁学士周德润曾上疏奏陈内务府浮冒之风亟待整顿，而内务府大臣广寿"持躬尚谨"，建议朝廷责成广寿办理此事。③ 可见广寿廉洁、正义之形象深入人心。

光绪初，荣禄任内务府大臣，敢于直谏。相传，一天，德宗皇帝想提用内帑五百两购买木瓜，竟遭到内务府大臣荣禄的拒绝，荣禄认为宫内所需木瓜早已供应，即便想添购，又何需如此巨款，惹得皇帝大怒："汝欲靳吾用钱耶?"荣禄正色答道："内务府度支出入，毫厘皆须簿记，未便无

① 杨钟义：《雪桥诗话》卷 12，《雪桥诗话全编》第 1 册，人民文学出版社，2011，第 686 页。
② 何刚德：《春明梦录》卷上，上海古籍出版社，1983，第 30 页。
③ 周德润：《奏请饬内务府大臣广寿严饬司员革除浮冒奢华之风认真核计用款据实开销事》（光绪九年二月初五日），录副奏片，档号：03 - 6608 - 008。

名提拨也。"皇帝无言以对，只好作罢。[1]

二　内务府属员之腐败

晚清内务府腐败成风，内务府大臣以下，大小官吏各显神通，克扣物资、勒索使费、浮冒公款，无所不用其极。其中，地位仅次于内务府大臣的内务府堂郎中，贪污最甚，相传其一年的收入多达两百万金。比如，庚子年被祸五大臣之一的光绪朝内务府大臣立山，即原为堂郎中，时人称其"任堂郎中最久，家资累千万，故为拳匪所瞰也"。[2] 光绪朝内阁学士周德润也认为，内务府浮冒奢侈，其中又"以堂郎中为尤甚。其婚嫁、宴会、衣服、车马，穷极奢华，为富豪所未有。每见开差任满回旗者，或挟资数十万、百万不等，只供数载之挥霍，转瞬即忧贫乏，其风气尚可问乎?"[3]

高级官员而外，不少中下级官吏也利用差使之便钻营致富。他们克扣物资、勒索使费、浮冒公款、把持要差，无所不用其极。特别是同治末年以后，内务府司员的腐败行径屡为外间得闻，舆论哗然，朝中御史的纠参也日益频繁。虽然其中不乏捕风捉影之事，但我们从这些弹劾中也大致可以勾勒出内务府在时人心目中的不堪的形象。

有弹劾内务府人员损公肥私、生活奢靡的。光绪十

---

① 徐珂：《清稗类钞》卷32《谏诤类》，中华书局，2010。
② 李岳瑞：《春冰室野乘》卷上，第55页。
③ 周德润：《奏请饬内务府大臣广寿严饬司员革除浮冒奢华之风认真核计用款据实开销事》（光绪九年二月初五日），录副奏片，档号：03 - 6608 - 008。

年，广东道监察御史恩隆奏参内务府司员膳房尚膳副福祥侵吞公款，以浮冒公款致富，在京西黑塔村等处广置房屋田产，生活极尽奢华，请旨将其严办，以惩戒贪婪之辈。①

有揭发内务府司员克扣工资、侵吞公款的。光绪十三年，掌山东道监察御史金寿松风闻内务府营造司柴炭库新换笔帖式刘鹏龄兄弟与该库帮办诸人朋比为奸，大肆侵吞柴炭库款，甚至该库一百二十余名匠役每月应领的口分钱一百二十余两也大半落入他们的私囊，自己"房屋裘马焕然一新"，而匠役们则"几至枵腹当差"。金寿松得知此事后，立刻上疏朝廷，请派内务府大臣彻查，务必将此等小人绳之以法。②

还有不少人纠参内务府中人勾结舞弊，以各种名义敲诈勒索。光绪二十一年，陕西道监察御史敬佑上疏纠参内务府银库库帐庆成等人勾结舞弊。其称，以庆成为首的一伙人在各省关报解内务府饷银时，勒索额外费用，并与银库库官勾结，在外私放高利贷，还在饭馆、酒肆等地开放领银，以致在外间有"靴库"之名。所谓"靴库"，即库官靴筒内带有银票之意。而内务府大臣对此却置若罔闻，以致库官们更加肆无忌惮。更有甚者，广储司银库司吏龚珍曾因冒充崇文门收税官收受私税以及假造官文冒领库银而被捉拿在案，此等有污点之人本不该再被录用，但在庆

---

① 恩隆：《奏为特参内务府司员福祥侵蚀公款请旨查办事》（光绪十年十二月二十四日），录副奏折，档号：03-5191-074。

② 金寿松：《奏为风闻内务府笔帖式刘鹏龄等员剥削侵吞柴炭库款请饬查参处事》（光绪十三年十一月初六日），录副奏片，档号：03-5229-027。

成的推荐下，此人谋得了掌案书吏一职。后来，庆成捏称工部制造库来文做金活，又勾结銮仪卫书吏马六，伪称銮仪卫有金活，先后冒领内廷黄金两百多两。敬佑在折中疾呼："朝廷帑项为伊等囊中之物，致款项在在不敷应用，良由舞弊已久，积习太深，若不从严惩办，何以禁贪污而重国帑？"①

内务府大臣属下司员的腐败，不仅体现在对钱粮的克扣侵吞上，还表现为许多人长期把持要职，甚至利用不法手段谋取职务。

比如，内务府广储司六库，分别为银库、缎库、衣库、皮库、瓷库、茶库等，经理内廷各种物资，六库司员负责内廷物资的出入，事务繁重，责任攸关，被视为肥差。按照清廷定制，各部院司员任局库差使期满后，必须十年以后方可保送其他差使。至于内务府六库司员，按规定，三年一换。六库中又以银库为最肥，故而银库司员职务最为内务府属员觊觎。其他各库司员任满后，每每利用各种手段百般钻营，以求得调任银库之机会。尤其到光绪年间，由缎库调任银库者比比皆是，而始作俑者正是后来官至内务府大臣的巴克坦布。光绪三年，巴克坦布由缎库郎中调到银库，从此，缎库郎中、员外郎调任银库者不一而足。钻营者也纷纷效仿，谋求缎库职务，希冀将来可以援例调补银库。光绪九年，巴克坦布之兄齐克森布也仿照胞弟之先例，由缎库郎中调补银库，一时间舆论哗然。陕西道监察御史俊义

---

① 敬佑：《奏为特参银库库帐庆成等员舞弊招摇请旨饬查严办事》（光绪二十一年），录副奏折，档号：03-5331-012。

站出来，指证齐克森布才德平庸、人极懒惰，在前任内与属员上下其手，朋比为奸，请旨彻查。^① 然而，虽屡遭参劾，内务府司员还是一如既往。银库司员既成为争夺的焦点，每每有缺出，都因各种利益纠葛和争夺不休而悬空良久。光绪二十年，银库郎中继禄升任奉宸苑卿，其空出的郎中缺虚悬两个多月，都没有最终拣定人选，可见其中利益纠葛之深。据巡视北城御史齐兰奏报，内务府六库之间常有互相调任之事，即某员在此库将届期满，即调至彼库任职，如此，则可以长期占据要差，"名为以资熟手，实则各遂私谋，毫无顾忌，挟势交争"。^②

第二节　制度与人：晚清内务府大臣及内务府腐败原因探析

作为"朝廷中的朝廷"，内务府的腐败无疑是晚清吏治腐败的缩影。深究其内因，则主要缘于制度上的缺陷以及人为的推波助澜。一方面，内务府管理的封闭性以及监督机制的失效为内务府大臣及其属员腐败提供了便利；另一方面，晚清内务府大臣整体素质的降低、皇室的奢靡与包庇更加剧了其腐败程度。具体而言，有以下几个原因。

第一，内务府管理的封闭性与腐败有着直接的关系。

---

① 俊义：《奏为特参内务府郎中齐克森布夤缘取巧调补库差请旨饬查严惩事》（光绪九年二月二十一日），录副奏折，档号：03 - 7411 - 018。

② 齐兰：《奏请饬内务府严定库员拣选任用章程事》（光绪二十年十二月二十一日），录副奏折，档号：03 - 6571 - 021。

由于内务府以处理内廷事务为主，其主要职责也在于"奉天子之家事"，虽然内务府大臣在履行职责时往往牵涉外廷事务，但总体来说，内务府依然是一个相对较为封闭的组织。内务府大臣的所作所为也很少为外人知晓，这就为腐败的滋生提供了便利条件。

以财政为例。内务府大臣综理内廷财政，管理内库，但是内库钱财不似户部用于军国大事，而是专备内廷之用，也就是说，内帑属于皇帝家财，皇帝用钱，臣子安敢查核？故而，内务府大臣有恃无恐，"夫侵吞国帑，例有刑章，若辈恃以无恐者，以内府之用款事备宫廷，外臣不敢发其核也"。[①]

在人事制度上，内务府也自成一体。清制，内务府缺只用内府中人，并且，内务府大小官缺都由内务府大臣负责拟定正陪引见，八品以下差使，由内务府大臣全权做主。[②] 外人既不得涉足内务府官缺，也不得插手内务府选官、用人诸事，如此封闭的管理体制，为内务府大臣以权谋私提供了便利。

再如，内廷工程管理上的自闭，使得每次土木之工都成为内务府大臣贪污公款的绝好时机。晚清统治者一再大兴土木，如同治重修圆明园、三海、瀛台，慈禧修颐和园以及各处行宫，都耗费大量国帑。这些工程均由内务府大臣承办，而如前文所述，管理内廷工程处大臣一职也多由内务府大臣兼摄，这种管理体制无疑为内务府大臣洞开了

---

① 余上华：《奏为具陈内务府浮冒用款日甚请特派王公专司查察事》（光绪四年三月初一日），录副奏折，档号：03-5664-019。
② 《钦定总管内务府现行则例》第2册，第46页。

犯罪的大门。

第二，晚清内务府监察机制日渐流于形式。

清代内务府事务除由内务府大臣负责总监督外，还设有御史协同稽查，有弹劾、题奏之权。① 然而，随着时间的推移，内务府监察机制逐渐失去效力，流于形式。作为内务府的最高长官，内务府大臣对其属员负有监督责任，但是，晚清内务府大臣多疏于职守，对下属人员的腐败行径往往采取纵容包庇的态度，对外界沸沸扬扬的舆论也充耳不闻，致使内务府腐败风气日盛一日。甚至每遇案发，当御史参劾、朝廷下旨彻查时，他们不仅不据实上报处理，反而为规避责任多方掩饰，或者草草结案，企图蒙混过关。

同治十一年（1872），河南道监察御史张景青弹劾内务府堂郎中文锡承办公事时，巧于营私，依恃其父为内务府大臣，肆无忌惮，浮冒公款，请旨撤其差使，另派廉谨之员承办。② 同治帝下旨命时任内务府大臣存诚、崇纶、春佑三人彻查。而存诚等人竟称没有查到文锡有任何浮冒侵蚀等情弊，只是他在承办皇帝大婚典礼一切差务时处置不得当，因此落人口实。③

光绪二年（1876），御史张观准纠参内务府银库司员把持库款，任意侵吞，每遇放款就需索使费。④ 但内务府

---

① 《清世宗实录》卷43，雍正四年四月乙酉。
② 《六月初二日京报全录》，《申报》1872年7月29日，第5页。
③ 《清穆宗实录》，同治十一年五月丁未。
④ 张观准：《奏为风闻内务府银库司员把持库款任意浮冒侵吞请饬该总管大臣认真查办事》（光绪二年），录副奏片，档号：03－6542－054。

大臣辩称，银库放款都由大臣酌量发放，并无司员故意延搁、坐扣使费之事。①

光绪六年，掌广东道监察御史邓庆麟听闻内务府广储司银库库掌李元裕以其子李惠龄代办差务，而李惠龄任性妄为，擅作威福，不仅大肆克扣银两，收受人情谢礼，还伙同郎中广升在城内开设多家银钱账局，重利盘剥，生活骄奢，仆从如云。邓庆麟身为言官，认为"既有所闻，不容缄默"，更何况内廷要地，事关重大，内务府大臣应详细彻查，"以清积弊而儆效尤"，否则"日久必更胆大妄为，酿成巨案"。② 而内务府大臣的彻查结果却与邓庆麟所奏大相径庭。他们上奏说，李元裕并没有让儿子代办差务，李惠龄其实也在库账上效力，而邓庆麟折中所列罪状经过他们的访查，最终也都以"未闻有任性妄为，擅作威福情事""并无前项情事""从无挪移扣留"等一一驳斥。最后，此案的审讯结果是，邓在折中所参劾的各项弊端都是莫须有，但是李惠龄既然遭到外界的指责，"其平素在外不自检束已可想见，今既招有物议，未必尽属无因"，而李元裕不能管教其子，也难辞其咎，故父子二人都被逐出银库，革去差使，剥夺披甲钱粮。李家父子均被革职，如此的审判看似公正，但实际上是，内务府大臣并不想承认其属员在任上有外界传言的种种积弊，而将他们屡被参

---

① 总管内务府大臣：《奏为遵旨查明银库司员并无把持库款坐扣使费等情事》（光绪二年六月十七日），录副奏折，档号：03－6542－058。

② 邓庆麟：《奏为风闻内务府广储司银库库掌李元裕任听其子代办差务等情请旨饬查严惩事》（光绪六年二月二十二日），录副奏折，档号：03－7386－066。

劾的原因归结为平时在外太过招摇、不够检点而已，纯属
个人原因，不是内务府本身之过。因而，此案中李家父子被
逐出内务府银库，也只是为了堵住悠悠众口而已，是内务府
大臣希图规避责任而不得不做出的决定。

光绪七年十二月，御史清漪因内务府广储司银库员外郎
曾润、文佩在任已经超过三年限期，但内务府大臣并没有照
例呈报更换而上折纠参，他还称两人经常趁各处领款之时，
从中克扣勒索。但内务府大臣在奉旨彻查时，上奏称，曾
润、文佩确实已经三年期满，只是现在正值清查六库之年，
所以照例留下他们清查款项，等清查后，即刻更换。至于
御史所参劾的克扣勒索等弊，则并不存在。因为银库放款
都由内务府大臣监督核实，员外郎等人无从舞弊。皇帝仍
是一如既往地听信内务府大臣之言，判决曾润、文佩被告
罪行查无其事，毋庸置议，只是象征性地将不准舞弊等语
重申一遍，要求内务府大臣留心稽查，"惟库款关系至重，
仍恐日久弊生，该大臣等务当随时认真稽查"。①

由上述案件亦可窥知，内务府大臣对下属司员的腐败
实情并非一无所知，他们也承认内务府司员不无贪污浮冒
之嫌疑，但他们并不想深究，而是尽量为其开脱，辩称
"此中情形不能尽责之于浮冒也"。②

由于内务府大臣的庇护，言官对内务府人员的弹劾屡被
驳回，导致御史监察有名无实。光绪九年，陕西道监察御史
俊义愤然上疏，指斥内务府大臣包庇纵容司员的恶劣行径：

---

① 《清德宗实录》卷 140，光绪七年十二月丙寅。
② 恩承等：《奏为遵旨查明复奏光绪元年领发各款并无扣成浮冒等事》
  （光绪七年六月初三日），录副奏折，档号：03 - 6605 - 103。

> 总管内务府大臣皆受恩深重，宜如何激发天良，破除情面，秉公率属。乃近年内务府司员屡被臣工纠参，奉旨交该大臣查办，从未有如原奏查明附参者。是岂参奏之人皆得自传闻，毫无实据，妄行入告耶？总之，所派之差俱系营谋而得，该大臣等即不欲回护司员，能不为己身处分计乎？①

内务府大臣之所以能够屡次驳回御史的弹劾，关键在于其背后有最高统治者的支持。虽然有时不仅是俊乂等朝臣，就连帝后自身也对内务府大臣包庇属员、听任其胡作非为的行为有所察觉，并多次传旨申饬。比如光绪年间，清廷曾下旨饬责内务府大臣不仅不对所属司员严加管束，反而一味退让，"该大臣等所司何事，而任听司员等浮开挟制，肆无忌惮至于如此！"② 但绝大多数时候，他们还是对内务府大臣百般庇护，凡事以内务府大臣之言为准信。尤其是慈禧当政期间，曾多次驳回御史对内务府大臣的批判与建议，并一再以皇帝名义颁发谕旨，斥责御史随意参劾内务府大臣。

光绪四年二月，御史张观准因内务府大臣奉旨裁减宫闱用度而以无可裁减回奏，上折斥骂内务府大臣为怀奸不忠之小人，言语之中，对朝廷不加惩戒的做法表示不满和

---

① 俊乂：《奏为特参内务府郎中齐克森布夤缘取巧调补库差请旨饬查严惩事》（光绪九年二月二十一日），录副奏折，档号：03-7411-018。

② 《着为内务府大臣等听任司员浮开挟制以致年终发款不敷申饬等事谕旨》，谕旨，档号：03-6613-144。

愤懑，"朝廷不罚是不信也"。① 慈禧太后接到奏折后大为不悦，传旨批驳：

> 宫闱一切用款，本非外人所得周知，近已加节省。昨复谕令该总管大臣，将各项用款，详细查核，开单呈览，候旨施行，该衙门亦何所用其揣摩？乃该御史概以邪臣目之，措辞殊属过当。至臣工黜陟，朝廷自有权衡。②

同年三月，御史余上华弹劾内务府司员克扣浮冒，提议内务府用款应该有监督机制，可从内廷行走王公内选派一人负责查察。③ 慈禧却不以为然：

> 总管内务府大臣，俱系亲信大臣，一切用款，全在该大臣等随时随事实心考核，务使属员不得稍有弊混。若另派王公一人总司查察，亦属耳目难周，无益于事。④

光绪九年，御史俊乂参奏齐克森布夤缘得差，由缎库调任银库。对此，内务府大臣辩称，齐克森布由缎库郎中调补银库，是援照成案办理，俊乂既然纠参齐克森布夤缘

① 张观准：《奏为纠参内务府大臣并侍郎庆福庸邪尸位事》（光绪四年二月二十九日），录副奏折，档号：03-5127-141。
② 《清德宗实录》卷68，光绪四年二月己酉。
③ 余上华：《奏为具陈内务府浮冒用款日甚请特派王公专司查察事》（光绪四年三月初一日），录副奏折，档号：03-5664-019。
④ 《清德宗实录》卷70，光绪四年三月甲戌。

营谋差使，"究竟夤缘何人，及何人受其夤缘，请饬指实以凭查办"。清廷下旨让俊乂指实，俊乂回奏，内务府之事，非外人所能尽知，自己虽然无法指实，但是齐克森布把持优缺要差是实，若不是外间舆论哗然，又何敢无故纠弹？然而，慈禧完全不听他的辩解，认为既然内务府大臣已经声明没有不法之处，则此案也没有再查的必要，不仅如此，她还以皇帝名义下旨，对俊乂大加鞭挞：

> 至御史虽准风闻言事，必当详加考察，确有依据，方可入告。若以毫无实据之词，率行参劾，冀博敢言之名，亦难逃朝廷洞鉴也。①

在最高统治者的极力袒护之下，言官、朝臣的参劾显得苍白无力，内务府人员获得了一个更加宽松自由的环境，愈加肆无忌惮。

第三，统治者用人不慎，导致晚清内务府大臣整体素质降低。

内务府职务由于服务皇室的特殊性，多以包衣旗人充任，他们中的相当一部分人通过捐纳任职，文化素质普遍不高，极易滋生不良风气。光绪朝御史余上华曾经多次弹劾内务府官员，指斥内务府贪污浮冒风气盛行。他精辟地指出，内务府官员多以捐资任职，而非科甲出身，没有受过圣贤之理的熏陶，素质普遍低下，是造成此等风气的深层原因。"若辈以千余金纳资进身，营谋得差，岁获巨万，

---

① 《清德宗实录》卷161，光绪九年三月。

幸得粤海、织造等差，则又不知所获凡几。彼功名非从学问中来，未达圣贤之理，安知君臣之义？故钻营卑污，唯利是视。"①

在这种情况下，主管事务的内务府大臣清廉与否，直接决定着内务府风气的优劣。因而为预防腐败起见，历朝皇帝在选任内务府大臣时都比较慎重，其中又以道光帝要求最为严格。道光帝选任内务府大臣有两大原则。其一，重出身，要求具备较高的文化素质。道光帝认为，内务府大臣的文化修养与其为官清廉与否有着不小的联系，他不仅常常训谕总管内务府大臣要事事核实办理，节俭用项，还特别重视他们的出身，慎重内务府大臣的人选。故而道光一朝，内务府大臣"大都翰林科甲出身"，目的在于"取其陶淑于诗书，无猥鄙贪浊之习，又辅由外人，可以综核整顿，无所用其瞻徇也"。其二，总管大臣不用内务府司员，规定司员升途至武备、上驷、奉宸等院卿而止，不得至总管大臣，"盖虑其行走有年，惯习作弊。即稍知自好，而交涉事多，不得不意存回护也"。② 应该说，上述两大原则虽不能根治腐败，但对于遏制不正之风起着积极的作用。

然而晚清以降，特别是同治末年以后，统治者在拣选内务府大臣时逐渐忘记了祖宗教训，任用了不少内务府司员。他们大多非科甲出身，造成内务府大臣整体素质下

---

① 余上华：《奏为具陈内务府浮冒用款日甚请特派王公专司查察事》（光绪四年三月初一日），录副奏折，档号：03-5664-019。

② 郭沛霖：《成庙慎选内务府大臣》，《日知堂笔记》，中华书局，2007，第135页。

降。仅同治十一年至十三年，就有三位内务府大臣诚明、贵宝、文锡由司员升任。光绪朝内务府大臣非科甲出身者就更多了，师曾、茂林、安兴阿、广顺、俊启、文煜、巴克坦布、崇光、立山、继禄、庄山、增崇、景沣等，均非取自科甲，文化修养普遍不高。尤其是光绪二十二年以后，更是出现连续五任内务府大臣均由司员升任的现象，晚清统治者用人不慎之概况可见一斑。这些人本身素质不高，又在内务府行走多年，谙熟其中各种作弊手段，一旦进入权力中枢，便会与下属司员交好，上下其手，贪污纳贿，营私舞弊，自上而下地腐蚀着整个内务府机构。

事实也的确如此。如同治十三年，内务府大臣贵宝、文锡均由堂郎中升任，在任不到半年就因贪腐屡遭御史弹劾。其中，贵宝深陷报效木植浮冒公款一案，而文锡也被指承办公事巧于营私，"该二员均属声名平常，不能称职之员"，不久即被罢官。[1] 光绪朝内务府大臣安兴阿，在职数月即因纳贿营私等罪革职。他曾在奏折中说："奴才由侍卫出身，当差四十余年，受四朝厚恩，涓埃未报，虽质粗识浅，亦具有天良，何敢似此贪污以取罪戾？"[2] "质粗识浅"一词，形象地勾勒出了这一类内务府大臣文化素质普遍不高的情状。而内务府大臣之下的大小司员，更是通过纳资、报捐、贿赂等各种手段谋得差使，素质之低可想而知。在此情形之下，内务府成为腐败之源也就不足为奇了。

第四，晚清皇室的日渐奢靡加剧了内务府大臣及内务

---

[1] 《清德宗实录》卷2，同治十三年十二月乙未。

[2] 安兴阿：《奏为遵旨回奏御史邓庆麟所参办事失察各节恳自请从重治罪事》（光绪五年七月初二日），录副奏折，档号：03-5140-001。

府的腐败。

　　咸丰以来的内务府大臣之所以腐败加剧，与以慈禧太后为代表的皇室中人的生活奢靡腐化、大肆挥霍、大兴土木有着直接的联系。内务府大臣掌握内廷财政大权，为天子经理财务，皇帝、后妃等人的生活消费均经由内务府大臣之手，因此，帝后生活愈奢靡，内务府大臣愈有利可图。因之，不少内务府大臣为谋取更多的利益，也一再怂恿帝后大兴土木，正所谓"向来内务府习气，皆利于用度繁多，方可从中侵蚀"① 是也。晚清统治者数次举土木之工，无疑会加剧内务府大臣的贪污浮冒。例如，同治帝欲重修圆明园之时，就有内务府大臣明善、文锡及堂郎中贵宝等暗地怂恿，希冀借工程之机渔利。而重修圆明园之工一开，贵宝就与李光昭上下其手，大肆浮报银两。虽然最终事泄，但仅此一案，就足以显示当时内务府大臣贪污之伎俩以及腐败之严重程度。

第三节　整顿内务府与裁定皇室经费：由腐败引发的家国利益之争

　　内务府为服务皇室的专门机构，与皇权相伴相生，内务府大臣作为皇帝近臣，与皇室利益共进退，因此，清季内务府大臣及内务府的腐败不堪从一个侧面反映了皇权的腐朽没落。随着近代国人民族主义意识的觉醒，满汉矛盾

---

① 张观准：《奏为纠参内务府大臣并侍郎庆福庸邪尸位事》（光绪四年二月二十九日），录副奏折，档号：03-5127-141。

在内务府腐败问题上日益凸显。时人对内务府由抨击、揭露其腐败实情，到要求改革内务府官制、裁定皇室经费，则又集中反映出清末宪政思潮下的家国利益之争。

一　朝臣对内务府大臣的指斥

晚清时期，在国力贫弱、时局危亡、清廷统治岌岌可危的形势之下，内务府大臣领导下的内务府却依然奢靡浪费，大肆挥霍，全不以国家大政为要，引起朝臣的普遍不满。

朝臣对内务府大臣的批判，在光绪四年（1878）达到白热化。光绪四年二月十九日，山西、河南两省遭遇罕见旱灾，人民流离失所，急需朝廷赈济，内务府大臣接奉谕旨，"晋豫两省人民困苦流离，为人上者岂忍稍涉奢侈，着内务府大臣督饬司员将宫闱一切应用之需力加裁减，约可节省若干，迅速具奏，但能省一分浮费，即可多一分赈需"。同时，两宫皇太后先后于二月初五日、十九日连下两道懿旨，要求自二月初六日起每日早晚膳食减用一半，自十九日起每日停止荤膳，传用素膳，直至得雨后方用荤膳。然而，即便在这种情况之下，内务府大臣仍然丝毫不为所动，二十六日，内务府大臣回奏，认为宫闱一切应用都是按照例章办理，从未滥用分毫，"实无可议裁减之项。惟查内务府用项既繁且碎，其中但有可裁可减之项，拟即随时随事酌核办理，设能节有成数，再行恭折奏闻，以节靡费而归核实"。① 此举在当时引起了不小的风波，朝臣纷

---

① 魁龄等：《奏为宫闱用项无可裁减事》（光绪四年二月二十六日），录副奏折，档号：03-6598-031。

纷上疏指摘，内务府大臣成为他们攻击的靶子，被推到了舆论的风口浪尖。

河南道监察御史张观准率先弹劾内务府大臣，言辞激烈，斥其为怀奸不忠、逢君害政之小人：

> 伏思灾旱流亡，施济无术，内务府总管亦系大臣，即应早时陈请节用拯灾，方合责难陈善之道。何至明奉裁减之旨，乃以无可裁减复奏？夫膳尚可减，何况其他？其为此言，殆误用聪明，谓此旨不过具文耳。且向来内务府习气，皆利于用度繁多，方可从中侵蚀，裁减自非所愿。圣主省愆节用之心，出于至诚，天下信之，内务府独不信之，愿逞其揣摩尝试之私阴，便其浮冒侵吞之计，怀奸不忠，读之者人人唾骂。此等心术伎俩即古来所谓逢君害政之臣，使举朝皆如此辈，为患不可胜言矣。[①]

时任文渊阁校理的廖寿恒继而上疏，指责内务府大臣平日办事散漫、企图蒙混视听的态度和作风：

> 窃思内务府职司宫闱一切应用，平时核实办理，自当缕晰条分，确有定数。既钦奉懿旨传用素膳，谕令力加裁减，该大臣等即应上承德意，迅速详细复陈。乃以用款繁碎，无可裁减，随时酌核具奏，致厚

---

① 张观准：《奏为纠参内务府大臣并侍郎庆福庸邪尸位事》（光绪四年二月二十九日），录副奏折，档号：03-5127-141。

泽虚悬，不能下逮。是否平时漫无稽核，臣未敢臆
断，即此含混复奏，已属咎无可辞，相应请旨严行申
饬，以为疲玩因循者戒。①

随后，朝臣们由对内务府大臣的诟病，转而纷纷披露
内务府多年来的贪腐积弊。其中以御史余上华揭露、批判
得最为深刻。他说：

兹自同治以来，省圆明园巨款，天下以为内廷用
款可减其半矣。乃近闻岁费较之道光、咸丰年间更增
数倍，及细询原委，则曰传办过多，是以岁用日甚。
前阅邸抄，据奏，近年宫内应修工程概未传作，亦无
特传添办物件，臣始恍然于皇太后、皇上恪遵祖制，
俭德弥彰，其用款日多消耗于无形者，实皆内府诸臣
之过。虽现奉谕旨仍令详细查核，开单呈览，惟若辈
嗜利既深，仍必多方掩饰，凡用物内库有存者，无庸
另行采办也，牲畜现十不存一，喂养可减也，其余细
项逐类可推，即用款或无可裁，销数岂容浮报？试看
道光、咸丰年间岁用总数与近来岁用总数比较，再以
近年开销物价与道光、咸丰年间开销物价比较，其弊
自见。内务府领项，司库者向有扣二三成之说，上年
经人参奏，闻系逼取无扣甘结，众人因畏与受同科之
罪，冀以后当差之利，无敢异言，至是每岁发款遂先

---

① 廖寿恒：《奏为请旨严行申饬内务府大臣寄各项用款平时核实办理
事》（光绪四年二月三十日），录副奏片，档号：03-5581-058。

取结而其扣成更加矣。风闻近来领银千两，库扣五百二十两，益以各处之需索、同列之分肥、本员之侵蚀，开销千两，实用不过百两耳。虽其中亦有廉隅自饬不思染指者，大率牵制于众，莫可如何，浮冒者众人瓜分与受，两相甘心，外人无由指实，是以肆行而无忌。①

他认为要痛除积习，当以裁汰冗员为先务，"盖员冗即难免纷杂。遇公事则相推，不肯破除情面；遇私事则相引，以冀多树党援"。建议在内廷行走王公中特别委派一人，专门负责稽查、核验内务府的款项出入，如果有内监胆敢索费刁难，则立即处以重刑。"总管大臣选廉洁刚直者一二人主之，至司员不准兼司，不用帮办，事有专责，利不争分，庶款皆实用，所省自无穷矣。"他呼吁，要厘清当前的各种积弊，应该首先自内务府开刀。②可见，当时内务府大臣以及内务府的腐败已经到了无以复加的地步。

同年四月，国子监司业宝廷因内务府大臣奉旨一个多月来，未见有任何裁减浮费的行动以及赈灾的意愿而上密折给慈禧，请求皇太后饬令内务府大臣迅速拨款赈济灾民。他在折中动之以情、晓之以理，先是赞颂皇太后节省用度以赈灾的懿旨，"中外莫不闻知，以为圣德超越千古，

---

① 余上华：《奏为具陈内务府浮冒用款日甚请特派王公专司查察事》（光绪四年三月初一日），录副奏折，档号：03 – 5664 – 019。

② 余上华：《奏为具陈内务府浮冒用款日甚请特派王公专司查察事》（光绪四年三月初一日），录副奏折，档号：03 – 5664 – 019。

乃反复推详，始终未见搏出一分，致前旨几成虚语。既大失两省灾黎之望，天下之民亦将疑朝廷政令不信，且传之外夷能无以出纳之吝轻天朝乎？"继而指出皇太后、皇上躬亲节省，出内帑赈济灾民，比出部款赈灾效果要好得多，"小民感激慈仁，得内帑十胜于得库款百也。他日史臣大书特书，曰某年某省饥，皇太后出内帑若干万赈之，岂不懿欤？从此民和年丰，内库即有亏乏，亦可并入历年欠款，徐图弥补"。最后，他话锋一转，将所有的罪责都推到内务府大臣的头上，以忠君事朝廷的道德准绳向内务府大臣施压，"内务府大臣既系亲信大员，忍不为朝廷划一策乎？"①

在舆论的一致批判之下，内务府大臣被迫有所作为。光绪四年四月，内务府大臣宣布，将九江关、浙江、湖北省报解内务府的银子共四万两，分拨山西、河南两省赈灾，每省两万两。② 内务府大臣的赈灾之举，终于平息了众怒，此事暂告一段落。

不过，对内务府大臣的弹劾、请旨申饬之议仍不绝于耳。不少人表示，当此内忧外患之际，内务府大臣应该率先裁减浮费，以减轻朝廷的财政压力，为国家尽一分力量。如光绪朝内阁学士周德润曾上折，认为国家风灾、水灾蔓延数十省，且越南用兵需饷浩繁，请旨饬令内务府大臣酌减江南织造费用，"俾费用得以稍轻，要工自能

---

① 宝廷：《奏请特降懿旨饬下内务府先拨若干内帑分解两省济赈事》（光绪四年四月初一日），录副奏折，档号：03－5582－026。

② 总管内务府：《奏为遵旨筹拨晋豫两省赈款事》（光绪四年四月初五日），录副奏折，档号：03－5582－022。

速就"。① 光绪二十八年，当内务府大臣咨照户部补拨中秋节欠款时，则被指斥为不谙大体、上累圣德：

> 变法之始，庶务纷繁，无一不需经费方能开办，丝毫铢两均宜念及来源之不易，力求撙节，又岂可徒托空言。若不始自圣躬，其何以昭大公而服天下？……该大臣等果真公忠体国，将欲致君于尧舜，殆不应为此谋也。应否降旨饬查以崇俭德而杜逢迎，伏候圣裁。②

可见，当时人们已经清醒地意识到，内务府大臣的腐败，本质上是皇室的腐败，只是作为臣子，他们不敢直接针对皇室，于是就以内务府大臣为靶子，委婉地进行批判和劝谏。

二 清末改革内务府之议与内务府大臣的应对

如果说光绪末年以前人们还只是停留在抨击内务府积弊、要求整顿的阶段，那么清朝的最后十年，特别是清末新政时期，改革内务府的意识已经相当强烈，其核心问题则是改革官制、裁定皇室经费。

作为清代独有的内廷机构，内务府为满洲贵族特权的一个典型象征，它的腐败实质上就是满洲贵族的腐败。随着民族危机的日益深重，人们越来越清醒地意识到，腐朽

---

① 周德润：《奏请饬内务府酌减江南织造费用》（光绪朝），录副奏片，档号：03-5592-130。
② 蒋式瑆：《奏为内务府大臣不谙大体上累圣德请旨饬查事》（光绪二十八年二月初三日），录副奏折，档号：03-5413-015。

的满洲统治是国家沦于贫弱的根本症结所在。此一时期，
统治集团内部关于"平满汉畛域"的讨论渐趋激烈，而汉
人的"排满"情绪也日益高涨。① 在这种背景下，内务府
成为人们攻击满洲统治的一个靶子，要求改革内务府，实
际上是要求改革不合理的专制制度、限制满洲特权。

　　社会舆论方面，不少有识之士呼吁改革内务府官制，裁
汰冗员，并明确指出改革的前提是裁减皇室费用。光绪三十
年，《东浙杂志》上一篇题为《论内务府裁官事》的社论引
起了人们的关注，《中外日报》《东方杂志》等各大媒体竞
相转载。事情缘起于内务府拒绝裁官一事。是年五月初八
日，慈禧太后在舆论压力下颁布懿旨，要求内务府裁汰冗
员，厘剔积弊："方今时局阽危，百端待理，内务府司员
太多，应如何裁汰归并，着政务处会同内务府大臣妥议具
奏。其余内外各衙门亦即仿照核办，次第推行。"② 但事实
上，内务府大臣却阳奉阴违，以"内务府差务较繁，额设
司员亦因之较多"为由，只象征性地裁汰了极少部分的司
员，意欲维护内务府人员的利益。舆论对此极为不满，该
文称，听闻朝廷要裁汰内务府冗员，"以为内廷之官制必
将大减于前也"。但是最后才发现，偌大的内务府只裁汰
了二三十人而已，可见，内务府大臣显然只是敷衍了事，
皇太后对裁官也没有诚意。"今日裁官之意，本为节费而
起，而内务府费用之冗滥又为人所共知。故欲节费当先省

---

① 具体研究可参见常书红《辛亥革命前后的满族研究——以满汉关系
为中心》，社会科学文献出版社，2011。

② 《政务处奏遵议裁并内务府司员差缺折》，《东方杂志》第 11 期，1904
年，第 148 页。

事，惟省事而后可以裁官，此乃一定不易之理。"认为应当先减事，次裁人，才符合逻辑，皇太后若是为国计民生着想，应当停止一些不必要的礼仪事务，只有先行减事才能裁官。同时，该文还批评了因维护体制而留用的言论，"或者犹以体制为言，则请问銮舆西狩，当布衣将敝，麦饭难求之时，其所谓体制者何在？此等为体制而设之人又何在？"① 由此可见，作者真正的批判对象，是以慈禧为首的满洲统治集团，要求内务府改革、裁汰冗员，实则要求皇室改革、裁减浮费及不必要的礼仪。

最先提出改革方案的，是以端方为首的出洋考察大臣。他们在西方宪政思想的熏陶下，对满汉关系有了更加深入的认识，在家国利害权衡中，提议以欧美立宪国家的皇室为榜样，划清皇室与政府之权限，裁定皇室经费。光绪三十一年，端方上《请定国是以安大计折》，其中重要的一条即是"明宫府之体制"。他认为，宫府一体的制度是为昏君而设的，不适宜于当今，"臣闻汉诸葛亮有言，宫中府中具为一体，陟罚臧否，不宜异同，不宜偏私，内外异法，此乃宫府不分，体制如一。后之儒者，祖述斯言，一切法制皆准此理。沿袭既久，以至于今不知蜀汉当时后主刘禅昏浊不治，任用宵小，疏远廷臣，故诸葛亮以此谏之，劝其视宫府如一，此实对于昏主浊世之言而非郅治之朝臣子所宜引用"。当前要维持皇室之尊严，首要任务即划清宫府界限，"臣等考之各立宪君主国制度，其所以维持皇室之尊严者，即在使宫府体制划然分明"。具体而言，

---

① 《论内务府裁官事》，《东浙杂志》第 2 期，1904 年。

则要从如下改革内府官制和厘定皇室经费两方面入手。

一是改革内府官制：

> 察其官制，则以一宫内部总理一切，宫中之事不复分掌于他官。如中国现在内务府奉宸苑、上驷院、武备院、太仆寺、太医院、銮仪卫等衙门，皆合为一署，使各治一事，而不复为如此之分散者。一则使为专一之供奉而不更分心于他事，得以忠其职务；一则使为合同之供奉而无散漫不统一、疏忽不周致之弊也。臣等游历俄、德、奥、意各国，国皇款待甚优，导观宫室，规模壮丽，陈列庄严，皆由于宫内部官制之完备。

二是厘定皇室经费：

> 而其经费，则又与国用分而为二，且有皇室私产之收入，因经理得法而日增者，故臣民之爱敬日加，君主之威严永固，此我所宜参考而厘定者也。①

随后，他又上折，奏请改定官制以为立宪预备，建议：

> 现在所有之内务府改名为宫内部，而以太仆寺、太医院、銮仪卫及其他供奉内廷之职司归并隶属，其礼部、工部旧制有奉职内廷者，亦皆别立为司而统于

---

① 端方：《请定国是以安大计折》，《端忠敏公奏稿》（二），台北：文海出版社，1966，第 712～713 页。

宫内部，则体制谨严，尊荣无极。①

可以说，以端方为代表的一部分满洲贵族官僚，在满汉畛域、家国利益问题的认识上走在了时代前沿。其改革内务府官制和裁定皇室经费的建议，深为时人所认同，成为清末内务府改革的主导方向。

尽管朝廷内外关于改革内务府、裁定皇室经费问题已经形成共识，但在君主专制制度下，这一改革的历程却是极为缓慢和艰难的。光绪三十四年，清廷在舆论的压力下宣布内务府改革将以"核实经费以免官吏之浮冒，改定官制以除满汉之界限"为宗旨，并提出预备仿照日本宫内省制改革内务府的议案。② 摄政王载沣也多次表明整顿内务府的决心。宣统元年（1909），他针对内务府四大臣腐败被参一案，下令迅速整顿，违则重惩。③ 对于皇室经费问题，他也一再表明态度："皇室经费与国家地方经费各立，宪国皆系划分清楚，绝不混淆。"在官制问题上则保证将来推行宫内制度，所有内廷侍御及供奉官员均划入宫内府，以免与行政官相牵混。④

随后，内务府大臣也开始对内务府进行了有限的改

---

① 端方：《请改定官制以为立宪预备折》，《端忠敏公奏稿》（二），第738页。
② 《近议整顿内务府》，《大同报》（上海）第10卷第7期，1908年，第27页。
③ 《严饬整顿内务府》，《大同报》（上海）第11卷第8期，1909年，第30页。
④ 《监国注意厘订宫内制度事》，《广益丛报》第239期，1910年，第1页。

革，他们决定对内府烦冗的机构做些许裁并和调整。1910
年，内务府大臣奎俊、继禄等人经过与枢臣商议，最终议
定，改并内务府七司：

　　　　一、裁撤掌礼司一切事宜，归并礼部管辖；

　　　　二、裁撤营造司，所有该司管理各项皇室制造事
宜，概归并农工商部接管，以一事权；

　　　　三、裁撤慎刑司一切诉判刑法各事，归入法部
管理；

　　　　四、裁撤广储司，一切度支费用归度支部管辖。①

　　然而，上述措施并没有产生实质性的作用，内务府及
内务府大臣的腐败依旧，"直至清朝覆亡未尝稍改"。② 宣
统元年，《大同报》放出"内务府四大臣被参"的消息，御
史参内务府旧弊未除、款多浮冒，内务府大臣奎俊、继禄、
增崇、景沣四人都被点名弹劾，指责他们用人销款各顾其
私，请旨简派公正大员彻查。③ 宣统三年，度支部弹劾内务
府大臣及司员于各处款项任意浮冒开销，杭州织造的一切
陋规也未能革除，等等。④ 由此表明，清廷的一系列措施
只是流于形式，无论是改革内务府议案的提出，还是机构
的裁并，最终都不能真正解决内务府的腐败问题。

---

① 《议定内务府归并之问题》，《四川官报》第 24 期，1910 年，第 4 页。
② 郑天挺：《清史》，第 242 页。
③ 《内务府四大臣被参》，《大同报》（上海）第 11 卷第 6 期，1909 年，
　　第 28~29 页。
④ 《中国大事记》，《东方杂志》第 8 卷第 7 号，1911 年，第 10 页。

第四节　腐败的流毒与清室的垮台

　　清逊帝溥仪的英文教师庄士敦对内务府的腐败憎恶至极，斥其为吸血鬼，是导致清王朝垮台的最重要因素。①虽然其观点未免过于偏激，放大了内务府腐败的影响，却为我们思考清室覆亡的原因提供了另一个视角。

　　由内务府腐败引出的内务府官制改革和皇室经费问题，本质上是君主权限及满汉、家国关系问题。清朝统治之初，君主强势，牢牢掌控国家事务，皇权无限膨胀，家国之分并不明显。随着清朝统治根基的动摇，君主的威严逐渐下降，控制力也开始减弱，集权制度面临着来自各方势力的挑战。与之相伴的则是满与汉、家与国的利益冲突日渐激烈。由于受到西方资产阶级民主思想的冲击，清末有识之士开始重新思考满汉及家国关系，要求废除满洲特权、限制君主权力。反映在内务府问题上，则是要求厘剔内务府积弊，改革内务府官制。继而在财政制度上要求裁定皇室经费，将宫中财政与国家财政划分开来。这是密切相关的两环，缺一不可，时人对此已经有了较为深刻的认识。宣统二年（1910），《华商联合报》刊载《摄政王之新政见》一文，提出内务府积弊无法根除的原因在于没有明定皇室经费的观点：

---

　　① 庄士敦：《紫禁城的黄昏》，李伯宏译，南开大学出版社，2010，第172~185页。

　　内务府衙门系经管内廷御用各费，糜款至巨，积弊最深。自监国摄政以来屡经谕核减，而该府置若罔闻。日前曾由监国召询奎、继两大臣，大加责斥，严谕切实裁汰各项靡费，倘再敷衍，定即严惩。并谕将自光绪三十四年十月后，除两宫大事典礼不计外，所有遵谕裁汰之糜款、冗员据实核奏。两大臣唯唯而退。故近来该府颇觉惶恐云。豚庵曰：内务府积弊相沿二百余年，司员揽权，该大臣亦无从过问，稍熟本朝掌故者当知改革之难。监国责以汰靡费，节冗员，徒多此一举耳。不明定皇室经费庸有济耶？[1]

　　由上述豚庵之言可以看出，人们已然发现，所谓的裁汰靡费和冗员只是幌子，并不能真正解决问题。以载沣为首的清廷统治者对于厘定皇室经费一事，迟迟不肯办理，是意欲拖延。

　　次年，度支部参劾内务府大臣及司员近年来于各处款项任意浮冒开销，杭州织造的一切陋规也未能革除，等等。皇太后对此事的处理轻描淡写，仅仅是传懿旨申饬内务府大臣失于觉察而已。[2] 有人在《时事新报月刊》上发表《论内务府宜速整饬》一文，表达了自己的不满。

　　此次度支部纠参内务府堂司各官，论者谓非泽大臣之忠笃，不能有此。然恭读懿旨，曰实为非是，乃

---

① 《摄政王之新政见》，《华商联合报》第 13 期，1910 年，第 1 页。
② 《中国大事记》，《东方杂志》第 8 卷第 7 号，1911 年，第 10 页。

最轻之惩罚也。曰该堂官失于觉察，均着传懿旨申饬。则不特不罚，且以失于觉察四字为之脱免罪名。夫如是而欲求以后一切用款及工程款目能严加核实，用副深宫崇尚节俭之至意，真所谓缘木求鱼、南辕北辙矣。

在作者的心目中，厘清内务府积弊与裁定皇室经费是一体的，内务府积弊不除，则皇室经费与国家政费之分也是妄谈。

> 立宪之国，首宜划清国家与皇室之界限，是故宫内省之官制与皇室之经费、皇室之财产皆宜首先厘定，方不至彼此牵混，是诚莫大之要政也……尤以裁废内监为剔除积弊之要图。盖内监不裁，则虽有极廉明公正之内务府大臣，亦不能杜浮冒之弊，而司员以下，则又恃彼为羽翼，而弊逐日滋。虽皇室经费与国家经费划分之后不至彼此牵混，然苟内务府之积弊仍在，则皇室经费必年告其不足，不足则必年求其增加，皇室经费增则国家政费自减。然则表面虽免牵混，而暗中之一消一长关系犹深。①

由内务府大臣的腐败引出的内务府官制改革问题和皇室经费问题，在本质上仍是皇权与政权的博弈以及家与国的关系问题。在清朝统治之初，皇权强盛，政权服从于皇

---

① 《论内务府宜速整饬》，《时事新报月刊》第 3 期，1911 年，第 13 页。

权，二者的矛盾并不突出，家与国之分也不明显。随着清朝统治根基的动摇，皇权的威严逐渐下降，控制力也开始减弱，皇权与政权在不断博弈间矛盾加剧，政权欲摆脱皇权的控制。与之相伴的，则是家与国的界限划分问题日益凸显。时人对于皇室经费问题的讨论，显示出不同群体对皇权与政权、家与国的关系问题的深度思考。而西方的宪政制度，恰恰可以做到政权脱离皇权而独立，家与国明确划分开来，互不干扰，进而可以根除各种腐败和积弊。因此，当时的有识之士热切呼吁早日立宪。

但是，对于清室而言，保护满洲特权、维持皇权威严和完整的控制力是其最终目标。内务府是为服务皇室而设立的，从诞生伊始就是满洲皇权的附属物，二者始终是一体的。无论是改革内务府制度，还是裁定皇室经费的要求，都会影响到君主利益，触动了封建君主专制制度的基石，必然不会为其所接受。在维护君主权力和满洲既得利益的前提下，清室在对待内务府腐败问题上出现了一系列失误，对其统治产生了不良影响。主要体现在以下两个层面。

第一，在内廷管理上失误较多。例如，由于对内务府大臣选任、监督不力，暴露了封建君主专制制度下内廷职官设计的种种缺陷。作为清代内廷的高级官员，内务府大臣身份极为特殊。一方面，其统领的内务府专为服侍皇室而设，操持宫中财富，管理上具有相对封闭性；另一方面，其人选皆来自八旗亲信或宗室贵胄，与皇室交往密切，地位尊崇且职权广泛，从而决定了这一群体必然随着时间的推移而日渐腐朽。这是君主专制制度下内廷职官设计上无法避免的缺失。特别是到清后期，统治者任人不慎，没有贯彻中期良好的选官制度，直接造成了内务府大臣素质的普遍低下，更加剧了腐败的发展。

第二，对清末新形势应对无力。在新政浪潮和民主思想的冲击下，消除满汉畛域、限制满洲特权、摧毁君主专制制度成为近代有识之士的共识，这一点在对待内务府腐败问题上有着集中的体现。上至朝中大员、下至普通知识分子，均提出改革内务府官制、裁定皇室经费的要求。然而，清室始终无法割舍既得利益，顺应潮流，做出正确的选择。其对内务府的改革极为不彻底，没有从根本上解决问题，从而使内务府成为众矢之的，人们通过抨击内务府以发泄对皇室的不满。皇室也因此在朝中失去了一大批臣子的支持，在社会上受到舆论的一致攻击，渐渐陷于孤立地位。正如庄士敦所言："内务府这一财务紊乱的宫中机构，正是造成皇上威望下降，许多忠君人士渐渐灰心丧气的一个主要原因。"①

由以上论述可知，晚清统治者既在传统内廷管理上失误较多，又在新形势下应对无效，以致进一步失去人心。可以说，对内务府腐败问题的处理不当，最终成为促使王朝覆灭的一个内在因缘。

---

① 庄士敦：《紫禁城的黄昏》，第184页。

结　语

　　总管内务府是清代处理皇家事务的特殊机构，作为其最高长官的内务府大臣，又是清代中央官员的重要组成部分，在宫廷内外事务上都发挥着重要的作用。本书对总管内务府大臣群体的研究，有以下三重学术内涵。

　　首先，内务府大臣是清代官僚系统的有机组成部分，以往学界对这一群体较为忽视，本书对其进行系统综合研究，有助于推进内务府和清代政治制度史相关问题的深入。

　　其一，内务府大臣的出身、任前官职、兼职情况、去向等，无一不是清朝统治者政治制度设计的生动体现。因此，梳理他们的基本特征，也就能够进一步丰富今人对于清代职官特点的认知。比如从内务府大臣的出身，可以窥见科举制度在满人中的推广，证明其汉化的历史演进。再如内务府大臣人数众多，不少人同时拥有多重职务，且为内、外廷的重臣，反映了清代官员一官多职、一职多官、内外交叉的职官特点和分配格局。

　　其二，内务府大臣职官为清代创设，体现出清代政治制度安排特殊性、创新性的一面。从人数上看，内务府大臣同时任职者人数较众，一般为六个左右，反映了内务府事务繁多，而其员额不固定、依事之多寡而简的特点，这一方面与他们常有临时性派遣任务有关，另一方面，职官设置的相对随意性也便于皇帝灵活操作。作为内廷近侍，内务府大臣极易受到皇帝重视，他们不仅拥有特权、地位高、升迁快，而且容易形成家族累世为内务府大臣的现象。

其三，内务府大臣的设置，自然是为了更好地处理皇室的内部事务。从实践来看，这一职官的设置无疑是成功的。仅以其对太监的管理为例，由于内务府大臣剥夺了太监的一切权力，对太监的选用严格把关，日常生活中又时常训谕教导、严密监视与控制，犯罪时严厉处罚，有清一代杜绝了宦官擅权的局面，内务府大臣在这一方面发挥了无可替代的作用。此外，在宫廷及内务府诸务的管理上，由于有了内务府大臣这样位高权重、拥有一定文化素质以及官场经验的群臣的参与，各项事务有条不紊地开展起来。以财政为例，即使在晚清内务府财政出现严重危机的情况下，内务府大臣仍然试图采取多种措施弥补亏空，尽管其手段并非完全值得赞赏，但至少维持了皇室的经济运转。

其次，内务府大臣在不同层面上游走于内外廷之间，充分显示了清代家国一体的统治特色。

其一，如文中所述，内务府大臣多是兼职者，在任内务府大臣期间，他们往往身兼多职，不仅有内廷的，更有不少是外廷职务。这种内外兼通的任职特点为其接触外廷，从事某些外廷职能，提供了某种可能。

其二，在封建社会家国一体的统治格局下，一个个小家庭组成了国家，其中，皇室是小家庭中最重要的一员，同时又代表上天统治整个国家。因此，作为皇室的总管，内务府大臣除了为皇室服务，往往还获得代表皇帝处理外朝事务的机会和权力，实现了自身职掌的一个自然延伸。而这一点，恰恰为以往的研究所忽视。当然，我们也不可无限夸大这种外廷职能的意义，内务府大臣的内廷职官性质无可否认，就其职掌来说，仍是以内廷服务为主的。

由于内务府大臣兼通内外，故而，内外廷的冲突也在他们身上有着突出的体现。家与国的利益不是必然连在一起的，二者也会形成一定的冲突，特别是在中国近代史上。当民族国家危机日益严重的时候，当国人立宪诉求日益激发的时候，皇室的权益和国家的安危已然处于既相互关联又彼此排斥之境地，二者的分歧日渐凸显。内务府大臣在内外廷财政问题上的表现就是其中一个典型实例。他们为了弥补内廷财政亏空，屡屡向外廷的户部借款，受到户部的责难时，皇帝却多方维护，使得家国分离的制度规定成为一纸空文，这或许也是清室走向灭亡的原因之一。

最后，内务府大臣在职官设计上也有缺失。由于内务府管理体制的封闭性以及内务府大臣权力的高度集中，他们极易走上专擅和腐败的道路。特别是到晚清时期，随着清廷统治的江河日下，国家吏治不断腐败，具体到内务府机构，则是内务府大臣不可避免地陷入贪腐的深渊，进而自上而下地影响着整个内务府的风气。晚清内务府大臣及其属员贪污大案层出不穷，成为清室遭人诟病的一个口实，一定程度上影响了皇室的名声。

正是因为内务府大臣的这种特殊角色，他们及其下辖的内务府组织，在晚清政治改革中成为朝野内外批判、攻击的对象，人们不断从内外廷职能分工、内务府大臣的贪腐等角度阐述内务府整饬的必要性。尽管内务府大臣做出了种种回应，也进行了某些变革，但他们的言论和实践都显得软弱无力，终究没有做出根本性的变革。

　　1912 年，清皇室在与革命派、立宪派、新军、旧官僚、列强等各派势力的妥协、斗争之中，不得不让出了中国的最高权力，开启了中国历史的新篇章。"小朝廷"作为封建残余依旧存留于紫禁城之中，在其他机构被裁撤殆尽的情况下，内务府机构依然顽强地存活着，而内务府大臣，则在新的形势下，职能又一次发生了转变，完成了从内廷为主到内外兼顾的蜕变，而这显然已经不是本书能回答的问题了。

附录一　清代内务府大臣名单

时间	内务府大臣名单
顺治十八年	胡密色、费扬古、尼雅罕
康熙元年	胡密色、费扬古、尼雅罕
康熙二年	胡密色、费扬古、尼雅罕、嘉布嘉
康熙三年	图巴（三月任）、明珠（三月任）、巴哈（三月任）
康熙四年	图巴、明珠、巴哈
康熙五年	图巴、明珠、巴哈、海拉逊（五月任）
康熙六年	图巴、巴哈、海拉逊、米思翰（三月任）
康熙七年	图巴、巴哈、海拉逊、米思翰
康熙八年	图巴、巴哈（六月革）、海拉逊、噶禄（五月任）
康熙九年	图巴、海拉逊、噶禄
康熙十年	图巴、海拉逊、噶禄
康熙十一年	图巴、海拉逊、噶禄
康熙十二年	图巴、海拉逊、噶禄
康熙十三年	图巴、海拉逊、噶禄
康熙十四年	图巴、海拉逊、噶禄
康熙十五年	图巴、海拉逊、噶禄
康熙十六年	图巴、海拉逊、噶禄
康熙十七年	图巴、海拉逊、噶禄
康熙十八年	图巴、海拉逊、噶禄
康熙十九年	图巴、海拉逊、噶禄

续表

时间	内务府大臣名单
康熙二十年	图巴、海拉逊、噶禄、费扬古（正月任）
康熙二十一年	图巴、海拉逊、噶禄、费扬古
康熙二十二年	图巴、海拉逊、噶禄、费扬古
康熙二十三年	图巴、海拉逊、噶禄、费扬古
康熙二十四年	图巴、海拉逊、噶禄、费扬古
康熙二十五年	图巴、海拉逊、噶禄、费扬古、鄂尔多（十一月任）
康熙二十六年	海拉逊、噶禄、费扬古、鄂尔多、班第（四月任）
康熙二十七年	海拉逊、噶禄（二月卒）、费扬古、班第、佛伦（四月任）
康熙二十八年	海拉逊、费扬古、班第、佛伦（十月迁）
康熙二十九年	海拉逊、费扬古、班第
康熙三十年	海拉逊、费扬古、班第、多弼（闰七月任）、马斯喀（闰七月任）
康熙三十一年	海拉逊、费扬古、班第、马斯喀
康熙三十二年	海拉逊、费扬古、班第、马斯喀
康熙三十三年	海拉逊、马斯喀
康熙三十四年	海拉逊、马斯喀
康熙三十五年	海拉逊、马斯喀
康熙三十六年	海拉逊、马斯喀
康熙三十七年	海拉逊（十一月卒）、马斯喀
康熙三十八年	马斯喀、哈雅尔图（五月任，十一月兼）
康熙三十九年	马斯喀、哈雅尔图（九月调）
康熙四十年	马斯喀、赫奕（十月任）
康熙四十一年	马斯喀、赫奕、科代（十二月任）
康熙四十二年	马斯喀、赫奕、黑硕咨（十二月任）
康熙四十三年	马斯喀（六月卒）、赫奕、黑硕咨
康熙四十四年	赫奕、黑硕咨、凌普（二月任）

时间	内务府大臣名单
康熙四十五年	赫奕、黑硕咨、凌普
康熙四十六年	赫奕、黑硕咨、凌普
康熙四十七年	赫奕、黑硕咨、凌普（九月革）、尚之杰（五月署）、允禩（九月署）、海章（十月署）
康熙四十八年	赫奕、黑硕咨、海章
康熙四十九年	赫奕、黑硕咨、海章、保住（四月任）
康熙五十年	赫奕、海章、马武（十月任）
康熙五十一年	赫奕、海章、马齐（十月署）、观保
康熙五十二年	赫奕、海章、马齐、观保
康熙五十三年	赫奕、海章、马齐、观保
康熙五十四年	赫奕、海章、马齐、观保
康熙五十五年	赫奕（五月革）、海章、马齐、观保、董殿邦
康熙五十六年	海章、董殿邦、观保（十月革）、允裪（十一月署）
康熙五十七年	海章、董殿邦、允裪（三月免）
康熙五十八年	海章、董殿邦
康熙五十九年	海章、董殿邦
康熙六十年	海章、董殿邦、李英贵（十月署）、马武（十月署）、伊都立（十月署）
康熙六十一年	海章、董殿邦、李英贵（十一月迁）、马武、允禄（十一月署）、噶达鸿（十二月任）
雍正元年	海章（十二月卒）、董殿邦、马武、允禄、噶达鸿（九月卒）、李延禧（正月任）、来保（三月署，四月实授）、萨哈廉（九月协理）、傅鼐
雍正二年	马武、允禄、李延禧、来保、萨哈廉（五月免）、傅鼐、常明（五月任）
雍正三年	马武、允禄、李延禧、来保（十一月革）、傅鼐（十一月迁）、常明（十一月革）、五十一（十一月任，十二月卒）

续表

时间	内务府大臣名单
雍正四年	马武（十二月卒）、允禄、李延禧、常明、年希尧（正月任）、永福（正月署）、查弼纳（五月任）、尚之舜（五月任）、法海（七月兼内务府总管行走）
雍正五年	允禄、查弼纳、李延禧、常明、年希尧、永福、尚之舜
雍正六年	允禄、查弼纳、李延禧、常明、年希尧、永福（二月革）、尚之舜、佛伦（二月协理）
雍正七年	允禄、查弼纳、佛伦、李延禧、常明、年希尧、尚之舜
雍正八年	允禄、佛伦、李延禧、常明、年希尧、尚之舜、海望（六月任）、郑禅宝（十一月协理）、鄂善（十一月协理）
雍正九年	允禄、佛伦、李延禧（十一月卒）、常明、年希尧、尚之舜（七月休致）、海望（七月升户部左侍郎，仍兼总管事）、郑禅宝、鄂善（七月实授）、丁皂保（十二月任）
雍正十年	允禄、常明、年希尧、海望、鄂善、丁皂保
雍正十一年	允禄、常明、年希尧、海望、鄂善、丁皂保、范时绎（九月任）
雍正十二年	允禄、常明、年希尧、海望、丁皂保、范时绎（三月革）、来保、盛安（十一月兼）、佛标（十一月兼）
雍正十三年	允禄、弘昼（学习办理）、常明、年希尧（十一月革）、海望、丁皂保、来保、盛安、佛标、傅鼐（九月免）、讷亲（九月任）、赫奕（十一月在内务府总管上行走）
乾隆元年	允禄、弘昼、常明、海望、丁皂保、来保、讷亲、赫奕
乾隆二年	允禄、弘昼、常明、海望、丁皂保、来保、讷亲、赫奕（三月休致）、阿里衮
乾隆三年	允禄、弘昼、常明、海望、丁皂保、来保、讷亲（九月免）、阿里衮

续表

时间	内务府大臣名单
乾隆四年	允禄、弘昼、常明、海望、丁皂保（二月休致）、来保、阿里衮
乾隆五年	允禄、弘昼、常明、海望、来保、阿里衮
乾隆六年	允禄、弘昼、常明、海望、来保、阿里衮、三和（三月任）
乾隆七年	允禄、弘昼、常明（七月卒）、海望、来保、阿里衮（七月调）、三和、傅恒（六月任）
乾隆八年	允禄、弘昼、海望、来保、三和、傅恒
乾隆九年	允禄、弘昼、海望、来保、三和、傅恒、赵宏恩（六月兼）
乾隆十年	允禄、弘昼、海望、来保、三和、傅恒、赵宏恩（十一月免）、高斌（十一月兼）
乾隆十一年	允禄、弘昼、海望、来保、三和、傅恒、高斌
乾隆十二年	允禄、弘昼、海望、来保、三和、傅恒、高斌
乾隆十三年	允禄、弘昼、海望、来保、三和、傅恒（九月差）、高斌、德保（九月暂署）、那木扎勒（九月暂署）
乾隆十四年	允禄、弘昼、海望、来保、三和、傅恒、高斌、德保（内务大臣上行走）、那木扎勒（内务府大臣上行走）
乾隆十五年	允禄、弘昼、海望、来保、三和、傅恒、高斌、德保（十一月革）、倭赫（十一月在总管内务府大臣上额外行走）
乾隆十六年	允禄、弘昼、海望、来保、三和、傅恒、高斌、倭赫（闰五月免）
乾隆十七年	允禄、弘昼、海望、来保、三和、傅恒、高斌
乾隆十八年	允禄、海望、来保、三和、傅恒、高斌、德保（专在内务总管行走）
乾隆十九年	允禄、海望、来保、三和、傅恒、高斌、德保
乾隆二十年	允禄、海望（九月卒）、来保、三和、傅恒、高斌（三月卒）、德保

续表

时间	内务府大臣名单
乾隆二十一年	允禄、来保、三和、傅恒、德保、吉庆（署）
乾隆二十二年	允禄、来保、三和、傅恒、德保、吉庆
乾隆二十三年	允禄、来保、三和、傅恒、德保、吉庆
乾隆二十四年	允禄、来保、三和、傅恒、德保、吉庆
乾隆二十五年	允禄、来保、三和、傅恒、德保、和尔精额
乾隆二十六年	允禄、来保、三和、傅恒、德保、和尔精额、英廉（十一月任）
乾隆二十七年	允禄、来保、三和、傅恒、德保、和尔精额、英廉、倭赫（五月任）
乾隆二十八年	允禄、来保、三和、傅恒、德保、和尔精额、英廉、倭赫、四格
乾隆二十九年	允禄、来保（三月卒）、三和、傅恒、德保、和尔精额（二月革）、英廉、倭赫、四格、塔克图（二月任）
乾隆三十年	允禄、三和、傅恒、德保、和尔精额（七月暂办）、英廉、倭赫、塔克图、四格、高恒（九月任）
乾隆三十一年	允禄、三和、傅恒、德保、和尔精额、英廉、倭赫、塔克图、四格、高恒
乾隆三十二年	允禄（二月卒）、三和、傅恒、德保、和尔精额、英廉、倭赫、塔克图、四格、高恒
乾隆三十三年	三和、傅恒、德保、英廉、四格、高恒（六月革）、永瑢（三月任）、迈拉逊（十一月兼）
乾隆三十四年	三和、傅恒、德保、英廉、四格、永瑢、迈拉逊、福隆安（正月署）、刘浩（十二月任）
乾隆三十五年	三和、傅恒（七月卒）、德保、英廉、四格、永瑢、迈拉逊、福隆安、刘浩、丰昇额（七月任）
乾隆三十六年	三和、德保、英廉、四格、永瑢、迈拉逊、福隆安、刘浩、丰昇额
乾隆三十七年	三和、德保、英廉、四格、永瑢、迈拉逊、福隆安、刘浩、丰昇额

续表

时间	内务府大臣名单
乾隆三十八年	三和（八月卒）、德保、英廉、四格、永瑢、迈拉逊、福隆安、刘浩、丰昇额、金简（十一月任）
乾隆三十九年	德保、英廉、四格、永瑢、迈拉逊、福隆安、刘浩、丰昇额、金简
乾隆四十年	德保、英廉、四格、永瑢、迈拉逊、福隆安、刘浩、丰昇额、金简
乾隆四十一年	德保、英廉、四格（十月卒）、永瑢、迈拉逊、福隆安、丰昇额、金简、和珅（十月任）
乾隆四十二年	德保、英廉、永瑢、迈拉逊、福隆安、丰昇额（十月卒）、金简、和珅
乾隆四十三年	德保、英廉、永瑢、迈拉逊、福隆安、金简、和珅
乾隆四十四年	德保（三月兼）、英廉、永瑢、迈拉逊（二月休致）、福隆安、金简、和珅
乾隆四十五年	德保、英廉、永瑢、福隆安、金简、和珅、福长安（正月任）
乾隆四十六年	德保、永瑢、福隆安、金简、和珅、福长安
乾隆四十七年	德保、永瑢、福隆安、金简、和珅、福长安
乾隆四十八年	德保、永瑢、福隆安、金简、和珅、福长安
乾隆四十九年	德保、永瑢、福隆安（三月卒）、金简、和珅、福长安、福康安（闰三月任）、伊龄阿（闰三月任）
乾隆五十年	德保、永瑢、金简、和珅、福长安、伊龄阿
乾隆五十一年	德保、永瑢、金简、和珅、福长安、伊龄阿（九月在总管内务府大臣上行走）
乾隆五十二年	德保、永瑢、金简、和珅、福长安、伊龄阿
乾隆五十三年	德保、永瑢、金简、和珅、福长安、伊龄阿、舒文
乾隆五十四年	德保（正月卒）、永瑢、金简、和珅、福长安、伊龄阿、舒文
乾隆五十五年	永瑢（五月薨）、金简、和珅、福长安、伊龄阿（五月以三品职衔在总管内务府大臣上行走）、舒文、永琅（五月任）

续表

时间	内务府大臣名单
乾隆五十六年	金简、和珅、福长安、伊龄阿、永琅、巴宁阿（二月任）
乾隆五十七年	金简、和珅、福长安、伊龄阿、永琅、巴宁阿
乾隆五十八年	金简、和珅、福长安、伊龄阿、永琅、巴宁阿
乾隆五十九年	金简（十二月卒）、和珅、福长安、伊龄阿、永琅、巴宁阿（六月革）
乾隆六十年	和珅、福长安、伊龄阿（九月卒）、永琅、丰绅殷德（正月任）、缊布（三月任）、盛住（九月任）
嘉庆元年	和珅、福长安、永琅、丰绅殷德、缊布、盛住
嘉庆二年	和珅、福长安、永琅、丰绅殷德、缊布、盛住
嘉庆三年	和珅、福长安、永琅、丰绅殷德、缊布、盛住
嘉庆四年	和珅（正月革）、福长安（正月革）、永琅、丰绅殷德（二月革）、缊布（七月革，十一月任）、盛住（八月兼署，十月实授）、永来（正月任）、布彦达赉（正月任，七月革）、阿明阿（七月革）、傅森（七月兼）、那彦成（七月兼）、丰绅济伦（七月兼）、景熠（八月添派）
嘉庆五年	缊布、盛住（闰四月革）、永来、布彦达赉（正月兼）、傅森、那彦成（闰四月革）、丰绅济伦、景熠（正月调）、明德（闰四月任）
嘉庆六年	缊布、永来、布彦达赉（正月卒）、丰绅济伦、明德、英和（正月兼）、额勒布（二月兼）、苏楞额（二月任）、巴宁阿（十月任）
嘉庆七年	缊布、丰绅济伦、明德、英和、额勒布、苏楞额、巴宁阿
嘉庆八年	缊布、丰绅济伦（八月革）、明德、英和、额勒布、苏楞额、孟住（八月任，九月革）
嘉庆九年	缊布、明德、英和、额勒布（七月革）、苏楞额、那彦宝、常福（署）、阿明阿（六月任）

续表

时间	内务府大臣名单
嘉庆十年	缊布、明德、英和、苏楞额、那彦宝、常福（闰六月革）、阿明阿、巴宁阿（三月任）、广兴（闰六月兼）
嘉庆十一年	缊布、明德（七月卒）、英和（九月兼）、苏楞额、那彦宝（正月兼）、常福（正月任）、阿明阿、广兴（九月革）、文宁（七月任）、佶山（十一月任）
嘉庆十二年	缊布、英和、苏楞额、那彦宝、常福、阿明阿、广兴（三月任）
嘉庆十三年	缊布（四月革）、英和、苏楞额、那彦宝（六月革）、常福、阿明阿、广兴（十一月革）、文宁（四月任，五月革）、额勒布（五月任，七月革）、和世泰（六月兼）
嘉庆十四年	英和、苏楞额（十二月革）、常福、阿明阿（十二月革）、和世泰、徵瑞（三月任）、桂芳（十二月任）、穆克登额（十二月任）
嘉庆十五年	英和、常福、和世泰、徵瑞、桂芳、穆克登额
嘉庆十六年	英和、常福、和世泰、徵瑞、桂芳、穆克登额、穆腾额（六月任）
嘉庆十七年	英和（七月任）、常福、和世泰、徵瑞、桂芳、穆克登额、穆腾额（七月革）、苏楞额（五月任）
嘉庆十八年	英和、常福、和世泰（十月任）、徵瑞、桂芳、穆克登额、苏楞额、高杞（六月任）
嘉庆十九年	英和、常福、和世泰、徵瑞（十一月开缺，赏内务府大臣衔）、桂芳（四月卒）、穆克登额、苏楞额、那彦宝（三月任）
嘉庆二十年	英和、常福、和世泰、穆克登额、苏楞额、那彦宝、禧恩（正月任）
嘉庆二十一年	英和、常福、和世泰、穆克登额、苏楞额、那彦宝、禧恩
嘉庆二十二年	英和、常福、和世泰、苏楞额、那彦宝、禧恩
嘉庆二十三年	英和、常福、和世泰、苏楞额、那彦宝、禧恩

时间	内务府大臣名单
嘉庆二十四年	英和、常福、和世泰、苏楞额、那彦宝、禧恩、阿克当阿（九月任）
嘉庆二十五年	英和、常福（九月任）、和世泰、那彦宝（七月免）、禧恩、阿克当阿、晋昌（四月兼）、长申（十月任）
道光元年	英和、常福、禧恩、阿克当阿（十月调）、晋昌、长申（三月卒）、穆彰阿（三月任）、嵩年（十月任）
道光二年	英和、常福、禧恩、穆彰阿、嵩年（调）、广泰（正月任）、文孚（七月兼）
道光三年	英和、常福（八月卒）、禧恩、穆彰阿、广泰、文孚（正月免）、恩铭（正月任）、敬徵（正月兼）
道光四年	英和、禧恩、穆彰阿、广泰、恩铭、敬徵、阿尔邦阿（闰七月任）
道光五年	英和、禧恩、穆彰阿、敬徵、阿尔邦阿、耆英（三月兼）
道光六年	英和、禧恩、穆彰阿、敬徵、阿尔邦阿、耆英、广泰（二月任）
道光七年	禧恩、穆彰阿、敬徵、阿尔邦阿、耆英、达三（四月任）
道光八年	禧恩、穆彰阿（八月免）、敬徵、阿尔邦阿、耆英、达三、宝兴（八月任）
道光九年	禧恩、敬徵、阿尔邦阿、耆英、达三、宝兴
道光十年	禧恩、敬徵、阿尔邦阿、耆英、达三、宝兴
道光十一年	禧恩、敬徵、阿尔邦阿、耆英、达三（正月解）、宝兴、克蒙额（正月任）、博启图（九月任）
道光十二年	禧恩、敬徵、阿尔邦阿、耆英、达三（署）、克蒙额、博启图
道光十三年	禧恩、敬徵、阿尔邦阿、耆英、克蒙额
道光十四年	禧恩、敬徵、阿尔邦阿、耆英、克蒙额、奕纪（七月兼）

时间	内务府大臣名单
道光十五年	禧恩、敬徵、阿尔邦阿、耆英、克蒙额、奕纪、彭年（十二月任）
道光十六年	禧恩、敬徵、耆英（九月革）、克蒙额、奕纪、彭年（九月卒）、文庆（九月兼）、奎照（九月兼）
道光十七年	禧恩、敬徵、克蒙额、奕纪、文庆、奎照
道光十八年	禧恩（闰四月革）、敬徵、克蒙额、奕纪、文庆、奎照（四月免）、裕诚（四月任）、阿灵阿（七月任）
道光十九年	敬徵、克蒙额（四月病休）、奕纪、文庆、裕诚、阿灵阿
道光二十年	敬徵、奕纪（正月革）、文庆、裕诚、阿灵阿、恩桂（正月任）、文蔚（六月兼）
道光二十一年	敬徵、裕诚、阿灵阿、恩桂、文蔚、麟魁（九月任）
道光二十二年	敬徵、裕诚、阿灵阿、恩桂、文蔚、麟魁、琔珠（五月署）
道光二十三年	敬徵、裕诚、阿灵阿、恩桂、麟魁、琔珠（四月任）、文庆（十二月兼）
道光二十四年	敬徵、裕诚、阿灵阿、麟魁、琔珠（九月卒）、文庆、舒兴阿（九月任）、花沙纳（十月任）
道光二十五年	阿灵阿、文庆、花沙纳、福济（二月任）、恩桂（二月任）、柏葰（六月任）
道光二十六年	阿灵阿、文庆、花沙纳、福济、恩桂、柏葰
道光二十七年	阿灵阿、文庆（五月免）、花沙纳、福济、恩桂、柏葰、明训（七月任）
道光二十八年	阿灵阿、文庆（二月兼）、花沙纳（二月免）、福济、恩桂（卒）、柏葰、明训
道光二十九年	阿灵阿、文庆、福济、柏葰、明训、广林（六月任）
道光三十年	阿灵阿、文庆、福济、柏葰、明训、广林、基溥（五月任）、裕诚（七月任）、灵桂（七月任）
咸丰元年	阿灵阿、柏葰、基溥、裕诚、灵桂（七月革）

续表

时间	内务府大臣名单
咸丰二年	阿灵阿、柏葰、基溥、裕诚、恩华（正月任）、存佑（四月任）
咸丰三年	阿灵阿、柏葰、基溥、裕诚、存佑、麟魁（十月任）
咸丰四年	阿灵阿、柏葰（十月革）、基溥（十二月革）、裕诚、存佑、麟魁
咸丰五年	阿灵阿、裕诚、存佑、麟魁
咸丰六年	阿灵阿、裕诚、存佑、麟魁、瑞麟（十一月任）、文彩（十一月任）
咸丰七年	裕诚、存佑、麟魁、瑞麟、文彩、文丰（二月任）
咸丰八年	裕诚（五月故）、存佑、麟魁、瑞麟、文彩、文丰、恒祺（衔）
咸丰九年	存佑（故）、麟魁、瑞麟、文彩、文丰、恒祺（衔）
咸丰十年	瑞麟（八月革）、文彩（七月卒）、文丰（故）、恒祺（衔）、明善（二月任）、宝鋆（五月任）、肃顺（五月任）
咸丰十一年	恒祺（衔）、明善、宝鋆、肃顺（九月革）、绵森（正月任）、恩醇（正月任）、全庆（六月任）、奕诉（十月兼）
同治元年	明善、宝鋆、绵森、恩醇（四月免）、全庆（二月降调）、奕诉、文祥（四月任）、爱仁（四月任）
同治二年	明善、宝鋆、绵森、奕诉、文祥、爱仁（十二月卒）
同治三年	明善、宝鋆、绵森、奕诉、文祥、存诚（正月兼）
同治四年	明善、宝鋆（四月解）、绵森、奕诉（三月革）、文祥（四月解）、存诚、瑞常（三月兼）、崇纶（四月任）、春佑（衔）
同治五年	明善、存诚、瑞常、崇纶、春佑
同治六年	明善、存诚、瑞常、崇纶、春佑
同治七年	明善、存诚、瑞常、崇纶、春佑（六月实授）
同治八年	明善、存诚、瑞常、崇纶、春佑

续表

时间	内务府大臣名单
同治九年	明善、存诚、瑞常、崇纶、春佑
同治十年	明善、存诚、瑞常、崇纶、春佑
同治十一年	明善、存诚（七月卒）、瑞常（三月卒）、崇纶、春佑、魁龄（六月任）、诚明（六月任）、桂清（七月任）
同治十二年	明善、崇纶、春佑、魁龄、诚明、桂清
同治十三年	明善（十二月故）、崇纶、春佑（七月革）、魁龄、诚明（六月卒）、桂清（七月调）、贵宝（六月任，十二月革）、英桂（七月任）、荣禄（七月任）、文锡（十二月革）
光绪元年	崇纶（九月卒）、魁龄、英桂、荣禄、恩承（八月任）、师曾（九月任）
光绪二年	魁龄、英桂、荣禄、恩承、师曾
光绪三年	魁龄、英桂（正月迁）、荣禄、恩承、师曾、茂林（正月任）
光绪四年	魁龄（十一月卒）、荣禄（十二月解）、恩承、师曾、茂林（四月革）、广寿（四月任）、成林（四月任）、安兴阿（十二月任）
光绪五年	恩承、师曾、广寿、成林（八月卒）、安兴阿（八月革）、广顺（八月任）、志和（八月任）
光绪六年	恩承、师曾、广寿、广顺、志和
光绪七年	恩承、师曾、广寿、广顺、志和
光绪八年	恩承（五月解）、师曾、广寿、广顺、志和、俊启（三月任）
光绪九年	师曾、广寿、广顺、俊启（三月革，降三级调用）、志和（正月被参开缺，五月卒）、文煜（七月任）、嵩申（七月任）、额勒和布（十月任）
光绪十年	师曾、广寿（八月卒）、广顺（十一月卒）、巴克坦布（五月任）、文煜（八月开缺，十月卒）、额勒和布（三月解）、嵩申、福锟（八月任）、耀年（八月任）

时间	内务府大臣名单
光绪十一年	师曾、嵩申、巴克坦布、福锟、耀年
光绪十二年	师曾、嵩申、巴克坦布、福锟、耀年
光绪十三年	师曾、嵩申、巴克坦布、福锟、耀年（十二月卒）、崇光（十二月任）
光绪十四年	师曾、嵩申、巴克坦布、福锟、崇光
光绪十五年	师曾、嵩申、巴克坦布、福锟、崇光、续昌（正月，办理大婚典礼）
光绪十六年	师曾、嵩申、巴克坦布、福锟、崇光
光绪十七年	师曾、嵩申（十一月卒）、巴克坦布、福锟、崇光、立山（十一月任）
光绪十八年	师曾、巴克坦布、福锟、崇光、立山
光绪十九年	师曾（五月原品休致）、巴克坦布、福锟、崇光、立山、容贵（五月任）
光绪二十年	巴克坦布、福锟、崇光、立山、容贵（十一月卒）、怀塔布（十一月任）、文琳（十一月任）
光绪二十一年	巴克坦布（五月病休）、福锟（九月卒）、崇光、立山、怀塔布、文琳、启秀（闰五月任）
光绪二十二年	崇光、立山、怀塔布、文琳、启秀、世续（五月任）
光绪二十三年	崇光、立山、怀塔布、文琳、启秀、世续
光绪二十四年	崇光、立山、怀塔布、文琳（九月卒）、启秀（十一月解）、世续
光绪二十五年	崇光、立山、怀塔布、世续、继禄（十二月任）
光绪二十六年	崇光（七月卒）、立山（革）、怀塔布（十一月卒）、世续、继禄、文廉（七月任）
光绪二十七年	世续、继禄、文廉
光绪二十八年	世续、继禄、文廉（九月卒）、庄山（九月任）、增崇（九月任）
光绪二十九年	世续、继禄、庄山、增崇
光绪三十年	世续、继禄、庄山、增崇

续表

时间	内务府大臣名单
光绪三十一年	世续、继禄、庄山、增崇
光绪三十二年	世续、继禄、庄山、增崇、奎俊（九月任）
光绪三十三年	世续、继禄、庄山、增崇、奎俊
光绪三十四年	继禄、庄山（九月病休，卒）、增崇、奎俊、景沣（九月任）
宣统元年	继禄、增崇、奎俊、景沣
宣统二年	继禄、增崇、奎俊、景沣
宣统三年	继禄（九月解）、增崇、奎俊、景沣、世续（九月任）

附录二 清代内务府大臣基本情况

姓名	任职时间	旗籍	出身	任职背景	任内其他职务	离职原因
图巴	康熙三年三月至康熙二十五年	满洲正白旗（包衣）		内务府郎中		
明珠	康熙三年三月至康熙五年	满洲正黄旗	侍卫	内务府郎中		升迁
巴哈	康熙三年三月至康熙八年六月	满洲镶黄旗	侍卫	内务府郎中	领侍卫内大臣	革职
海拉逊（海喇逊）	康熙五年五月至康熙三十七年十一月	满洲镶黄旗（包衣）		内务府郎中		卒
米思翰	康熙六年三月——	满洲镶黄旗	侍卫	一等侍卫	礼部右侍郎	

姓名	任职时间	旗籍	出身	任职背景	任内其他职务	离职原因
噶禄	康熙八年五月至康熙二十七年二月	满洲镶黄旗（包衣）		一等侍卫		卒
费扬古	康熙二十年正月——	满洲正白旗（包衣）	侍卫	一等侍卫		
鄂尔多	康熙二十五年十一月至康熙二十六年二月	满洲正白旗	侍卫	户部左侍郎	无	迁兵部尚书
班第（班迪、颁迪）	康熙二十六年四月——	满洲正白旗		昭陵总管		
佛伦	康熙二十七年四月至康熙二十八年十月，雍正六年二月协理	满洲正白旗	笔帖式	原任尚书	无	调任山东巡抚
多弼（铎弼）	康熙三十年闰七月	满洲正黄旗		左副都御史		
马斯喀	康熙三十年闰七月至康熙四十三年六月	满洲镶黄旗	侍卫	镶黄旗满洲副都统兼武备院卿事	镶黄旗领侍卫内大臣、议政大臣、管满洲火器营大臣、蒙古都统，镶白旗	卒
哈雅尔图	康熙三十八年五月至康熙三十九年九月	满洲正黄旗		原任左都御史	都察院左都御史	调任理藩院尚书

续表

姓名	任职时间	旗籍	出身	任职背景	任内其他职务	离职原因
科尔	康熙四十一年十二月——	满洲正白旗		上驷院大臣		
黑硕咨	康熙四十二年十二月——	满洲镶白旗		御史		
凌普	康熙四十四年二月至康熙四十七年九月	满洲镶黄旗（包衣）		銮仪使		革职
尚之杰（尚志杰）	康熙四十七年五月	满洲正白旗（包衣）	护军	内务府郎中		
允禩	康熙四十七年九月	满洲正黄旗	皇子	贝勒		免
海章	康熙四十七年十月至雍正元年十二月	满洲镶黄旗		内务府郎中	内务府郎中	卒
保住	康熙四十九年四月——	满洲正黄旗		郎中		
马齐	康熙五十一年十月——	满洲镶黄旗	荫生、侍卫	原任大学士	大学士	
赫奕	康熙五十四年十月至康熙五十五年五月革，雍正十三年十一月至乾隆二年三月	满洲正黄旗	侍卫	原任尚书	工部尚书	革职、休致
观保	康熙五十一年至康熙五十六年十月	满洲正黄旗（包衣）		散秩大臣		革职

续表

姓名	任职时间	旗籍	出身	任职背景	任内其他职务	离职原因
允祹	康熙五十六年十一月至康熙五十七年三月	满洲正黄旗	皇子	固山贝子	无	免
李英贵	康熙六十年十月至康熙六十一年十一月	满洲正白旗（包衣）		光禄寺卿品级		迁总督仓场侍郎
马武	康熙六十年十月至雍正四年十二月	满洲镶黄旗	侍卫	镶白旗满洲副都统	镶白旗满洲副都统、镶白旗蒙古都统、镶黄旗领侍卫内大臣	卒
伊都立	康熙六十年十月	满洲正黄旗	举人	内务府员外郎	内务府员外郎	
董殿邦	康熙五十五年五月至雍正元年	满洲正黄旗（包衣）		内务府郎中		
允禄（庄亲王）	康熙六十一年十一月至乾隆三十二年二月	满洲正黄旗	皇子	阿哥	正黄旗满洲都统、总理宗人府事、左翼宗学事、总理乐部事、议政大臣	卒
噶达浑	康熙六十一年十一月至雍正元年九月	满洲正黄旗（包衣）		盛京佐领		卒
李延禧	雍正元年正月至雍正九年十一月	满洲正白旗（包衣）		内务府郎中		卒

续表

姓名	任职时间	旗籍	出身	任职背景	任内其他职务	离职原因
来保	雍正元年三月署，四月实授，至雍正三年十一月革，雍正十二年至乾隆二十九年三月	满洲正白旗（包衣）	侍卫	一等侍卫	工部尚书、议政大臣、刑部尚书、律例馆总裁、礼部尚书、总理乐部、领侍卫内大臣、管左翼监督、吏部尚书、武英殿大学士、军机大臣、经筵讲官、殿试读卷官等	卒
萨哈廉	雍正元年九月至雍正二年五月			内务府郎中	内务府郎中	免
常明	雍正二年五月至乾隆七年七月	满洲正黄旗（包衣）		上驷院总管	无	卒
五十一（武士宜）	雍正三年十一月至十二月	满洲镶黄旗（内务府汉军正黄旗，乾隆四十年抬旗）		营造司郎中		卒
年希尧	雍正四年正月至雍正十三年十一月	汉军镶黄旗	笔帖式	原任工部右侍郎	淮安关监督兼宿迁关监督、都察院左都御史衔	革职
永福	雍正四年正月至雍正六年二月	满洲正黄旗（包衣）		正黄旗蒙古副都统		革职

续表

姓名	任职时间	旗籍	出身	任职背景	任内其他职务	离职原因
查弼纳	雍正四年五月至雍正七年	满洲正黄旗		原任两江总督	署镶红旗汉军都统、吏部尚书、协理兵部尚书	休致
尚之舜（尚之顺、尚志舜）	雍正四年五月至雍正九年七月	满洲正白旗（包衣）		内务府郎中		
法海	雍正四年七月	满洲镶黄旗	进士	兵部尚书	兵部尚书、协办礼部尚书	
海望	雍正八年六月至乾隆二十年九月	满洲正黄旗	护军校	内务府郎中	户部左侍郎、内大臣、户部尚书、议政大臣、军机大臣、礼部尚书	卒
郑禅宝	雍正八年十一月至雍正十年	满洲正白旗（包衣）		监察御史		
鄂善	雍正八年十一月协理，雍正九年七月实授	满洲正黄旗		内务府郎中	署兵部侍郎	
丁皂保	雍正九年十二月至乾隆四年二月	满洲正黄旗（包衣）		内务府郎中	正蓝旗汉军副都统	休致
范时绎	雍正十一年九月至雍正十二年三月	汉军镶黄旗		工部尚书	工部尚书	革职

续表

姓名	任职时间	旗籍	出身	任职背景	任内其他职务	离职原因
盛安	雍正十三年十一月—	满洲镶黄旗	侍卫	刑部左侍郎	刑部左侍郎	
佛标（佛表）	雍正十二年十一月至雍正十三年	满洲正黄旗		正白旗满洲都统	正白旗满洲都统	
傅鼐	雍正元年至雍正十三年十一月迄，雍正十三年九月	满洲镶白旗	侍卫	一等卫	署理兵部尚书、署理刑部尚书	迁、免
讷亲	雍正十三年九月至乾隆三年	满洲镶黄旗	笔帖式	一等果毅公	协办户部尚书事、镶白旗满洲都统、镶黄旗满洲都统、兵部尚书兼议政大臣等	免
弘昼（和亲王）	雍正十三年至乾隆十七年	满洲正黄旗	皇子	亲王	正白旗满洲都统、镶黄旗满洲都统	
阿里衮	乾隆二年至乾隆七年七月	满洲正白旗	侍卫	二等卫	镶红旗满洲副都统、兵部右侍郎、户部右侍郎	调
三和	乾隆六年三月至乾隆三十八年八月	满洲镶白旗	护军校	一等卫	户部左侍郎、户部右侍郎、工部右侍郎、工部尚书、议政大臣、内大臣等	卒

续表

姓名	任职时间	旗籍	出身	任职背景	任内其他职务	离职原因
傅恒	乾隆七年六月至乾隆三十五年七月	满洲镶黄旗	侍卫	御前侍卫	户部右侍郎、军机处行走、户部左侍郎、内大臣、户部尚书、议政大臣、会典馆正总裁、殿试读卷官、协办大学士、兵部尚书、步军统领等	卒
赵宏恩	乾隆九年六月至乾隆十年十一月	汉军镶红旗	贡生	工部右侍郎	工部右侍郎、都统	免
高斌	乾隆十年十一月至乾隆二十年三月	满洲镶黄旗（包衣）		吏部尚书	吏部尚书、军机处行走、文渊阁大学士兼直隶河道总督、两江总督	卒
德保	乾隆十三年九月至乾隆十五年十一月，乾隆十八年九月至乾隆五十四年正月	满洲正白旗（包衣）	进士	翰林院侍读、工部侍郎	署户部侍郎、户部侍郎、正黄旗汉军副都统、署兵部右侍郎、礼部尚书等	革职，卒
那木扎勒（那木扎尔）	乾隆十三年九月至乾隆十六年闰四月	满洲旗	闲散	镶蓝旗满洲副都统	镶蓝旗满洲副都统	
倓赫	乾隆十五年十一月至乾隆十六年闰五月，乾隆十七年五月——	满洲镶黄旗（包衣）				

续表

姓名	任职时间	旗籍	出身	任职背景	任内其他职务	离职原因
吉庆	乾隆二十一年至乾隆二十四年	满洲镶黄旗（包衣）	笔帖式	镶黄旗汉军副都统	步军统领、户部侍郎	
和尔精额	乾隆二十五年至乾隆二十九年二月，乾隆三十年七月暂办	满洲正白旗（包衣）			正白旗蒙古副都统	革职
英廉	乾隆二十六年十一月至乾隆四十五年	满洲正白旗（包衣）	举人	内务府护军统领	户部侍郎、四库全书馆副总裁、步军统领、刑部尚书、正黄旗满洲都统、户部尚书、议政大臣、协办大学士	
塔克图	乾隆二十九年二月——	满洲正白旗（包衣）			镶白旗满洲副都统	
高恒	乾隆三十年九月至乾隆三十三年六月	满洲镶黄旗（包衣）	荫生	户部右侍郎	正白旗汉军副都统、正白旗满洲副都统、户部右侍郎兼吏部左侍郎等	革职
四格	乾隆三十八年至乾隆四十一年十月	满洲正白旗（包衣）	侍卫	奉宸苑卿	奉宸苑卿、值年河道大臣、镶白旗汉军都统等	卒
永瑢	乾隆四十三年三月至乾隆五十五年五月	满洲正黄旗	皇子	阿哥	兼管钦天监事务、四库全书馆总裁、管理乐部	卒

续表

姓名	任职时间	旗籍	出身	任职背景	任内其他职务	离职原因
迈拉逊	乾隆三十三年十一月至乾隆四十四年二月	满洲正蓝旗	荫生	内阁学士	刑部侍郎、署吏部左侍郎、工部侍郎、管钦天监事务、经筵讲官、署礼部侍郎、正蓝旗汉军都统、署左翼税务、正白旗蒙古都统、工部尚书、都察院左都御史、镶蓝旗满洲都统等	休致
福隆安	乾隆三十四年正月至乾隆四十九年三月	满洲镶黄旗	侍卫	工部尚书	工部尚书、署理藩院尚书、步军统领、领侍卫内大臣、署镶黄旗满洲都统、四库馆正总裁、正白旗满洲都统、兵部尚书、文渊阁提举阁事、国史馆正总裁等	卒
刘浩	乾隆三十四年十二月至乾隆四十年	满洲镶黄旗（包衣）		监督	工部左侍郎、正红旗汉军副都统等	
丰升额	乾隆三十五年七月至乾隆四十二年十月	满洲正白旗	拜唐阿	镶蓝旗蒙古都统	军机处行走、户部尚书、署左都御史、署理藩院尚书、步军统领、议政大臣、正白旗满洲都统等	卒

续表

姓名	任职时间	旗籍	出身	任职背景	任内其他职务	离职原因
金简	乾隆三十八年十一月至乾隆五十九年十二月	满洲正黄旗（包衣）	笔帖式	奉宸苑卿	四库全书处副总裁、四库馆总裁、工部尚书、署户部尚书、镶黄旗汉军都统、吏部尚书等	卒
和珅	乾隆四十一年十月至嘉庆四年正月	满洲正红旗	文生员	户部侍郎	军机大臣、镶黄旗满洲副都统、步军统领、崇文门监督、户部侍郎、议政大臣、领侍卫内大臣、镶蓝旗满洲都统、吏部尚书、署兵部尚书、经筵讲官、国史馆正总裁、文华殿大学士、殿试读卷官等	革职
福长安	乾隆四十五年正月至嘉庆四年正月	满洲镶黄旗	侍卫	工部右侍郎	军机大臣、户部侍郎、户部尚书、兵部尚书、议政大臣、镶红旗蒙古都统、工部尚书、正红旗满洲都统、御前大臣、镶白旗满洲都统、正白旗满洲都统等	革职

续表

姓名	任职时间	旗籍	出身	任职背景	任内其他职务	离职原因
福康安	乾隆四十九年闰三月	满洲镶黄旗	侍卫	兵部尚书	兵部尚书兼管工部尚书	
伊龄阿	乾隆四十九年闰三月至乾隆六十年九月	满洲镶黄旗（包衣）	官学生	两淮盐政	兵部右侍郎、刑部右侍郎、镶红旗满洲副都统、崇文门监督、正黄旗蒙古副都统等	卒
舒文	乾隆五十三年至乾隆五十五年	满洲镶黄旗（包衣）		武备院卿	镶黄旗汉军副都统	
永琅	乾隆五十五年五月至嘉庆四年	满洲正黄旗	皇族	怡亲王		卒
巴宁阿	乾隆五十六年二月至乾隆五十九年六月	满洲正白旗（包衣）	笔帖式	上驷院卿	镶蓝旗蒙古副都统、工部右侍郎	革职
丰绅殷德	乾隆六十年正月至嘉庆四年二月	满洲正红旗	固伦额驸	固伦额驸	銮仪卫銮仪使兼正白旗汉军都统、崇文门监督等	革职
缊布	乾隆六十年三月至嘉庆三年四月	满洲正黄旗（包衣）	笔帖式	泰宁镇总兵	工部尚书	革职
盛住	乾隆六十年九月至嘉庆五年闰四月	满洲正白旗（包衣）	监生	淮关监督	镶蓝旗汉军副都统、工部右侍郎	革职

续表

姓名	任职时间	旗籍	出身	任职背景	任内其他职务	离职原因
阿明阿	嘉庆四年、嘉庆九年六月至嘉庆十四年十二月	满洲正黄旗（包衣）	侍卫	奉宸苑卿	正白旗汉军副都统、工部右侍郎、工部左侍郎	革职
布彦达赉	嘉庆四年正月至七月革，嘉庆五年正月至嘉庆六年正月	满洲正白旗	侍卫	兵部左侍郎	户部侍郎、实录馆副总裁、正黄旗领侍卫内大臣、步军统领、文渊阁提举阁事、署左都御史等	革职，卒
永来	嘉庆四年正月——	满洲正黄旗	官学生	上驷院卿	上驷院卿、总理工程处行走、镶蓝旗汉军副都统、正蓝旗满洲副都统	
傅森	嘉庆四年七月——	满洲镶黄旗	监生	兵部尚书	镶红旗汉军都统、崇文门副监督、军机处行走	
那彦成	嘉庆四年七月至嘉庆五年闰四月	满洲正白旗	进士	工部尚书	工部尚书、崇文门正监督、实录馆总裁、镶白旗汉军都统、经筵讲官、国史馆副总裁等	革职
丰绅济伦	嘉庆四年七月至嘉庆八年八月	满洲镶黄旗	侍卫	户部左侍郎	兵部尚书、崇文门正监督、实录馆总裁、正蓝旗满洲旗统、文渊阁提举阁事、镶蓝旗汉军副都统、正白旗汉军副都统等	革职

续表

姓名	任职时间	旗籍	出身	任职背景	任内其他职务	离职原因
景熠	嘉庆四年八月至嘉庆五年正月	满洲镶黄旗	宗室	右翼前锋统领	宗人府右宗人、御前侍卫、清字经管总裁	调任黑龙江将军
明德	嘉庆五年闰四月至嘉庆十一年七月	满洲镶黄旗（包衣）		西陵总管	镶白旗汉军副都统、工部右侍郎	卒
英和	嘉庆六年正月至嘉庆九年六月、嘉庆十一年八月至道光六年	满洲正白旗	进士	礼部左侍郎、工部左侍郎	正红旗满洲副都统、翰林院掌院学士、经筵讲官、试读卷官、正白旗汉军副都统、护军统领、续纂四库全书馆总裁、吏部侍郎、实录馆全书馆副总裁、会典馆总裁、军机大臣上行走、步军统领、工部尚书、吏部尚书、户部尚书等	免
额勒布	嘉庆六年二月至嘉庆九年七月、嘉庆十三年五月至七月	满洲正红旗	生员	户部右侍郎	户部右侍郎、署仓场侍郎	革职、革职
苏楞额	嘉庆六年二月至嘉庆十四年十二月	满洲正白旗（包衣）	笔帖式	奉宸苑卿	工部右侍郎、工部左侍郎、镶白旗满洲副都统、正红旗满洲副都统、崇文门副监督、工部尚书等	革职

续表

姓名	任职时间	旗籍	出身	任职背景	任内其他职务	离职原因
孟住	嘉庆八年八月至九月	满洲正白旗	监生	正红旗满洲副都统		革职
常福	嘉庆九年闰六月、嘉庆十一年正月至道光三年八月	满洲正白旗（包衣）	监生	武备院卿	镶白旗汉军副都统、工部右侍郎、镶红旗满洲副都统、工部左侍郎、兵部右侍郎、户部右侍郎、太仆寺少卿等	革职、卒
广兴	嘉庆十年闰六月至嘉庆十一年九月，嘉庆十二年至嘉庆十三年十一月	满洲镶黄旗（包衣）	监生	兵部右侍郎、奉宸苑卿	兵部右侍郎、署刑部左侍郎、刑部右侍郎、镶蓝旗汉军副都统等	革职
那彦宝	嘉庆十一年正月至嘉庆十三年六月	满洲正白旗	文生员	工部左侍郎	工部左侍郎	革职
文宁	嘉庆十一年七月、嘉庆十三年正月至三月	满洲正红旗	进士	工部右侍郎、镶白旗蒙古副都统	镶白旗蒙古都统、步军统领	革职
信山	嘉庆十一年十一月	满洲镶黄旗（包衣）		内务府正白旗护军统领		

续表

姓名	任职时间	旗籍	出身	任职背景	任内其他职务	离职原因
和世泰	嘉庆三年六月至嘉庆二十五年	满洲镶黄旗		正红旗满洲副都统	正红旗满洲副都统、内阁学士、理藩院尚书、管理工程处、正白旗汉军都统、正黄旗汉军都统、署镶红旗满洲都统、兵部尚书等	
徵瑞	嘉庆十四年三月至嘉庆十九年十一月	满洲正白旗（包衣）	笔帖式	奉宸苑卿	镶蓝旗汉军副都统、正黄旗蒙古副都统、工部右侍郎等	开缺、赏内务府大臣衔
桂芳	嘉庆十四年十二月至嘉庆十九年四月	满洲镶蓝旗	进士	吏部右侍郎	户部右侍郎、翰林院掌院学士、镶黄旗满洲副都统兼云骑尉、国史馆副总裁、南书房行走、武英殿总裁、文渊阁提举阁事等	卒
穆克登额	嘉庆十四年十二月至嘉庆十八年三月，嘉庆十八年八月至嘉庆二十一年十月	满洲镶黄旗	笔帖式	刑部左侍郎	刑部左侍郎、工部右侍郎、镶白旗满洲副都统、礼部右侍郎、礼部左侍郎、工部左侍郎、礼部尚书、镶黄旗汉军都统	降调
穆腾额	嘉庆十六年六月至嘉庆十七年七月	满洲正白旗（包衣）	监生	奉宸苑卿	崇文门副监督	
高杞	嘉庆十八年六月	满洲镶黄旗		刑部左侍郎	热河都统、头等轻车都尉	革职

续表

姓名	任职时间	旗籍	出身	任职背景	任内其他职务	离职原因
禧恩	嘉庆二十年正月至道光十八年闰四月	满洲正蓝旗	宗室、侍卫	兵部左侍郎	崇文门副监督、户部侍郎、御前大臣、领侍卫内大臣、正红旗汉军都统、经筵讲官、理藩院尚书、镶白旗满洲都统、崇文门正监督、户部尚书、署兵部尚书等	革职
阿克当阿	嘉庆二十四年九月至道光元年十月	满洲正白旗（包衣）	笔帖式	两淮盐政	兵部左侍郎、工部右侍郎、工部左侍郎	调任东陵总管内务府大臣
晋昌	嘉庆二十五年四月	满洲正蓝旗	宗室、侍卫	正黄旗领侍卫内大臣	领侍卫内大臣、镶蓝旗满洲都统、崇文门监督等	
长申	嘉庆二十五年十月至道光元年三月	满洲正白旗（包衣）		奉宸苑卿		卒
穆彰阿	道光元年三月至道光八年八月	满洲镶蓝旗	进士	工部左侍郎	户部侍郎、左都御史、经筵讲官、理藩院尚书、署工部尚书、军机大臣、步军统领、镶白旗汉军都统、崇文门正监督等	免
嵩年	道光元年十月至道光二年	满洲镶黄旗（包衣）	笔帖式	热河总管		调

续表

姓名	任职时间	旗籍	出身	任职背景	任内其他职务	离职原因
广泰	道光二年正月、道光六年二月	满洲正黄旗（包衣）	举人	上驷院卿、马兰镇总兵		
文孚	道光二年七月至道光三年正月	满洲镶黄旗	监生	吏部尚书	吏部尚书、镶蓝旗满洲都统	免
恩铭	道光三年正月—	满洲正红旗	进士	兵部左侍郎	兵部左侍郎、正黄旗蒙古副都统	
敬徵	道光三年正月至道光二十五年	满洲镶白旗	宗室、侍卫	工部右侍郎	户部侍郎、经筵讲官、崇文门监督、正红旗满洲副都统、右翼监督、正红旗汉军都统、正红旗蒙古都统、都察院左都御史、内大臣、工部尚书、镶黄旗总族长、户部尚书兼吏部尚书、协办大学士等	
阿尔邦阿	道光四年闰七月至道光十五年	满洲正白旗（包衣）	笔帖式	长芦盐政	工部左侍郎、正蓝旗汉军副都统、正蓝旗汉军都统、户部右侍郎等	
耆英	道光五年三月至道光十六年九月	满洲正蓝旗	宗室、荫生	兵部左侍郎	工部右侍郎、署左翼前锋统领、崇文门副监督、礼部尚书、署户部尚书、军统领、署步军总兵、宗室总族长、署理藩院尚书、内大臣、镶蓝旗满洲都统等	革职

续表

姓名	任职时间	旗籍	出身	任职背景	任内其他职务	离职原因
达三	道光七年四月至道光十一年正月，道光十一年	包衣旗		上驷院卿		解职
宝兴	道光八年八月至道光十一年	满洲镶黄旗	进士	马兰镇总兵	正黄旗满洲副都统、理藩院右侍郎、镶白旗蒙古都统、署左都御史、吏部左侍郎、崇文门副监督等	调
克蒙额	道光十一年正月至道光十九年四月	满洲正白旗（包衣）	笔帖式	武备院卿	右翼监督、镶蓝旗汉军副都统、崇文门监督	病休
博启图	道光十一年九月——	满洲镶黄旗	荫生	理藩院尚书	理藩院尚书、署兵部尚书、经筵讲官、署工部尚书、正白旗领侍卫内大臣等	
奕纪	道光十四年七月至道光二十年正月	满洲正黄旗	宗室、侍卫	吏部右侍郎	左翼前锋统领、管户部尚书、镶黄旗汉军都统、崇文门监督、内大臣、理藩院尚书、礼部尚书、户部尚书、衙前大臣、阅兵大臣、鉴仪卫掌事大臣等	革职

续表

姓名	任职时间	旗籍	出身	任职背景	任内其他职务	离职原因
彭年	道光十五年十二月至道光十六年九月	满洲镶黄旗（包衣）	官学生	奉宸苑卿		卒
文庆	道光十六年九月至道光二十年、道光二十三年十二月至道光二十七年二月，道光二十八年二月至道光三十年	满洲镶红旗	进士	户部右侍郎	户部右侍郎、吏部侍郎、署右翼总兵、军机大臣上行走、国史馆副总裁、顺天乡试副考官、朝考阅卷大臣、文渊阁提举阁事、江南乡试正考官、正蓝旗蒙古副都统、都察院左都御史、兵部尚书等	
奎照	道光十六年九月至道光十八年四月	满洲正白旗（包衣）	进士	京营右翼总兵	工部右侍郎、左都御史、汉军都统、署管理钦天监事务、军机大臣上学习行走、镶黄旗蒙古都统	免
裕诚	道光十八年四月至道光二十四年、道光三十年七月至咸丰八年五月	满洲镶黄旗	荫生	户部右侍郎、工部尚书	兵部尚书、户部尚书、内大臣、正白旗汉军都统、正黄旗满洲都统	卒
阿灵阿	道光十八年七月至咸丰六年	满洲镶黄旗（包衣）	举人	署奉宸苑卿	镶红旗汉军都统、镶白旗满洲都统	

续表

姓名	任职时间	旗籍	出身	任职背景	任内其他职务	离职原因
恩桂	道光二十年正月至道光二十三年，道光二十五年二月至道光二十八年	满洲镶蓝旗	宗室、进士	吏部右侍郎	署礼部尚书、兼管太常寺事务、兼管鸿胪寺事务、署右翼前锋统领、左都御史、经筵讲官、管理沟渠河道大臣、理藩院尚书、署步军统领等	卒
文蔚	道光二十年六月至道光二十二年	满洲正蓝旗	进士	工部左侍郎	镶白旗护军统领、兼镶红旗护军统领、顺天乡试副考官、镶黄旗蒙古副都统、正白旗满洲副都统、户部左侍郎、经筵讲官、会试副考官、左翼总兵、左都御史等	
麟魁	道光二十一年九月至道光二十四年，道光二十四年九月至咸丰三年十月至咸丰三年九月	满洲镶白旗	进士	正黄旗满洲副都统、礼部尚书	署左翼总兵、署都察院左都御史、署山东巡抚、镶蓝旗汉军都统、礼部尚书、署工部尚书、刑部尚书、正蓝旗蒙古都统、崇文门副监督、翰林院掌院学士、内大臣、殿试读卷官、朝考阅卷大臣等	革职

续表

姓名	任职时间	旗籍	出身	任职背景	任内其他职务	离职原因
琫珠	道光二十二年五月署，道光二十三年四月实授至道光二十四年九月	满洲正蓝旗（包衣）		武备院卿	无	卒
舒兴阿	道光二十四年九月	满洲正蓝旗	进士	兵部右侍郎	工部右侍郎	
花沙纳	道光二十四年十月至道光二十八年二月	蒙古正蓝旗	进士	工部右侍郎	户部右侍郎、正黄旗满洲副都统、署正蓝旗满洲副都统、署镶黄旗满洲护军统领、顺天乡试复试阅卷大臣、管理河道大臣、左翼总兵等	免
福济	道光二十五年二月至道光三十年	满洲镶白旗	进士	兵部右侍郎	殿试读卷官、朝考阅卷大臣、吏部右侍郎、崇文门副监督、顺天乡试副考官、会试副考官、江南乡试正考官、正白旗护军统领、实录馆副总裁等	调
柏葰	道光二十五年六月至咸丰四年十月	蒙古正蓝旗	进士	吏部左侍郎	户部左侍郎、都察院左都御史、兵部尚书、吏部尚书、翰林院掌院学士、镶白旗蒙古都统	革职

续表

姓名	任职时间	旗籍	出身	任职背景	任内其他职务	离职原因
明训	道光二十七年七月至道光三十年	蒙古正黄旗	进士	工部右侍郎	崇文门副监督、文渊阁提举阁事、吏部右侍郎、署热河都统、署镶蓝旗护军统领、正蓝旗蒙古都统等	
广林	道光二十九年六月至道光三十年	蒙古正黄旗	进士	礼部右侍郎	户部右侍郎、工部左侍郎	调盛京礼部侍郎
基溥	道光三十年五月至咸丰四年十二月	满洲正白旗（包衣）	笔帖式	奉宸苑卿	正蓝旗汉军副都统、镶白旗蒙古副都统、正白旗满洲副都统、刑部右侍郎、正蓝旗护军统领	革职
灵桂	道光三十年七月至咸丰元年七月	满洲正蓝旗	宗室、进士	工部左侍郎	工部左侍郎、正红旗蒙古副都统	革职
恩华	咸丰二年正月至十二月	满洲镶蓝旗	宗室	兵部左侍郎	兵部左侍郎	
存佑	咸丰二年四月至咸丰九年	满洲正黄旗（包衣）		武备院卿	署正白旗蒙古副都统、正黄旗蒙古都统	卒
瑞麟	咸丰六年十一月至咸丰八年八月	满洲正蓝旗	文生员	礼部尚书	礼部尚书、镶黄旗汉军都统	革职

续表

姓名	任职时间	旗籍	出身	任职背景	任内其他职务	离职原因
文彩	咸丰六年十一月至咸丰十年七月	满洲镶白旗	宗室、翻译进士	都察院左都御史	都察院左都御史、工部尚书、步军统领	卒
文丰	咸丰七年二月至咸丰十年（咸丰四年赏总管内务府大臣衔）	满洲正黄旗（包衣）	捐纳监生	正蓝旗汉军副都统	署正黄旗护军统领、正红旗满洲副都统、崇文门副监督、正白旗满洲副都统	卒
明善	咸丰十年二月至同治十三年十二月	满洲正黄旗（包衣）	监生	武备院卿	正白旗汉军副都统、镶蓝旗满洲副都统、正蓝旗满洲副都统、工部右侍郎、工部左侍郎	卒
宝鋆	咸丰十年五月至同治四年四月	满洲镶白旗	进士	户部右侍郎	户部右侍郎、军机大臣、总理衙门大臣、镶蓝旗蒙古都统、镶蓝旗满洲都统	辞职
肃顺	咸丰十年五月至咸丰十一年九月	满洲镶蓝旗	宗室、三等辅国将军	户部尚书	正白旗汉军都统、镶黄旗汉军都统、户部尚书、协办大学士、理领侍卫内大臣、赞襄政务王大臣	革职

续表

姓名	任职时间	旗籍	出身	任职背景	任内其他职务	离职原因
绵森	咸丰十一年正月至同治五年	满洲正蓝旗	宗室	工部尚书	工部尚书、刑部尚书、镶蓝旗汉军都统、镶红旗满洲都统、内大臣	卒
恩醇	咸丰十一年正月至同治元年四月	满洲镶红旗	和硕额驸			免
全庆	咸丰十一年六月至同治元年二月	满洲正白旗	进士	正黄旗满洲副都统	吏部尚书、正红旗汉军都统、镶红旗满洲都统	降调大理寺卿
奕䜣（恭亲王）	咸丰十一年十月至同治三年三月	满洲正黄旗	皇室	恭亲王、宗人府府令	军机大臣、宗人府令、议政王、总理衙门大臣	革职
文祥	同治元年四月至同治四年四月	满洲正红旗	进士	都察院左都御史	都察院左都御史、正白旗蒙古都统、军机大臣、工部尚书、总理衙门大臣、署户部尚书	辞职
爱仁	同治元年四月至同治三年十二月	满洲正红旗	举人	兵部尚书	兵部尚书、实录馆总裁	卒
存诚	同治三年正月至同治十一年七月	满洲正黄旗	宗室	理藩院尚书	理藩院尚书、署正黄旗蒙古都统、经筵讲官、崇文门副监督、镶白旗汉军都统、工部尚书、礼部尚书	卒

续表

姓名	任职时间	旗籍	出身	任职背景	任内其他职务	离职原因
瑞常	同治四年三月至同治十一年三月	蒙古镶红旗	进士	协办大学士、吏部尚书	工部尚书、翰林院掌院学士、顺天乡试副考官、刑部尚书、文渊阁大学士、会试复试阅卷大臣、殿试读卷官、内大臣、文华殿大学士、文渊阁领阁事	卒
崇纶	同治四年四月至光绪元年九月	满洲正白旗（包衣）	武举人、翻译笔帖式	户部右侍郎	户部左侍郎、崇文门副监督、理藩院尚书、署镶红旗蒙古旗都统、镶黄旗满洲副都统、正蓝旗汉军都统、工部尚书	卒
春佑	同治七年六月至同治十三年七月	满洲正红旗	宗室	镶黄旗汉军都统	内大臣、镶黄旗汉军都统	革职
魁龄	同治十一年六月至光绪四年十一月	满洲正红旗	进士	吏部左侍郎	吏部左侍郎、都察院左都御史、镶红旗汉军都统、署兵部尚书、阅卷大臣、工部尚书、殿试读卷大臣、工部尚书、户部尚书、经筵讲官	卒
诚明	同治十一年六月至同治十三年六月	满洲正黄旗（包衣）	捐纳监生、笔帖式	上驷院卿	署正红旗满洲副都统、署正白旗满洲副都统	卒

续表

姓名	任职时间	旗籍	出身	任职背景	任内其他职务	离职原因
桂清	同治十一年七月至同治十三年七月	满洲正白旗	翻译进士	户部右侍郎	署兵部右侍郎、翻译正考官	调盛京工部侍郎
贵宝	同治十三年六月至光绪十二月	内务府包衣		内务府堂郎中		革职
英桂	同治十三年七月至光绪三年正月	满洲正蓝旗	举人	兵部尚书	兵部尚书、吏部尚书兼步军统领、镶红旗汉军都统、正红旗满洲都统	升迁
荣禄	同治十三年七月至光绪四年十二月	满洲正白旗	荫生、袭骑都尉	户部左侍郎	户部左侍郎、步军统领、正蓝旗护军统领、镶黄旗护军统领、都察院左都御史、工部尚书	辞职
文锡	同治十三年十二月	满洲正黄旗（包衣）		内务府堂郎中		革职
恩承	光绪元年八月至光绪八年五月	满洲正白旗	进士	吏部左侍郎	吏部左侍郎、署左翼总兵、署右翼总兵、正红旗汉军都统、镶黄旗护军统领、都察院左都御史、礼部尚书、步军统领	解职

续表

姓名	任职时间	旗籍	出身	任职背景	任内其他职务	离职原因
师曾	光绪元年九月至光绪四年五月	蒙古正白旗（包衣）	监生	武备院卿	署正黄旗汉军副都统、崇文门副监督、镶红旗蒙古副都统、内阁学士、镶红旗满洲副都统、工部右侍郎、户部右侍郎、镶蓝旗满洲副都统、兵部左侍郎	病休
茂林	光绪三年正月至光绪四年四月	满洲正黄旗（包衣）		武备院卿		革职
广寿	光绪四年四月至光绪十年八月	满洲镶黄旗	翻译进士	兵部尚书	兵部尚书、署礼部尚书、署正白旗汉军都统、镶红旗蒙古都统、吏部尚书、国史馆正总裁	卒
成林	光绪四年四月至光绪五年八月	满洲镶白旗	举人	工部左侍郎	署步军统领、正红旗满洲副都统、吏部右侍郎、户部左侍郎、吏部左侍郎、崇文门监督	卒
安兴阿	光绪四年十二月至光绪五年八月	满洲正白旗	侍卫	正黄旗汉军都统		革职
广顺	光绪五年八月至光绪十年十一月	满洲正黄旗（包衣）	笔帖式	上驷院卿		卒

续表

姓名	任职时间	旗籍	出身	任职背景	任内其他职务	离职原因
志和	光绪五年八月至光绪九年五月	满洲正蓝旗	进士	吏部左侍郎	左都御史、署户部尚书、武英殿总裁、理藩院尚书、正白旗蒙古都统、崇文门副监督、兵部尚书、经筵讲官	卒
俊启	光绪八年三月至光绪九年三月	满洲正白旗（包衣）		镶红旗汉军副都统		革职，降调
文煜	光绪九年七月至光绪十年	满洲正蓝旗	官学生	刑部尚书	正红旗满洲都统、武英殿大学士	病休，旋卒
嵩申	光绪九年七月至光绪十七年十一月	满洲镶黄旗（包衣）	进士	礼部右侍郎	镶蓝旗满洲副都统、户部左侍郎、顺天乡试举人复试阅卷大臣、会试副考官、会试阅卷大臣、左翼监督、署理藩院左侍郎、镶白旗汉军都统、署工部尚书、刑部尚书、会典馆副总裁	卒
额勒和布	光绪九年十月至光绪十年三月	满洲镶蓝旗	翻译进士	户部尚书	经筵讲官、军机大臣上行走、协办大学士	解职

续表

姓名	任职时间	旗籍	出身	任职背景	任内其他职务	离职原因
巴克坦布	光绪十年五月至光绪二十一年五月	满洲正黄旗（包衣）		奉宸苑卿	正白旗汉军副都统、正蓝旗护军统领、镶红旗满洲副都统、右翼前锋统领、兵部右侍郎、左翼前锋统领、署户部右侍郎、正白旗满洲副都统、兵部左侍郎、崇文门副监督	病休
福锟	光绪十年八月至光绪二十一年九月	满洲镶蓝旗	宗室、进士	工部尚书	文渊阁提举阁事、户部尚书、协办大学士、满洲经筵讲官、朝审大臣、殿试读卷官、镶红旗满洲都统、崇文门正监督、内大臣、大学士、吏部尚书、大学士、体仁阁大学士	卒
耀年	光绪十年八月至光绪十三年二月	蒙古正黄旗	进士	兵部左侍郎	正蓝旗满洲副都统、左翼满洲副都统	卒
崇光	光绪十三年十二月至光绪二十六年七月	满洲正黄旗（包衣）	监生	奉宸苑卿	镶红旗汉军副都统、崇文门副监督、工部右侍郎、吏部左侍郎、镶蓝旗满洲都统、兵部左侍郎、左翼监督、正白旗满洲副都统	卒

续表

姓名	任职时间	旗籍	出身	任职背景	任内其他职务	离职原因
续昌	光绪十五年正月	蒙古正白旗	监生	礼部右侍郎	礼部右侍郎	免
立山	光绪十七年十一月至光绪二十六年	蒙古正黄旗	官学生	奉宸苑卿	正白旗汉军都统、右翼监督、户部右侍郎、镶白旗满洲副都统、户部左侍郎、户部尚书	革职
容贵	光绪十九年五月至光绪二十年十一月	满洲正黄旗		镶黄旗蒙古都统	崇文门副监督、管理火器营大臣	卒
怀塔布	光绪二十年十一月至光绪二十六年十一月	满洲正蓝旗	荫生	工部尚书	礼部尚书、都察院左都御史、理藩院尚书、署礼部尚书、正蓝旗蒙古都统、镶红旗满洲都统	因病出缺，旋卒
文琳	光绪二十年十一月至光绪二十四年九月	满洲正白旗（包衣）		刑部右侍郎	刑部右侍郎	卒
启秀	光绪二十一年闰五月至光绪二十四年十一月	满洲正白旗	进士	理藩院尚书	会典馆副总裁、正黄旗蒙古都统、署镶黄旗汉军都统	解职
世续	光绪二十二年五月至光绪三十三年，宣统三年复任	满洲正黄旗（包衣）	举人	武备院卿	工部侍郎、理藩院尚书、吏部尚书、协办大学士、体仁阁大学士、文华阁大学士、军机大臣、外务部会办大臣	/

续表

姓名	任职时间	旗籍	出身	任职背景	任内其他职务	离职原因
继禄	光绪二十五年十二月至宣统三年九月	满洲正黄旗（包衣）	监生	奉宸苑卿	正白旗汉军副都统、工部左侍郎、吏部右侍郎、正红旗满洲副都统、正白旗满洲副都统、正红旗蒙古都统、吏部左侍郎	解职
文廉	光绪二十六年七月至光绪二十八年九月	满洲正黄旗（包衣）		奉宸苑卿	镶蓝旗汉军副都统、署工部左侍郎	卒
庄山	光绪二十八年九月至光绪三十四年九月	满洲正白旗（包衣）	贡生（捐）	奉宸苑卿	镶白旗汉军副都统、署理藩院左侍郎	病休
增崇	光绪二十八年九月至宣统以后	满洲正黄旗（包衣）	监生（捐输移奖）	武备院卿	兵部左侍郎、正红旗满洲副都统、户部右侍郎、吏部右侍郎、镶黄旗蒙古都统	／
奎俊	光绪三十二年九月至宣统以后	满洲正白旗（包衣）		裁缺吏部尚书		／
景沣	光绪三十四年九月至宣统以后	满洲镶白旗	监生	广州将军	正黄旗蒙古都统	／

参考文献

一　未刊档案

中国第一历史档案馆藏宫中档朱批奏折、军机处录副奏折、寄信档。

二　史料汇编

大连图书馆编《大连图书馆藏清代内务府档案》，国家图书馆出版社，2010。

端方：《端忠敏公奏稿》，台北：文海出版社，1967。

故宫博物院编《文献丛编》，香港：蝠池书院出版有限公司，2005。

故宫博物院明清档案部编《清代档案史料丛编》第1辑，中华书局，1978。

故宫博物院明清档案部编《清末筹备立宪档案史料》，中华书局，1979。

国家图书馆编《清内务府档案文献汇编》，全国图书馆文献微缩复制中心，2004。

辽宁社会科学院历史研究所、大连市图书馆文献研究室、辽宁省民族研究所历史研究室编《清代内阁大库散佚满文档案选编》，天津古籍出版社，1992。

上海书店出版社编印《清代档案史料选编》，2010。

舒牧等编《圆明园资料集》，书目文献出版社，1984。

孙学雷、刘家平主编《国家图书馆藏清代孤本内阁六部档案》，全国图书馆文献缩微复制中心，2003。

王春瑜编《中国稀见史料》，厦门大学出版社，2007。

曾国藩：《曾文正公奏稿》，《续修四库全书》第 501 册，上海古籍出版社，2002。

中国第一历史档案馆编《庚子事变清宫档案汇编》，中国人民大学出版社，2003。

中国第一历史档案馆编《光绪宣统两朝上谕档》，广西师范大学出版社，1996。

中国第一历史档案馆编《嘉庆道光两朝上谕档》，广西师范大学出版社，2000。

中国第一历史档案馆编《卡尔为慈禧画像史料》，《历史档案》2003 年第 3 期。

中国第一历史档案馆编《乾隆朝上谕档》，档案出版社，1991。

中国第一历史档案馆编《清代中南海档案》，西苑出版社，2004。

中国第一历史档案馆编《清宫内务府奏案》（300 册），故宫出版社，2015。

中国第一历史档案馆编《咸丰同治两朝上谕档》，广西师范大学出版社，1998。

中国第一历史档案馆、承德市文物局编《清宫热河档案》，中国档案出版社，2003。

中国第一历史档案馆、故宫博物院编《清宫内务府奏销档》（300 册），故宫出版社，2014。

中国第一历史档案馆、文化部恭王府管理中心编《清宫恭王府档案总汇·和珅秘档》（10 册），国家图书馆出版社，2009。

中国第一历史档案馆、文化部恭王府管理中心编《清宫恭王府档案总汇·奕䜣秘档》（10 册），国家图书馆出版社，2008。

中国第一历史档案馆、文化部恭王府管理中心编《清宫恭王府档案总汇·永璘秘档》，国家图书馆出版社，2009。

《中国近代百年史资料丛编》，全国图书馆文献缩微复制中心，2005。

周骏富编《清代传记丛刊》，台北：明文书局，1985。

三　官修政书

鄂尔泰、张廷玉等编《国朝宫史》，北京古籍出版社，1994。

高宗敕撰《清朝通典》，商务印书馆，1935。

高宗敕撰《清朝通志》，商务印书馆，1935。

葛士濬辑《皇朝经世文续编》，台北：文海出版社，1972。

黄鸿寿：《清史纪事本末》，上海书店，1986。

刘锦藻：《皇朝续文献通考》，《续修四库全书》卷 816 ～ 821，史部，上海古籍出版社，2002。

刘启端等纂《钦定大清会典图》，《续修四库全书》卷 795 ～ 797，史部，上海古籍出版社，2002。

内务府辑《钦定宫中现行则例》，台北：文海出版社，1976。

《清实录》，中华书局影印本，1986。

庆桂编《国朝宫史续编》，北京古籍出版社，1994。

托津等奉敕纂《钦定大清会典事例·嘉庆朝》，台北：文
　　海出版社，1980。

裕诚等修《钦定总管内务府现行则例》，香港：蝠池书院出
　　版有限公司，2004。

赵尔巽等撰《清史列传》，台北：明文书局，1985。

四　文集、日记、笔记

崇彝：《道咸以来朝野杂记》，北京古籍出版社，1982。

福格：《听雨丛谈》，台北：文海出版社，1966。

郭沛霖：《日知堂笔记》，中华书局，2007。

何刚德：《春明梦录》，上海古籍书店，1983。

胡思敬：《国闻备乘》，中华书局，2007。

李岳瑞：《春冰室野乘》，广智书局，1911。

王庆云：《石渠余纪》，北京古籍出版社，1985。

王之春：《国朝柔远记》，台北：台湾学生书局，1985。

吴振棫：《养吉斋丛录》，浙江古籍出版社，1985。

徐珂：《清稗类钞》，中华书局，2010。

杨钟义：《雪桥诗话全编》，人民文学出版社，2011。

于敏中：《日下旧闻考》，北京古籍出版社，1981。

张培仁：《静娱亭笔记》，上海古籍出版社，2012。

五　报刊

《大同报》（上海）

《东方杂志》

《东浙杂志》

《广益丛报》

《华商联合会报》

《申报》

《四川官报》

六　工具书

黄本骥：《历代职官表》，上海古籍出版社，2005。

梁章钜：《称谓录》，福建人民出版社，2003。

钱实甫：《清代职官年表》，中华书局，1980。

赵德义、汪兴明主编《中国历代官称辞典》，团结出版社，
　　1999。

七　专著

艾永明：《清朝文官制度》，商务印书馆，2003。

邓绍辉：《晚清财政与中国近代化》，四川人民出版社，
　　1998。

冯尔康：《清代人物传记史料研究》，天津教育出版社，
　　2005。

耿刘同主编《中国皇家文化汇典》，吉林人民出版社，1997。

何烈：《清咸、同时期的财政》，台北："国立"编译馆，
　　1981。

黄丽君：《化家为国：清代中期内务府的官僚体制》，台北：
　　台大出版中心，2020。

李治亭主编《清史》，上海人民出版社，2003。

梅显懋：《落日晚钟：清代太监制度》，辽海人民出版社，
　　1997。

祁美琴：《清代内务府》，辽宁民族出版社，2009。

清史编委会编《清代人物传稿》，中华书局，1984。

唐益年：《清宫太监》，辽宁大学出版社，1993。

王德昭：《清代科举制度研究》，中华书局，1984。

《王锺翰清史论集》，中华书局，2004。

《王锺翰学术论著自选集》，中央民族大学出版社，1999。

韦庆远：《明清史续析》，广东人民出版社，2006。

萧一山编《清代通史》，华东师范大学出版社，2005。

余华青：《中国宦官制度史》，上海人民出版社，2006。

张德泽：《清代国家机关考略》，学苑出版社，2001。

郑天挺：《探微集》，中华书局，2009。

中国社会科学院近代史研究所政治史研究室、河北师范大学历史文化学院编《晚清改革与社会变迁》，社会科学文献出版社，2009。

周育民：《晚清财政与社会变迁》，上海人民出版社，2000。

Preston M. Torbert, *The Ch'ing Imperial Household Department: A Study of its Organization and Princinpal Functions, 1662 – 1796*, Published by Council on East Asian Studies Harvard University, 1977.

八　论文

曹宗儒：《总管内务府考略》，《文献论丛》第 10 期，1936 年，《中国近代档案学期刊辑录》下册，国家图书馆出版社，2010。

陈勇：《晚清税关与内务府财政关系管窥》，《暨南学报》2013 年第 1 期。

金承艺：《关于李连英的记述》，《中央研究院近代史研究所集刊》第 13 期，1984 年。

李典蓉：《清代内务府研究综述》，祁美琴：《清代内务府》，辽宁民族出版社，2009。

刘小萌：《关于清代内务府世家》，《明清史论丛——孙文良教授诞辰七十周年纪念文集》，辽宁大学出版社，2004。

刘增合：《家国之间：晚清皇室财政的逾界与管控》，《中国历史研究院集刊》2020 年第 1 辑，社会科学文献出版社，2020。

马克垚：《论家国一体问题》，《史学理论研究》2012 年第 2 期。

牟东篱：《论清末的官制改革》，《山东大学学报》1999 年第 3 期。

潘鸣：《1906 年中央官制改革裁撤机构人员安置问题研究》，《首都师范大学学报》2004 年增刊。

强光美：《试论清代总管内务府大臣对太监的管理》，《满族研究》2013 年第 1 期。

强光美：《也谈晚清内务府财政危机根源》，《中国社会科学报》2020 年 7 月 29 日。

强光美：《制度缺失与家国利益——晚清内务府腐败问题探析》，《北京社会科学》2016 年第 6 期。

申学锋：《晚清户部与内务府财政关系探微》，《清史研究》2003 年第 3 期。

滕德永：《清季内务府与北京银号借贷关系浅探》，《北京社会科学》2013 年第 5 期。

王树卿：《清朝太监制度》，《故宫博物院院刊》1984 年第

2 期。

王树卿:《清朝太监制度续》,《故宫博物院院刊》1984 年
　　第 3 期。

吴兆清:《论内务府当铺之兴衰》,中国第一历史档案馆编
　　《明清档案与历史研究论文选》(1994.10 ～ 2004.10)
　　下册,新华出版社,2005。

郑天挺:《清代包衣制度与宦官》,郑天挺:《清史探微》,
　　北京大学出版社,1999。

后　记

　　这本小书是在我的硕士学位论文基础上修订而成的。2011 年 9 月，我有幸进入中国人民大学清史研究所学习，师从祁美琴教授。入学之初，导师即送给我一本她的专著《清代内务府》，让我回去读读，看看有没有什么想法。于是我就拿过来阅读。说实在话，在此之前，我对"内务府"这个概念跟大多数人一样，都停留在清宫剧的印象之中。导师的专著让我第一次比较系统地接触到真正的内务府研究，我对这个清代特有中央机构的历史沿革、机构设置、人员构成、政治地位等有了比较深入的了解。后来在与导师的数次交流中，逐渐明确了自己的研究方向，决定以"内务府大臣"为研究对象。之所以选择这个课题，主要基于两方面考虑，一是学界对内务府虽多有关注，但对内务府大臣尚未有专论。作为内务府的最高长官、朝廷的正二品大员，这样庞大的官僚群体却往往被人们所忽略，总不免有点遗憾。二是我当时初入清史门径，学识能力有限，从人物群体开始做起比较好把握，也有助于积累研究的经验。确定方向后，我即着手资料搜集、阅读文献和写作，最后形成一篇约 14 万字的硕士学位论文，获得师友肯定，被评为清史研究所优秀硕士学位论文。可以说，这篇论文的顺利完成给了自己在学术道路上继续前行的勇气。

以上为本书的写作背景。遗憾的是，我读博士以后便开始了新的选题，当年写硕士学位论文时留下的诸多设想，后来也没有一一增补完善。近年来内务府档案又出版和开放了不少，惜自己精力有限，也未很好地加以吸收利用，因此本书不免浅薄错漏之处，祈请读者指正。

本书得以顺利撰就和出版，首先要感谢清史研究所诸位师长的关心和教导，尤其是我的导师祁美琴教授。祁师治学严谨，总是教育我们要抓住一切学习的机会，在她的言传身教下，我对学术的兴趣越来越浓烈，也有了敬畏之心。感谢中国人民大学图书馆、国家清史编纂委员会图书资料室、中国第一历史档案馆、国家图书馆的诸位老师，在我查阅资料时提供了莫大的便利。

衷心感谢社会科学文献出版社对本书出版给予的帮助，特别要感谢陈肖寒博士对本书修改提出了许多富有建设性的意见和建议，陈老师严谨的治学态度和扎实的史学功底令人钦佩。

最后，还要感谢我的父母亲友，这么多年来一直在背后默默地支持我。感谢我的先生陈鹏，我们相识于人大，那时候他是博士生，我是硕士生；他既是师兄，也是我的"第二导师"，我们总是在一起讨论学术，彼此鼓励。2014年，我们同时完成了学业，他选择去中央民族大学历史文化学院工作，而我则获得直博的资格，继续在清史所深造。时光匆匆，如今我们都已经是"老教师"

了，也都有了各自的研究生，在指导学生的时候，每每回想起当年的自己。谨以此书，献给那些年一起在清史所读书的我们！

2022 年 2 月 25 日

图书在版编目（CIP）数据

内外之间：清代的总管内务府大臣 / 强光美著. --
北京：社会科学文献出版社，2022.4（2022.10 重印）
　ISBN 978 - 7 - 5201 - 9819 - 6

　Ⅰ. ①内… 　Ⅱ. ①强… 　Ⅲ. ①内政部 - 研究 - 中国 -
清代 　Ⅳ. ①D691

中国版本图书馆 CIP 数据核字（2022）第 035314 号

内外之间：清代的总管内务府大臣

著　　者 / 强光美

出 版 人 / 王利民
责任编辑 / 陈肖寒
文稿编辑 / 汪延平
责任印制 / 王京美

出　　版 / 社会科学文献出版社·历史学分社 （010）59367256
　　　　　地址：北京市北三环中路甲 29 号院华龙大厦　邮编：100029
　　　　　网址：www.ssap.com.cn
发　　行 / 社会科学文献出版社 （010）59367028
印　　装 / 唐山玺诚印务有限公司

规　　格 / 开　本：889mm × 1194mm　1/32
　　　　　印　张：9　字　数：193 千字
版　　次 / 2022 年 4 月第 1 版　2022 年 10 月第 3 次印刷
书　　号 / ISBN 978 - 7 - 5201 - 9819 - 6
定　　价 / 79.00 元

读者服务电话：4008918866